Weihnachten 1992
in Mexico - Puebla
Eure Mami

DA Verlag Das Andere

Wir sind noch nicht gestorben

Inka·Maya·Azteken
Einst–Jetzt

Reportagen
von Hans-Joachim Löwer
Mit Fotos von Holger Vogt

Titelfoto:
Indianischer Feuerschlucker
in Mexico City.

Für Lulú und Linda

Für wissenschaftliche Beratung schulde ich Wolfgang Haberland und Jochen Meißner besonderen Dank.

Für Unterstützung bei den Recherchen und Mitwirkung bei der Gestaltung des Buches danke ich Reynaldo Benítez (Cordepo), Richard Bielefeldt, Horst Blanke, Robert Bruce, Neyza Garnica de Bühler, Manuel Burga, Rodolfo Cerrón Palomino, Carmen Escalante, Andreas Flöel, Utta von Gleich, María Teresa Gutierrez, Adelina Hernández, Arnim von Manikowsky, Ruth Merkel de Rodriguez, Albert Meyers, Percy Salas, Carlos Serrano, Ortwin Smailus, Sophia Thyssen, Fritz Villasante, Emmerich Weisshaar.

Inhalt

Azteken

Maya

Inka

Vorwort

So einen Tag wie diesen hat es nur einmal in der Geschichte gegeben. Zwei Welthälften stießen an ihm aufeinander, die sich bis dahin völlig fremd gewesen waren. Die im Osten wußten nicht, daß es einen Westen gab, und die im Westen nicht, daß es einen Osten gab. Es war der 12. Oktober 1492, vor nunmehr 500 Jahren. An diesem Tag setzte Christoph Columbus seinen Fuß auf ein Stück Land, das zu einem neuen Kontinent gehörte. Die einen feierten das Ereignis 1992 als ein Jubiläum. Die anderen trauerten darüber, was dadurch alles zerstört worden ist.

Der Kontinent heißt heute Amerika. Er hat, Folge der Geschichte, zwei unterschiedliche Gesichter. Die beiden Staaten im Norden, USA und Kanada, gehören zu den reichen Ländern der Welt. Ihre Gründerväter waren Engländer und Franzosen, meist freiheitsliebende Protestanten, die durch die Auswanderung nach Westen neue Denk- und Lebensräume fanden. Die Staaten in Mittel- und Südamerika hingegen gehören zu den armen Ländern der Welt. Ihre Gründerväter waren Spanier und Portugiesen, meist abenteuernde Katholiken, die im Westen schnellen Reichtum suchten und besessen waren von der Idee, den christlichen Glauben in aller Welt zu verbreiten. Im Süden herrschte noch die Inquisition, als im Norden schon die Aufklärung wirkte. Nur in einem waren alle weißen Eroberer gleich: Sie wollten den Menschen, die den Kontinent vor Columbus ihr eigen nannten, die Kultur Europas aufzwingen. Das, was vor 500 Jahren passierte, war nicht eine »Begegnung«, wie sie 1992 vielerorts gefeiert wurde. Es war eine brutale Konfrontation. Und die dauert an bis auf den heutigen Tag. Als Autor dieses Buches will ich zeigen, wie groß die Kluft damals war und wie groß sie heute noch ist.

Auf der einen Seite standen »Indios«, wie Columbus sie taufte, weil er glaubte, den Seeweg nach Indien gefunden zu haben. Dieser historische Irrtum hat sich in unserem Wort »Indianer« erhalten. Sie lebten nicht in einer Idylle, wie manche Romantiker in Europa heute glauben. Es gab Haß und Kriege unter ihnen. Aber die Indianer hatten das Bestreben, im Einklang mit der Natur und den überirdischen Kräften zu leben.

Auf der anderen Seite standen die Europäer. Sie waren nicht alle Bluthunde und Ausbeuter, wie manche Fanatiker in Amerika sie heute gern darstellen. Es gab auch humane Geister unter ihnen. Aber die Europäer lebten und handelten in der Überzeugung, daß der Mensch das Recht, ja die Pflicht habe, sich die Natur zu unterwerfen.

Der Zusammenprall dieser zwei Denkweisen war für die Europäer der Anfang zur Beherrschung der Welt, die bis weit ins 20. Jahrhundert andauern sollte. Sie waren die Gewinner. Für die Indianer wurde er zu einer Katastrophe. Von etwa 80 Millionen, die bei Ankunft der Spanier in Amerika lebten, starben binnen eines halben Jahrhunderts 70 Millionen, in Kriegen und an eingeschleppten Krankheiten, gegen die es zu jener Zeit noch keine Abwehr gab. Für die Überlebenden wurden fast alle Werte ungültig, die ihr Dasein bestimmt hatten. Sie waren die Verlierer.

In Amerika, 1507 nach dem italienischen Seefahrer Amerigo Vespucci getauft, wurden durch die Eroberung viele Kulturen zerstört. Die faszinierendsten davon waren die der Azteken, der Maya und der Inka. Sie hatten hervorragende Künstler und Baumeister, Astronomen und Ackerbauer, Mediziner und Mathematiker hervorgebracht, dazu eine funktionierende politische Verwaltung. Trotz dieser Errungenschaften sind alle drei Kulturen untergegangen. An dieser Erblast trägt der Kontinent bis heute.

Das Buch will nicht die Schlachten erzählen, die zur Eroberung Amerikas führten. Sie sind schon oft und ausführlich beschrieben worden. Stattdessen versuche ich, die Zeit der Azteken, der Maya und der Inka noch einmal so aufleben zu lassen, wie sie war, bevor die Spanier kamen. Ich will zeigen, daß es außer der waffentechnischen Unterlegenheit noch andere Gründe für ihren Untergang gab – Gründe, die im Wesen dieser Kulturen selber lagen. Und ich will deutlich machen, wie die Zerstörung der »Indio«-Welt nachwirkt bis in die heutigen Staaten, die wir unter dem Sammelbegriff »Lateinamerika« kennen. Zusammen mit dem Fotografen Holger Vogt bin ich durch Mexiko und Guatemala, durch Peru und Bolivien gereist, um die Spuren dieser drei Kulturen an Ort und Stelle aufzunehmen.

Es ist nicht leicht, eine versunkene Welt wieder lebendig zu machen. Fast alles, was über diese Epoche geschrieben ist, wurde erst nach der Eroberung durch die Spanier geschrieben – teils von Europäern, teils von Indianern, freilich solchen, die bereits von den neuen Herren erzogen waren und ihre Informationen nur noch aus Erzählungen bekamen. Was vorher in Bilderschriften gezeichnet oder in Hieroglyphen geschrieben war, wurde von den Eroberern nahezu vollständig vernichtet. Dieses Buch aber ist keine wissenschaftliche, sondern eine journalistische Arbeit. Der Leser soll durch Reportagen in eine Welt geführt werden, mit der uns heute vieles verbindet – und von der uns noch immer vieles trennt.

Zehn Berichte beschreiben das »Einst«. Sie basieren auf alten Chroniken und neuen Forschungen. In diesen Beiträgen habe ich versucht, die alte Welt der Indianer, deren Leben und Denken nachzuempfinden, auch mit den Mitteln der Phantasie. Zehn Berichte beschreiben das »Jetzt«, das die Spuren der Geschichte trägt. Dies habe ich mit eigenen Augen gesehen. Dabei spielen die »aktuelle« und die »historische« Reportage häufig an demselben Ort. Das Buch ist eine Suche nach der Vergangenheit – mit dem Ziel, die Gegenwart zu verstehen.

Hans-Joachim Löwer
August 1992

Die »Neue Welt«
Atlantik
Pueblo-Indianer
Golf von Mexiko
Tenochtitlán
Azteken
Tulum
Maya
K'umarcaaj (Utatlán)
Kariben
Chibcha
Amazonas
Amazonas-Völker
Pazifik
Cusco
Titicaca-See
Inka
Pampas-Völker
N
0
750
1500 km
Amerikas Kulturen bei Ankunft der Konquistadoren (um 1500)

Die »Neue Welt«
Atlantik
Pazifik
Golf von Mexiko
NEU-SPANIEN
ab 1535
San Francisco
Santa Fé
México
Mérida
Habana
Guatemala
Panamá
Caracas
NEU-GRANADA
ab 1718
Bogotá
Quito
Pará
Pernambuco
BRASILIEN
ab 1750
Lima
Cusco
Titicaca-See
La Paz
Potosí
PERU
ab 1536
Rio de Janeiro
RIO DE LA PLATA
ab 1776
Santiago
Buenos Aires
N
0
750
1500 km
spanische Vizekönigreiche
portugiesisches Vizekönigreich
Amerika als Kolonie der Spanier und Portugiesen (um 1800)

Azteken

Einst–Jetzt

MOVIMIENTO
UNION DE COLONOS
CARMEN SERDAN

Einst

Das Edle im Tod

Die Macht der Indianer von Tenochtitlán

»Der Krieg ist eine Blume.
Du wirst sie in deinen Händen halten.«

Lied der Azteken

Mit einem Schlag erlöscht das Leben in der Stadt. Der Haarschneider legt sein Feuersteinmesser aus der Hand. Der Arzneiverkäufer packt seine Kräuter und Wurzeln zusammen. Das wogende Meer der Händler auf diesem Platz, die Holzschalen und tönerne Holzkohlepfannen, Schlafmatten, Sitz- und Fußdecken anbieten, glättet sich. Nichts regt sich mehr an der Stätte ein Stück weiter, wo Gemüse feilgeboten wird, Mais und Tomaten, Chili und Kürbisgewächse. Die Geschäfte ruhen auch auf dem Platz der Schmuckverkäufer. Gold und Silber schimmern im letzten Licht, gesäumt von Knochen, Muscheln und Hummerschalen. Nur auf dem Platz der Jäger schwirrt es weiter. Hier wimmelt es von Wachteln und Enten, Tauben und Papageien, Geiern, Adlern und Falken. Ihr Gurren, Krähen und Krächzen bricht das feierliche Schweigen.

Die Trommel des Priesters verkündet, daß der Tag zu Ende geht, und daß es Zeit ist, über ihn nachzudenken. Die dunklen Schläge dringen bis in den letzten Winkel von Tenochtitlán, ein beharrliches Pochen, immer dann, wenn die Sonne untergeht.

Die Klänge kommen von einer Pyramide her, die in einem Tempelbezirk steht. Ihre Treppenstufen führen zu einer Plattform hoch, der Trommler hat einen weiten Blick über die Stadt. Ein Bauwerk mit einer Kegelspitze steht hier oben, das aussieht wie ein großer, steinerner Backofen.

Gebückt huschen Menschen durch den schmalen, niedrigen Eingang. Der Tempel ist rund. Der Windgott *Ehécatl*, dem diese Stätte geweiht ist, mag nicht, daß die Ströme der Luft sich an Ecken und Kanten brechen; statt dessen sollen sie weiche Formen umwehen. Zuweilen nennen ihn die Menschen auch *Quetzalcóatl*, »Federschlange«; so verschmilzt er mit dem Patron der Priester. Als *Ehécatl* hat er einen menschlichen Körper; ein großer Schnabel ragt aus seinem Gesicht, dessen untere Hälfte eine Maske bedeckt. Als *Quetzalcóatl* hat er ein menschliches Gesicht, das meist aus dem Rachen einer Federschlange heraussieht. Ein Gewirr von Legenden rankt sich um ihn.

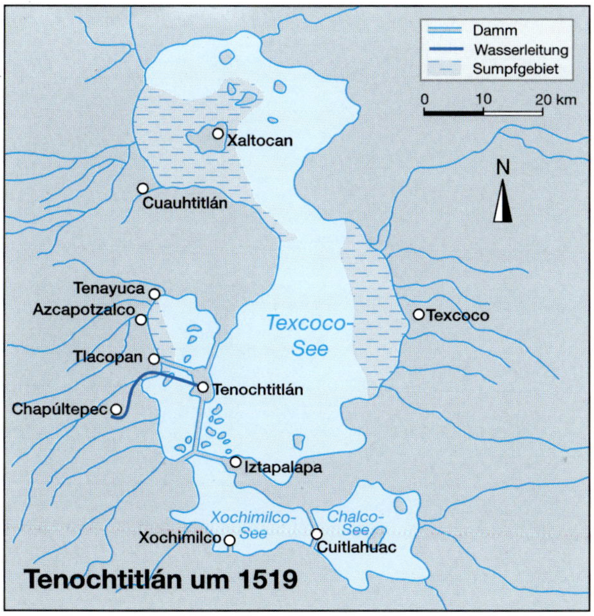

Die Azteken-Hauptstadt Tenochtitlán, 1325 gegründet, lag auf Inseln im Texcoco-See, der Teil einer riesigen Seenplatte war. Drei Dämme verbanden sie mit dem Festland. Zusammen mit Texcoco und Tlacopan bildete sie den herrschenden Drei-Städte-Bund.

Einst gab es, so erzählen die Alten, einen weisen und gütigen König, der als Priester den Namen *Quetzalcóatl* trug. In seinem Reich wurden die Kürbisse so groß, daß ein Mensch sie mit den Armen nicht umfassen konnte. Sein Palast in Tula war aus Jade und Gold, aus Türkis und Edelhölzern, aus roten und weißen Muschelschalen. Er betete und fastete immerzu darin, und den Göttern opferte er Vögel, Schlangen und Schmetterlinge. Es gab unter diesen Göttern aber einen bösen, und der schmiedete Pläne, wie er den König in Versuchung führen könnte. Er beschloß, sich dreimal als Zauberer zu verkleiden.

Der erste Zauberer trat vor *Quetzalcóatl* und hielt ihm einen verzerrenden Spiegel vor das Gesicht. Da sah der Herrscher sich selbst, ein geschwollenes Antlitz mit geschwollenen Lidern, die Augen in tiefen Höhlen. Er war entsetzt, die Eitelkeit rührte sich in ihm, und der böse Gott hatte seinen ersten Sieg. Der zweite Zauberer brachte dem König einen Umhang aus prächtigen Vogelfedern, der von der Schulter bis zur Hüfte fiel. Er malte ihm die Lippen rot und die Stirn gelb und auf die Wangen Zähne einer Schlange; zuletzt setzte er ihm eine Perücke aus roten und blauen Federn auf. Als *Quetzalcóatl* wieder in den Spiegel blickte, fand er sich schön. Er verließ seine strenge Abgeschiedenheit und zeigte sich der Welt, und der böse Gott hatte zum zweiten Mal gewonnen. Der dritte Zauberer bereitete ein Mahl aus Mais und Bohnen, Chilischoten, Tomaten und anderen Gemüsen, reichte dazu einen starken Wein, gegoren aus dem Saft der Agavenpflanze und mit Honig gesüßt. *Quetzalcóatl*, der vorher nie getrunken hatte, nahm drei Kürbisse voll davon, und das war für seine Feinde der dritte, entscheidende Sieg. Der König rief noch seine Schwester zum Gelage, die Priesterin war wie er; sie trank gar ein viertes, ein fünftes Mal, und dann schliefen die beiden auch noch miteinander.

Am nächsten Morgen erwachte der König aus dem Rausch. »Elender, der ich bin!« rief er aus, erschüttert über seine Schwäche. »Mein Körper ist nur noch Staub, ich habe die Wünsche und Qualen eines Sklaven!« Er zerstörte seinen Palast und seine Kunstwerke, verwandelte Baumwoll- in Kaktuspflanzen und verließ weinend Tula für immer. Voller Reue und Verzweiflung zog er nach Osten, zum Meer. Er fuhr mit einem Schiff davon, erzählen die einen seitdem, und werde eines Tages wiederkommen. Er verbrannte sich zu Asche, so wissen andere, sein Herz aber stieg auf in die Höhen und leuchtet nun als Morgenstern.

Die Trommel schlägt lange in der Dämmerung von Tenochtitlán. Dann schimmert die Pyramide im Schein eines Feuers. Junge Priester tragen Bündel von Holz durch die Straßen, schleppen ihre Last die Treppen herauf. Hier wachen andere über die Glut, auf daß sie keine Sekunde erlösche. *Quetzalcóatl,* sagt das Fanal, ist unter uns. Die Menschen hier nennen ihn auch den »Herrn der Morgenröte«.

Ein Wandgemälde im Anthropologischen Museum von Mexico City zeigt die einmalig schöne Lage des alten Tenochtitlán. Mit etwa 235 000 Einwohnern war es die größte Stadt des amerikanischen Kontinents. Hinter der riesigen Seenplatte erhoben sich zwei schneebedeckte Vulkane: links der Iztaccíhuatl (5 250 Meter), rechts der Popocatépetl (5 452 Meter).

Nicht weit von dieser Stätte steht eine noch höhere Pyramide. Von dort schaut *Tezcatlipoca,* der »rauchende Spiegel«, über die Stadt. Die Figur ist aus schwarzem, glänzendem Stein. Statt eines Fußes blinkt ein Spiegel aus Obsidian, in dem man Vergangenheit und Zukunft erkennen kann. Dieser Gott sät meist Zwietracht, das wissen die Leute, er treibt sein Spiel mit den Menschen. Doch manchmal verleiht er auch Reichtum und Würden, Krieger-, Häuptlings- und Fürstenränge. Es ist gut, ihn nicht zu verärgern, denn auch *Tezcatlipoca* ist unter ihnen.

Tags darauf kommen Mütter zum Fuß dieses Tempels, sie haben kranke Kinder auf dem Rücken. Ärzte legen ihnen die gleichen Insignien und das gleiche Kleidungsstück an, das der Herr des Schicksals trägt. Ein Priester tritt aus einem Schrein, der von allen Seiten mit Mauern umgeben ist. Er nimmt eine Flöte und bläst nach Osten und Westen, Norden und Süden. Die Menschen in der Stadt klauben etwas Erde auf und nehmen sie zum Zeichen der Ehrfurcht in den Mund. Diebe und Mörder und alle anderen Verbrecher befällt große Furcht, sie fangen an zu bereuen und zu bekennen. So beginnt das große Fest zu Ehren von *Tezcatlipoca,* das zehn Tage dauern wird. Es endet damit, daß sich alle Teilnehmer den Rücken peitschen, mit Stricken, an deren Enden dicke Knoten sind. Sie tun Buße, um den Herrn des Schicksals zu ehren. Schließlich ist er der Gott gewesen, der *Quetzalcóatl* in Versuchung geführt hat.

In den Pyramiden spiegelt sich die Welt, und in den Göttern auch. In ihnen finden sich die Menschen wieder, mit ihren Stärken und Schwächen, Träumen und Ängsten, Lüsten und Lastern.

Die Menschen von Tenochtitlán haben zwei Seelen in sich, die beide geprägt sind von ihrer Geschichte. Ihre Vorfahren haben weit im Norden gelebt, in jenem sagenumwobenen Land, das den Namen *Aztlán* getragen haben soll. Dort sind sie durch Steppen gezogen und haben in Höhlen gewohnt, immer im Kampf mit der kargen Natur, ehe sie aufbrachen zu ihrem großen, langen Marsch. Das war 1168, sagen die Aufzeichnungen der Ahnen. Aus dieser Zeit, die jetzt mehr als drei Jahrhunderte zurückliegt, werden sie später einmal den Namen *Azteken* erben. Sie selbst freilich nannten sich *Mexica*, als sie um 1270 hier ankamen, wo eine riesige, 70 Kilometer lange Seenplatte sich vor ihnen ausbreitete.

Sie waren im weiten Tal von *Anahuac*, auf 2300 Meter Höhe. Auf einer Insel im Texcoco-See sahen sie das Zeichen, das ihre lange Wanderschaft beenden würde, wie ihre Priester prophezeit hatten. Ein Adler hockte auf einem Kaktus und fraß eine Schlange. Sie glaubten an solche Zeichen, und so beschlossen sie, sich hier niederzulassen. Die

Völker, die schon länger am Ufer des Sees lebten, ließen sie in einem Sumpfland siedeln. Auch hier war das Leben am Anfang hart. Sie ernährten sich nicht nur von Fischen und Enten, sondern auch von Schlangenfleisch und Moskitolarven. Aber der fruchtbare Boden war gut für Pflanzenbau, und außerdem waren sie zähe Kämpfer. Eines Tages wurden sie zum Herrschervolk. Die eine Seele der Azteken stammt aus dieser Zeit. Es ist die Kriegerseele.

Nun haben sie sich eine Stadt gebaut, von der ihre Vorfahren nicht zu träumen wagten. Tenochtitlán ist allseits von Wasser umgeben, angelegt auf Inseln wie ein Schachbrett, durch drei Dämme mit dem Festland verbunden, deren Kronen fast fünf Meter breit sind. Von fern blinken zwei schneeweiße Vulkane, beide mehr als 5000 Meter hoch.

Ein Aquädukt, acht Kilometer lang, führt Trinkwasser aus den Quellen am waldigen Hügel von Chapúltepec über einen der Deiche in die Stadt. Kanus, voll von Früchten und Gemüsen, Stoffen, Schmuck und Tonkrügen, gleiten auf Kanälen leise unter Brücken hindurch, die bei Bedarf auch hochgezogen werden können. Auf dem Markt strömen jeden Tag Tausende von Händlern und Käufern zusammen. Bienenhonig und Bienenwachs werden hier gehandelt, Sirup aus der Maisstaude, Wildhäute mit und ohne Haar, Geflügelpasteten und Torten aus Fisch. In den Außenbezirken lebt das Volk in Hütten mit lehmbeworfenen Flechtwänden und Walmdächern aus Gras. Im Stadtkern aber gibt es Häuser aus Stein, bewohnt von Adligen, Kaufleuten, Kunsthandwerkern. Ein Meer von Blumen leuchtet aus den Gärten.

1325 ist diese Stadt gegründet worden, und nun, knapp 200 Jahre später, gibt es weit und breit keine, die reicher und mächtiger ist als sie. Mehr als 235000 Einwohner zählt Tenochtitlán, keine menschliche Ansiedlung auf dem ganzen Kontinent hat eine solche Größe erreicht. Sie verstehen es, Hirschleder oder Papier zu bemalen, das aus der Rinde des *amate*-Baumes oder Fasern der Agavenpflanze *maguey* hergestellt wird. Sie zeichnen farbige Bildergeschichten und falten sie anschließend zu Alben. Die Nomaden sind zu Städtern geworden, die Barbaren zu Künstlern. Das ist die zweite Seele der Azteken.

Sie haben eine Allianz gegründet, zusammen mit Texcoco und Tlacopan, zwei anderen Städten am Ufer des Sees. Ein Vierer-Rat repräsentiert diesen Bund. Er wird gewählt von den Vorstehern der Bezirke, hohen Priestern und den wichtigsten Kriegergruppen. An seine Spitze wird der *tlatoani* berufen, der Herrscher, der den Willen des Volkes ausdrücken soll.

Ihre Welt bestimmen magische Zahlen, die wichtigste davon ist die Vier. Sie steht für den Vierer-Rat, die vier Himmelsrichtungen, die vier Zeitalter, die sie vergangen wähnen, die vier Winde, die die Wolken vor sich her blasen. Das kosmische Kreuz beherrscht auch ihre Stadt. Sie hat vier Bezirke, die *calpulli*, die symmetrisch angeordnet sind. Die vier breitesten Straßen laufen am Zeremonienzentrum zusammen, einem Areal von 300 Metern Breite und 400 Metern Länge. Hier stehen die Gebäude der Götter, die Pyramiden und die Tempel, 78 an der Zahl. Hier ist das Herz der Stadt, das Herz ihrer Welt.

Sie haben drei Schulen, die auf das Leben vorbereiten. Die erste trägt den Namen *cuicacalli.* Jungen und Mädchen zwischen zwölf und fünfzehn lernen dort singen, tanzen und musizieren. Die Lieder handeln von der Wandersage, von den Taten der Ahnen, vom Wirken der Götter. Die zweite Schule, in die Jungen ab fünfzehn gehen, heißt *telpochcalli.* Dort lernen sie Gräben ausheben, Kanäle bauen und Felder bestellen. Sie lernen die Waffen kennen, die sie später im Kampf brauchen werden, und sie trainieren ihre Körper dafür. Mit zehn Jahren werden ihnen die Haare geschnitten, bis auf einen Büschel im Nacken. Ihn dürfen sie erst entfernen, wenn sie ihren ersten Gefangenen gemacht haben. Sie lernen unterwerfen.

Zwei rivalisierende Götter stehen sich gegenüber: links *Quetzalcóatl*, der Kulturbringer, in seiner Eigenschaft als Windgott *Ehécatl*, rechts *Tezcatlipoca*, der Schicksalsgott. Darstellung im »Codex Borbonicus«.

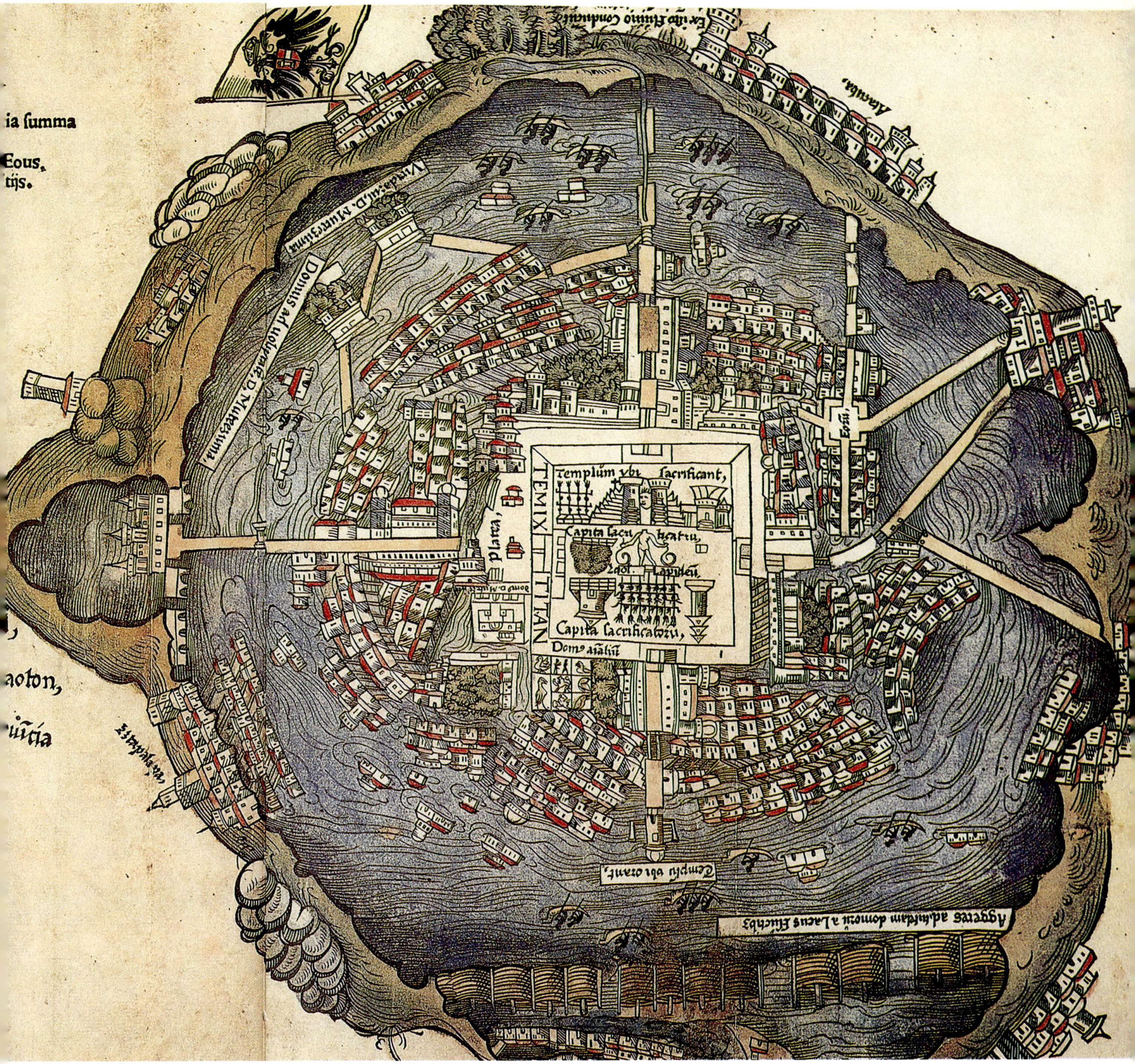

Ein kolorierter Holzschnitt von Tenochtitlán, vermutlich gefertigt nach einem Plan, den der spanische Eroberer Hernán Cortés zeichnete. Er war 1519 der erste Europäer, der die Hauptstadt der Azteken sah. Fälschlicherweise enthält sein Plan zwei fast parallele Dammverbindungen (rechts oben). In Wirklichkeit existierten nur drei Dämme.

Der Haupttempelbezirk mit seinen 78 sakralen Gebäuden – hier eine Rekonstruktion – war das Herz von Tenochtitlán. Die größte Pyramide war dem Kriegsgott *Huitzilopochtli* und dem Regengott *Tlaloc* geweiht. Der Tempel des Windgottes *Ehécatl* hatte als einziger eine runde Form.

Die dritte Schule heißt *calmécac*. Dort werden Jungen ab fünfzehn aus den höheren Gesellschaftsschichten erzogen. Diejenigen, die Priester werden wollen, müssen ihre Haare wachsen lassen, die bei manchen später zu Zöpfen zusammengebunden werden und bis an die Kniekehlen reichen. Sie müssen sich für rituelle Übungen von Kopf bis Fuß mit dem Ruß der Kienspanfackel einreiben. Sie tauchen ein in die Mysterien des Universums, in Traumdeutung und Astrologie, und sie üben die religiösen Riten und Gesänge, die den Rhythmus ihres Tages bestimmen. Sie lernen, sich zu unterwerfen.

Ihre Aufgabe ist, die Mächte zu besänftigen, die über den Menschen stehen. Stets beherrscht die Azteken die Angst, den Zorn der Götter zu erregen, und so sind sie besessen von der Pflicht, Katastrophen von der Welt abzuwenden, die als göttliche Strafe kämen. Jeder Tag ist ausgefüllt von dieser Aufgabe. Die Priester lassen Feuerrauch zum Himmel aufsteigen, das erste Mal in der Morgendämmerung, das zweite Mal zur Mittagszeit, das dritte Mal in der Abenddämmerung. Jetzt, beim vierten Mal, ist es Mitternacht. Klänge aus Flöten und Muschelhörnern wehen über Tenochtitlán, die Priester in ihren knielangen Gewändern stellen die qualmenden Opferschalen den Skulpturen zu Füßen. Danach nehmen sie auf Matten Platz und stechen sich mit Dornen der *maguey*-Pflanze in die Waden, und mit dem herausgepreßten Blut beschmieren sie sich die Schläfen. Einige gehen nach Westen zu einer Stelle am See, die sie *ezapan*, »Ort des blutigen Wassers«, nennen. Dort waschen sie das Blut wieder ab und kehren zum Tempel zurück, um sich die Gesichter erneut zu schwärzen. Ihr Amt ist Dienen und Buße – den ewigen Ruhm jedoch, nach dem sich alle sehnen, ernten andere.

Es sind die jungen Männer, die es als Ehre betrachten, für ihr Volk in den Kampf zu ziehen. Sie fragen nicht, ob es ein gerechter Kampf ist. Der Krieg ist Teil der kosmischen Ordnung, das Feld der Bewährung, auf dem ein Azteke sich auszeichnen kann. Auch der Krieg ist einem Ritual unterworfen, das abläuft mit unerbittlicher Präzision. Der normale Soldat trägt einen Durchziehschurz, meist aus Agavenfasern, und als Rüstung gesteppte Baumwollhemden. Der höhere Offizier hat Insignien, auf dem Rücken befestigt, die seinen Rang deutlich machen, als Zeichen und Sammelpunkt seiner Einheit dienen. Manchmal stellen sie die Monstren *tzitzimé* oder mythische Tiere dar – den *quetzal*-Vogel, den Kojoten, den Puma, das Ozelot. Das verleiht ihm, davon ist er überzeugt, die übernatürlichen Kräfte dieser Wesen. Sein Ziel ist, eines Tages in eine der beiden Elitetruppen aufgenommen zu werden, in die »Adler«, deren Helme die Form eines Adlerkopfes haben, oder in die »Jaguare«, deren Kriegstracht ein Jaguarfell ist. Diese Soldaten haben einen Teil ihrer Kasernen im Tempelbezirk, und sie verfügen über eigene Räume im Herrscherpalast.

Die Soldaten der Azteken stürzen sich mit wildem Geschrei, aber stets geordnet in die Schlacht. Sie fürchten nicht den Tod, weil sie an eine Belohnung im Jenseits glauben, die größer ist als für die meisten anderen Toten. Krieger, die im Kampf fallen, werden ins östliche Paradies eingehen und die Sonne vom Aufgang bis zum Zenit begleiten, eine Bahn voller Licht und Freude. Nach vier Jahren werden sie dann als Kolibris auf die Erde zurückkehren, um wilden Honig zu genießen und ewig zu leben.

Der Krieg ist wie Nahrung für Tenochtitlán. Er beschert der Stadt die Tribute der Unterworfenen. Er mehrt ihren Reichtum und Glanz. Jetzt, da die Ernte vorüber ist, beugen sich im Palast des *tlatoani* der Herrscher und sein Vierer-Rat über ein großes Register. Auf *amate*-Blättern sind 371 Städte und Stämme in Bilderschrift aufgelistet. Neben den Namen ist jeweils ein niedergebrannter Tempel gezeichnet, Symbol für die Unterwerfung durch die Azteken, dazu die entsprechende Jahreszahl und die Figur des *tlatoani*, unter dessen Regierung die Eroberung gelungen ist. Auf der nächsten Seite steht eine Liste der Güter, die nach Tenochtitlán geliefert werden müssen. Verschiedene Zeichen signalisieren die Mengen. Ein Punkt oder Finger bedeutet die Zahl eins, eine Fahne 20, eine Feder 400, ein Sack 8 000.

Die Liste ist lang, sehr lang. Grundnahrungsmittel stehen darauf, Mais und Bohnen und Chili, aber auch Delikatessen wie Wachteln und Kaninchen, Krabben und Sardinen, Langusten und große Ameisen. Tabletts und Trinkschalen sind zu bringen, Honig in Waben, Bastmatten zum Schlafen, Bauholz für neue Häuser, Feuerholz für die Tempel der Stadt. Federn in allen Farben stehen in diesem Register, Baumwollballen und Kakaobohnen, die auf dem Markt von Tenochtitlán auch als Zahlmittel gelten. Manche der 38 tributpflichtigen Provinzen haben Prachtvögel wie etwa Papageien zu liefern, andere Goldstaub und Bernstein und tausend Sorten von Edelsteinen. Alle aber müssen sie Tücher und Mäntel fertigen, mal aus Baumwolle, mal aus Agavenfasern; es gibt 36 verschiedene Arten davon. Auch Kriegsausrüstung fordern die Sieger von den Verlierern: Handbeile mit Klingen aus Obsidian, Lanzenspitzen und kunstvoll dekorierte Schilde, schließlich ärmellose Kampfhemden, die so dicht gesteppt und durch Tränken in Salzwasser gehärtet sein müssen, daß Pfeile sie nicht durchdringen können. Die Hauptstadt der Azteken hat Luxus im Überfluß.

Auch die Kaufleute, die *pochteca*, stehen im Dienst der Politik. Sie reisen nicht nur der Geschäfte wegen durchs Land. Sie spielen auch die Rolle von Spionen, sammeln zugleich Informationen, die für neue Eroberungen wichtig sein können. Oft laden die Regierenden Repräsentanten von noch unabhängigen Staaten in die Hauptstadt ein, um ihnen ihre Machtfülle zu demonstrieren. Wenn jene dann von sich aus die Bereitschaft erklären, Tribute zu zahlen, können sie sich eine gewisse Selbständigkeit erhalten. So ist das Reich der Azteken gewachsen, im gleichen Maße freilich der Haß der Nachbarvölker.

Aber die Götter zu Freunden zu haben, ist den Azteken wichtiger, als Völker zu Freunden zu haben. Die Götter, das sagt die Überlieferung, haben sich selber geopfert, um der Sonne dadurch Energien zu spenden. Als noch alles dunkel war, stürzten sich zwei von ihnen in einen Scheiterhaufen. *Nanahuatl*, der bucklig und von Geschwüren bedeckt war, wurde daraufhin zur Sonne, *Tecciztécatl*, der lange gezögert hatte, zum Mond. Aber sie konnten sich beide nicht bewegen. Erst als die anderen Götter sich auch noch hingaben, begann die Sonne zu leben. In der Nacht, die sie nun im Totenreich *mictlán* verbringt, magert sie zum Skelett ab. Ihre Kraft reicht gerade noch bis zum Horizont im Osten, ehe Säfte und Herzen menschlicher Körper sie aufs neue stärken. So haben die Götter gezeigt, daß kein Leben ohne Blut möglich ist. Der Tod ist Ende und neuer Anfang zugleich, ohne ihn würde das Universum zum Stillstand kommen, in Finsternis und Kälte versinken. Das ist die religiöse Bedeutung des Krieges.

Die Azteken vergiften ihre Pfeile nicht, obwohl sie diese Technik kennen. Es geht ihnen wie auch ihren Feinden nicht darum, den Gegner im Kampf zu töten, sondern ihn gefangenzunehmen. In dem Moment, in dem das geschieht, beginnt für den Sieger wie den Besiegten das letzte, große Ritual. Der Unterlegene ruft: »Mein geliebter Vater!« Und sein Häscher antwortet: »Mein geliebter Sohn!« Sie wissen beide, was diese Sätze bedeuten. Als Gefangener den Göttern geopfert zu werden, ist der ruhmreiche Tod des Kriegers. Für seine letzte Stunde schreibt ihm das Ritual den Satz vor: »Ich gehe jetzt dahin, ihr aber sollt von mir in meiner Heimat sprechen.«

Je mehr Gefangene, desto größer die Belohnung in Form von prächtigen Kostümen.
Im »Codex Mendoza« malten Indianer die Auszeichnungen, wie sie den Azteken-Kriegern vor der Eroberung ihres Reiches zugestanden hatten.

Die Todeskandidaten werden die Pyramidenstufen hinaufgeführt. Oben warten auf sie fünf Priester, die am ganzen Körper mit Ruß bemalt sind. Ihre Haare, die sie nie schneiden, sind mit Ruß und Blut verfilzt. Vier Priester packen den Menschen, zwei an den Händen, zwei an den Beinen, und legen ihn rücklings über den Opferstein. Der fünfte stößt ihm ein Messer in die Brust, holt das noch schlagende Herz heraus, hebt es zur Sonne empor

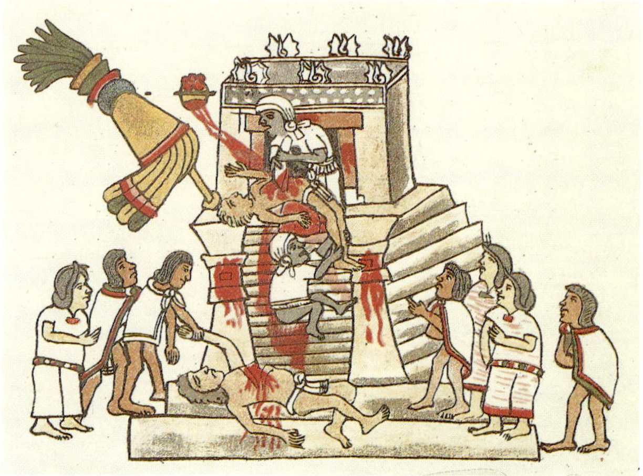

und legt es in die »Adlerschale«. Die Leichname werden die Stufen hinuntergestoßen. »Söhne der Sonne« sind sie geworden. Sie starben nicht *für* die Götter, sondern *als* Götter. Ihr Blut wird die überirdischen Mächte ernähren. Das Töten ist für die Azteken kein Mord, sondern Unterwerfung unter den Willen der Natur.

Die Menschen von Tenochtitlán wissen nicht, daß sie, die sie Gefangene opfern, selber Gefangene ihrer Rituale sind. Ewig muß ihr Leben so laufen, wie es die Tradition vorschreibt. Der erste Lebenstag ist so gewesen, wie es das Zeremoniell verlangt, der letzte wird es ebenso sein. Es gibt kein Ausbrechen, keine Überraschungen. Selbst der Krieg hat seine heilige Ordnung. Dies wird den Azteken schon in wenigen Jahren zum Verhängnis werden. Sie werden einem Feind begegnen, dessen Feldherren tricksen und täuschen, und Soldaten, die den Nahkampf nicht suchen, um Gegner lebend zu fangen, sondern ihn kurzerhand niedermetzeln.

Ein Messer mit Steinklinge, Werkzeug für Menschenopfer. Priester stießen es den Todeskandidaten in die Brust, um das Herz herauszureißen. Der Holzgriff, besetzt mit Jade, Türkis und Muschelschalen, stellt einen knienden Krieger dar.

Zur selben Zeit, da sie Menschenopfer darbringen, geschehen weit im Osten, auf einem ihnen unbekannten Kontinent, dramatische Umwälzungen. Dort hat Spanien den letzten Mauren-Herrscher von der iberischen Halbinsel vertrieben und ist auf dem Weg, die neue Großmacht in Europa zu werden. Ein Seefahrer namens Cristóbal Colón ist nach Westen aufgebrochen und behauptet, Indien entdeckt zu haben. Sehr bald wird eine Handvoll weißhäutiger Abenteurer wie geblendet vor der prächtigen Stadt Tenochtitlán stehen. Dann werden die Azteken auf einmal *indios* genannt werden.

Die Kunst der Geburtshilfe. Gemälde des mexikanischen Malers Diego Rivera, das die Leistungen der aztekischen Medizin rühmt. Es ziert eine Wand im Hospital »La Raza« in Mexico City.

Jetzt

Das Elend zu leben

Die Ohnmacht der Indianer von Mexico City

»Nein, wir wollen keine Eingeborenen mehr sein. Wir wollen sein wie alle anderen.«

Apolinar Cruz García, Indianer in Mexico City

Hier war es, hier standen die Tempel. Unsere Augen tasten die Stätte ab, suchen nach Überbleibseln. Dieser Platz, glaubten die Azteken, ist nicht wie jeder andere. An ihm treffen sich die vier Himmelsrichtungen. Er ist das Zentrum, wo alle kosmische Energie zusammenströmt. Wer hier weilt, der ist Kräften aus dem Universum ausgesetzt. Dann machten die Spanier ihn zum Zentrum ihrer neuen Stadt. Mal war hier Markt, mal Stierkampf, mal eine Hinrichtung.

Die Mexikaner von heute nennen ihn *zócalo*. Er ist der Nabel der Hauptstadt Mexico City, so wie er früher der Nabel von Tenochtitlán war. Alles, was dieses Land bewegt, strömt irgendwie über

Das heutige Mexiko City breitet sich auf der früheren Fläche des Texcoco-Sees aus, der von den Spaniern bis auf einen kleinen Rest trockengelegt wurde. Mit rund 20 Millionen Einwohnern ist es die größte Metropole der Welt. Mehrere Städte an den Rändern sind mit dem »Bundesdistrikt« schon völlig verschmolzen.

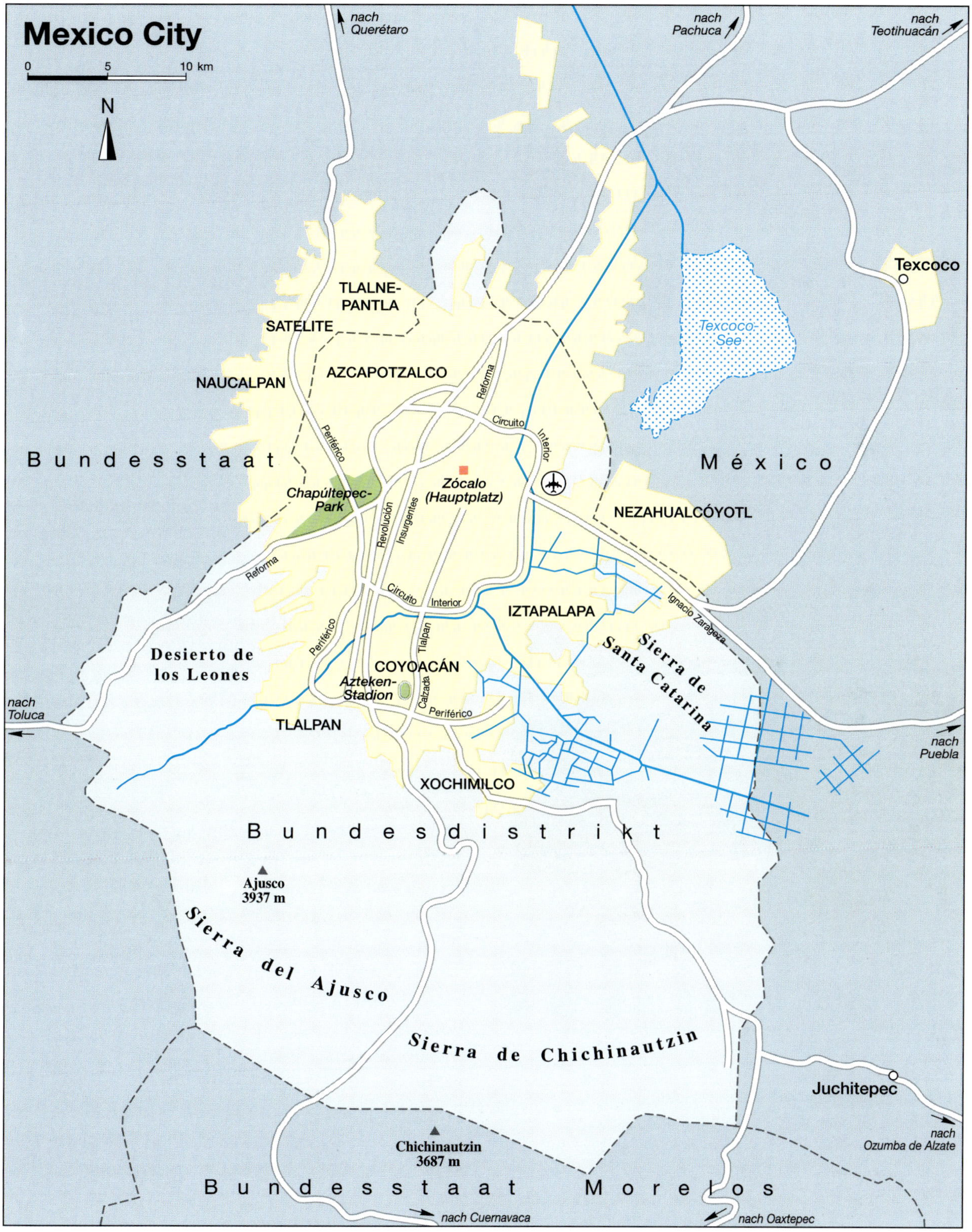

Mexico City
0
5
10 km
N
nach Querétaro
nach Pachuca
nach Teotihuacán
Texcoco
Texcoco-See
TLALNE-PANTLA
SATELITE
AZCAPOTZALCO
NAUCALPAN
Reforma
Circuito
Interior
Periférico
Bundesstaat
México
Chapúltepec-Park
Zócalo (Hauptplatz)
Revolución
Insurgentes
NEZAHUALCÓYOTL
Reforma
Circuito
Interior
Ignacio Zaragoza
IZTAPALAPA
Periférico
Tlalpan
Desierto de los Leones
Sierra de Santa Catarina
COYOACÁN
Azteken-Stadion
Calzada
Periférico
nach Toluca
TLALPAN
nach Puebla
XOCHIMILCO
Bundesdistrikt
Ajusco 3937 m
Sierra del Ajusco
Sierra de Chichinautzin
Juchitepec
Chichinautzin 3687 m
nach Ozumba de Alzate
Bundesstaat Morelos
nach Cuernavaca
nach Oaxtepec

dieses weite Quadrat. Der Präsident tritt hier vor Tausende, winkend von einem Balkon, um mit ihnen den Nationalfeiertag zu begehen. Und Tausende ziehen hier vor die Residenz des Präsidenten, mit hochgereckten Transparenten, um ihm ihre Not entgegenzuschreien. Die ganze Geschichte des Landes ist innerhalb der Mauern versammelt, die den *zócalo* säumen.

An seiner nordöstlichen Ecke, wo die Straßen *Guatemala* und *Argentina* zusammenstoßen, ragen Ruinen aus dem Boden. Rotbraune und schwarzbraune Steine, durch Gitter von den Menschenmassen getrennt. Treppen steigen ein paar Meter nach oben und brechen dann plötzlich ab. Hernán Cortés, der Eroberer von Tenochtitlán, hat fast alles von der Pyramide zerstören lassen, die damals der Haupttempel war. Aber die Spanier haben sie nicht ganz dem Erdboden gleichgemacht. Seit 1790 haben Archäologen Reste von ihr gefunden. 1978 trafen Arbeiter der staatlichen Elektrizitätsfirma, als sie sich zwei Meter in den Boden gebuddelt hatten, auf eine runde Steintafel mit einem Durchmesser von 3,25 Meter. Auf ihr war eine nackte Frau ohne Kopf eingemeißelt, Arme und Beine vom Rumpf getrennt. Es war, wie sich herausstellte, eine Abbildung der Mondgöttin *Coyolxauhqui.* So stießen die Mexikaner, nach 500 Jahren, an dieser Stelle noch einmal auf ihre Vergangenheit.

Der Zapoteken-Indianer Emiliano Zapata, Mexikos berühmtester Revolutionär, als Zeichnung auf einem Transparent. Am *zócalo*, dem Hauptplatz von Mexico City, vergeht kaum eine Woche ohne Demonstrationen.

Zwei steinerne Schlangenköpfe liegen wie Wächter zu Füßen der Pyramidenstufen, die zum Tempel des Kriegsgottes *Huitzilopochtli* und des Regengottes *Tlaloc* hochführten. Zwei steinerne Frösche sitzen auf einem Altar. Acht steinerne Menschen, die Hände auf der Brust oder wie zum Fahnentragen erhoben, lehnen schräg an einer Treppe. Eine halbliegende, bunte Figur mit Namen *Chac-Mool* hat einen Behälter auf dem Bauch; man glaubt, sie stelle einen Vermittler zwischen Mensch und Gott dar. Diese paar Zeugen sind geblieben. Alles andere hier haben die Spanier vernichtet, um die Kultur der Azteken als Ganzes zu vernichten. Die *indios* wurden aus dem Zentrum der neuen Stadt México verbannt. Reisegruppen wandeln jetzt durch die Ruinen, befingern neugierig das Gestein. Liebespaare bummeln umschlungen auf dem vorgeschriebenen Weg durch das historische Mauerwerk. Irgendwo erklingt eine einsame, melancholische Flöte.

Der Flötenbläser sitzt, den Sombrero tief in die Stirn gedrückt, vor dem eisernen Schutzzaun. Er hat hölzerne, handgebastelte Musikinstrumente auf einem Eierkarton zum Verkauf ausgelegt. Neben ihm kauern andere Straßenhändler, die Taschen und Taschenlampen, Socken, Gürtel und Groschenhefte feilbieten. Eine braunhäutige Frau vom Land strickt zusammen mit ihrem Mann Wollmützen und Wollstrümpfe; sie hat zum Schutz gegen die brennende Sonne einen Pulli über den Kopf gelegt. Eine andere Frau bietet an, Passanten den Blutdruck zu prüfen. Billige Regenschirme sind hier zu haben, Honig in Flaschen und in Waben, Schweinehaut als Imbiß, mariniert in Essig und serviert mit Limone und scharfer »Bufalo-Soße«. Ein Mann bringt die Passanten mit seinen

»Hüpfbohnen« zum Staunen, die ohne erkennbare Einwirkung vibrieren und dabei knistern. Ein anderer spielt mit zwei mauskleinen Eichhörnchen, denen er jeweils eine Schnur um den Hals geknotet hat. Einen Meter Freiheit haben sie zum Laufen, dann werden sie mit der Kordel zurückgezerrt, manchmal auch ruckartig hochgezogen. Dann überschlagen sie sich und piepsen jämmerlich. So hofft der Mann, die Tiere verkaufen zu können, für 10 000 Pesos pro Stück, das sind ungefähr fünf Mark, ein halber Tageslohn für einen einfachen Arbeiter.

Sie ziehen, Tag für Tag, an die heilige Stätte ihrer Vorfahren, die *indios*, die in Mexiko offiziell *indígenas* heißen, »Einheimische«, »Eingeborene«. Niemand hat sie gerufen, niemand hat sie hier gewollt. Aber sie kommen in Scharen – nicht mehr als Priester, sondern als Händler.

Die Kathedrale hat die Nachfolge der heidnischen Pyramiden angetreten. Die Spanier haben das christliche Monunment bewußt auf derselben Stelle errichtet, wo vorher die Azteken-Tempel standen. Breitschultrig wölbt sie sich vor den Ruinen in die Höhe. Die rechte Hälfte samt ihrem Portal scheint zur Seite wegzukippen. Der trockengelegte Sumpfboden von früher gibt immer wieder nach. Doch bis heute hat die Kirche alles überstanden, auch das Heer der Tauben, das ihre tausend Nischen mit Exkrementen vollkleckert, und den ätzenden Smog, der ständig an ihrer Fassade frißt.

Hier stehen jeden Morgen ab sechs Tagelöhner am Zaun, mit Pappschildern in den Händen, auf denen sie sich anbieten als Tischler oder Klempner, Elektriker oder Mechaniker. Sie hoffen, daß sie einer mitnehmen möge von den finster dreinblickenden Agenten irgendwelcher obskurer Geschäftemacher, die sich hier je nach Bedarf billige Arbeitskräfte holen. Ein *indígena* wartet mit seinem Fahrrad-Taxi auf Kunden. Ein anderer schiebt einen selbstgebauten Wagen mit zwei blechernen Schubladen vor die Kirche, auf dem er Bananen und *camote*-Früchte gart. In der unteren Schublade liegt Holzkohlenglut, in der oberen brutzelt seine Ware. In einer Stunde, sagt er, ist alles durch, dann kommt Honig oder Kondensmilch darauf, je nachdem, was dem Kunden besser schmeckt. Der Schlot, durch den der Rauch abzieht, läßt sein Gefährt aussehen wie eine kleine Lokomotive.

Die *indios* sind über den ganzen *zócalo* und ein Dutzend Seitenstraßen verteilt. Frauen haben bunte Stoffpuppen auf den Steinplatten ausgebreitet, Männer mächtige Holzlöffel, mit denen braune Bohnen in weiten Tontöpfen gerührt werden. Hier gibt es Schuhputzer, Schmuck- und Korbverkäufer, Maiskolben- und Tortillabrater. Sie sitzen und stehen hier oft bis abends um zehn, erst dann kommt das Leben auf dem Platz zur Ruhe. Ihre Kinder haben sie mitgebracht; sie lümmeln, dösen oder schlafen auf dem Pflaster, notdürftig in Decken verpackt.

Der Nationalpalast mit seiner 200 Meter langen Fassade steht am östlichen Ende des *zócalo*, genau auf der Stelle, an der früher die Azteken-Herrscher residierten. Er wurde aus den Steinen der zerstörten Palastgebäude errichtet. In der spanischen Kolonialzeit diente er auch als Gerichtshof und Gefängnis. Heute ist er offizieller Amtssitz des Präsidenten. Jedes Jahr am Spätabend des 15. September, eine Stunde, bevor der »Tag der Unabhängigkeit« anbricht, läutet das Staatsoberhaupt hier die Glocke, mit deren Klängen im Jahr 1810 der Freiheitskampf der mexikanischen Kreolen gegen das spanische Mutterland begann. »Viva México!« ruft er dreimal in die Menge. »Viva México!« schallt es dreimal zurück. Noch zwei Wochen nach diesem berühmten Ruf, dem *grito*, leuchten Tausende von grünen, weißen und roten Glühbirnen, die Nationalflagge als eine Lichterorgie. Die Wachhäuschen am Eingang zum Palast haben noch enge, bedrohlich aussehende Sehschlitze, drinnen aber sind sie seit langem leer. Die Wachsoldaten davor tragen graugrüne Uniformen, blank gewienerte, schwarze Schuhe mit schneeweißen Schnürsenkeln. Drinnen hat der Maler Diego Rivera sein Genie im Treppenhaus und im ersten Stock ausgetobt – 450 Quadratmeter Fresken über Aufstieg und Untergang der Azteken.

Noch immer hallen Trommelschläge hier. Jeden Morgen punkt sechs Uhr paradieren Soldaten auf den Mittelpunkt des *zócalo* zu, rollen feierlich die Fahne Mexikos auf und ziehen sie an einem Mast hoch, wo sie abends punkt sechs wieder eingeholt wird. Der Platz ist gespenstisch leer um diese frühe Zeit. Erst vier, fünf Stunden später zieht hier das Leben ein, die bunten Farben und die Folklore, die die Besucher von auswärts mit ihren Kameras einfangen. Es sind vor allem die *indígenas,* die Farbe in dieses steinerne Meer bringen. Die Touristen freuen sich über sie, weil sie das Gefühl haben, nun seien sie wirklich in Mexiko, und die *indígenas* freuen sich über die Touristen, weil sie ihre einzige Hoffnung sind im Kampf ums Überleben.

Wir versuchen, mit ihnen zu sprechen. Sofort strecken sie uns ihre Waren entgegen. Dann werden ihre Mienen starr. Wir sind gar keine Kunden, stellen plötzlich unerwartete Fragen. Was wollen diese zwei Fremden? Eine neue Sorte von *camioneteros* ? So nennen sie die Männer der Stadtverwaltung, deren Aufgabe ist, sie von der Straße zu vertreiben. Die sagen, es sei verboten, hier einen Stand aufzumachen, die fliegenden Händler verschandelten das Stadtbild. Diese Männer müssen sie mit Geld bestechen, sonst schleppen die ihnen die ganze Ware weg. Die *indígenas* haben ständige Angst vor irgendwelchen, Mafia-ähnlichen Gruppen, die sich um die Verkaufsflächen auf dem *zócalo* streiten. Mißtrauisch mustern sie uns. Wozu diese Fragen? Wozu Fotos? Noch nie hat jemand von ihnen wissen wollen, ob sie noch das *náhuatl,* die Sprache der alten Azteken, sprechen. Woher also sind diese Fremden? Sicher von der Polizei. Es kann nur schaden, sich mit ihnen einzulassen.

Die ersten, die Vertrauen fassen, sind *Mixteken* aus dem Bundestaat Oaxaca. Ihre Vorfahren waren berühmt für Goldschmiedearbeiten, für Mosaike aus farbigen Steinen und Federn, für ihre Kunstwerke aus Holz und Knochen. Sie wurden ständig von den Azteken bedrängt, dann zum großen Teil unterworfen, am Ende gehörten sie schließlich zum Reich von Tenochtitlán. »Das ist lange her«, sagen die *indígenas.* »Nein, Señor, wir wissen nichts mehr von diesen Dingen. Wir haben andere Sorgen.«

Die Alten im Dorf, sagen sie, hätten ihnen noch davon erzählt, daß Sonne und Mond, Steine und Wasser heilige Dinge seien. »Wenn es kein Wasser gäbe, dann gäbe es keinen Ackerbau, keine Ernte, nichts zu essen. Das sagten immer unsere Großeltern. Das haben wir gut verstanden, Señor.«

Sie wären gern Bauern geblieben, zu Hause in ihrem Dorf San Juan Copala. Doch vom Ackerbau allein konnten sie nicht mehr leben, sagen sie. Andere Arbeit habe es kaum gegeben, und wenn, dann für 10 000 Pesos am Tag, nicht mehr. Dann brachen vor sieben Jahren auch noch Landstreitigkeiten aus, Schüsse fielen, Menschen starben. »Wir wollten das bißchen Leben retten, das wir hatten«, erzählen sie. Ihr Abschied vom Dorf, in dem ihre Eltern, Groß- und Urgroßeltern gelebt hatten, begann in Etappen. Delfino Martínez Espinosa, heute 35, machte den Anfang. Er suchte in Mexico City erst einmal einen Platz zum Wohnen. Dann folgte ihm seine Frau Rosa, sein Halbbruder Benito und dessen Frau Josefina. Heute sind es mit den Kindern zwölf Personen.

Sie wundern sich, daß wir sie besuchen wollen, was werden sie uns schon viel zeigen können. Aber schließlich sagen sie doch ja. Die Wohnung liegt zwei Kilometer weiter im Osten, im Stadtteil Merced Valbuena. Wir irren eine halbe Stunde durch Straßen ohne Namensschilder. Ausrangierte, rostige Autos stehen hier, Reifen und Schläuche liegen auf den Gehsteigen. Wir landen in einem Innenhof, der durch einen Drahtzaun von der lärmenden Straße abgetrennt ist. Über ihr rauscht die Metro im Minutentakt. Die Wohnung ist ein Ver-

schlag aus Holzbrettern und Wellblechteilen, gepappt an eine Hauswand, so wie all die anderen Buden auch, in denen weitere 14 Familien leben.

Rosa sitzt von Montag bis Freitag am Zaun, näht Puppen und bastelt bunte Reife, mit denen das Haar zusammengesteckt werden kann. Die Männer gehen jeden Tag zum *zócalo* und warten auf jemand, der sie anheuert, egal wofür, Hauptsache, sie kriegen Geld, meistens immerhin das Doppelte von dem, was sie in ihrem Dorf hätten verdienen können. Samstag und Sonntag ziehen sie dann vor die Kathedrale, nur am Wochenende haben sie die Erlaubnis dafür, gegen Zahlung von 10 000 Pesos

Delfino und Rosa Martínez, *Mixteken*-Indianer, und ihre Familie verkaufen Handarbeiten auf dem *zócalo*, neben der Kathedrale. Als ambulante Händler sind sie häufig Schikanen ausgesetzt. Sie nehmen sie in Kauf, um sich mit den bescheidenen Einnahmen durchschlagen zu können.

Jungen und Mädchen der Familie Martínez in ihrer Elendshütte, sitzend auf nackter Erde vor Kleiderbergen. Kein einziges dieser *Mixteken*-Kinder kann zur Schule gehen; den Eltern fehlt dafür das Geld. So wie hier leben die meisten der zwei Millionen Indianer in Mexico City.

pro Tag. Rosa lächelt und hantiert weiter mit ihren bunten Wollfäden. Jeden Tag, sagt sie, schafft sie einen Reif, den sie für 5000 Pesos, rund 2,50 Mark, zum Verkauf anbietet. Die Kinder helfen häufig mit. Jetzt toben sie mit anderen im geteerten Hofgelände, wo Plastikeimer für Müll und Notdurft umherstehen und ein Mann sich am Wasserhahn Kopf und Oberkörper wäscht.

Wir treten ein in die Behausung. Kleider und Wäschestücke sind zu chaotischen Ballen getürmt. An den Wänden zwei Rambo-Plakate, die Mexiko-Flagge, ein Bild der Jungfrau Maria, ein schief hängender Hausaltar. Auf dem Boden, der nackten Erde, sitzen Kinder mit gekreuzten Beinen und

Eine Bettlerin in Mexico City. Das Elend gehört zum Alltag wie die Menschenmassen, die daran vorübergehen. Ab und zu fällt dann doch ein Almosen ab.

stieren in den Fernsehapparat, der den Verkehrslärm noch übertönt. Zugleich klingen alte *Mixteken*-Lieder von einem Kassettenrecorder. Der achtjährige Rafael schiebt ein paar kleine Plastikautos umher. Sie sind das einzige Spielzeug, das sie haben. Die TV-Werbung zeigt ein schießendes Ungeheuer und schöne, blonde Puppen; Kinder planschen in einer hübsch gekachelten Badewanne. Sie strahlt wie eine Verheißung in die schummrige Hütte, die etwa zehn Quadratmeter mißt – zwei Quadratmeter weniger als die Mindestfläche, die in Deutschland als Auslauf für einen Schäferhund vorgeschrieben ist. »Eigentlich«, sagt Benito,

»bräuchten wir Etagenbetten zum Schlafen. Aber wir haben kein Geld dafür. Wir haben auch nicht das Geld für eine größere Wohnung.« Zum Schlafen liegen sie alle zwölf wie Heringe in einer Dose auf dem Boden, zugedeckt zum Teil mit wollenen Tragetaschen, mit den Röcken und Umhängetüchern der Mütter. Etwa zwei Millionen *indígenas* leben so oder ähnlich in Mexico City.

Es sind nicht sie, die dieser Stadt ihre Gestalt gegeben haben. Das waren die Spanier, die mächtige Kirchen und prächtige Villen mit lauschigen Innenhöfen errichteten, und die reichen mexikanischen Familien, die sich heute hinter hohen Mauern verschanzen und sich mit amerikanischen Straßenkreuzern durch die verstopften Straßen schieben, und die Stadtplaner der Regierung, die dem motorisierten Irrsinn acht- bis sechzehnspurige Breschen quer durch das Häusermeer schlugen, und die Banken und Hotelketten, die immer kühnere Glaspaläste in den schmutzgrauen Himmel wachsen lassen. Aber sie erscheinen wieder im Gesicht dieser Stadt, die *indios.* Für die Fremden sind sie Farbtupfer, für die Einheimischen häßliche Pickel.

Sie, die sie aus stillen Dörfern kommen, leben in einem Moloch aus Beton, dem größten, den es auf der Welt gibt. Niemand weiß, wie viele Menschen in Mexico City leben, es mögen heute 19 oder 20 oder 21 Millionen sein. Hier sitzen traurige Kinder mit Zieharmonikas an Hauseingängen, Pappschälchen für Almosen vor ihren Füßen. Hier springen uns im Stau des Straßendschungels Jungen auf die Kühlerhaube und wienern die Windschutzscheibe, um ein paar Münzen zu verdienen. Hier kippen sich 14jährige bei roter Ampel Benzin in den Mund, blasen das Zeug durch eine Feuerfackel, die sie sich direkt vor das Gesicht halten; eine zwei Meter lange Stichflamme schießt nach oben. Sie ruinieren ihre Gesundheit, um den Leuten für das Spektakel ein kleines Honorar abzubetteln.

Ständige Staus lähmen den Verkehr der mexikanischen Hauptstadt. 2,8 Millionen Privatautos verpesten täglich die Luft. Für jeden Wagen herrscht an einem Werktag pro Woche Fahrverbot – ein Tropfen auf den heißen Stein.

Die Stadt zerrt an den Nerven. 50 000 Lastwagen schaffen täglich 25 000 Tonnen Nahrungsmittel herbei, und die Einwohner produzieren täglich 18 000 Tonnen Müll. 2,8 Millionen Autos verbrennen täglich 14 Millionen Liter Benzin und 4 Millionen Liter Diesel. 30 000 Fabriken brauchen täglich 5 Millionen Liter Brennstoff und Öl und 70 Millionen Kubikmeter Gas. 12 000 Tonnen Giftstoffe werden jeden Tag in die Luft geblasen und regnen von dort wieder auf die Stadt herab. Die Augen brennen, die Kehle wird rauh, auf den Lippen schmeckt es süßsauer nach Chemie. Wir lernen an Kreuzungen, den Atem anzuhalten.

Die Straße *Manzanares* liegt unweit des *zócalo,* im verlotterten Zentrum von Mexico City. Hier steht eine kleine Kirche, die dem *Señor de la Humildad,* dem »Herrn der Demut«, geweiht ist. Ein spanischer Graf, erzählen die Leute, habe das Gotteshaus bauen lassen. Der Heiland am Hochaltar steht in einer Glasvitrine, er hat ein Samtgewand und eine Dornenkrone, rote Blutstropfen über der Stirn und weit aufgerissene Augen. Der Heiland am Seitenaltar ist gefesselt und blutüberströmt, gezeichnet von der Geißelung. Am Eingang rechts sind Heilige postiert, *San Antonio de Pascua* und *San Martín de Porres.* Sie sind Wundertäter, sagen uns *indígenas,* die hier nie vorbeigehen, ohne das Kreuz zu schlagen. Auch das *Santo Niño de Atocha,* das »Heilige Kind« aus einem kleinen Dorf, hat schon so vielen geholfen, sagen sie. Über dem Portal stehen auf Lateinisch die Worte: »In hoc signo vinces«. Es bedeutet: »In diesem Zeichen wirst du siegen.«

Die Straße ist überspannt von einem Gewirr aus Drähten und Kabeln, ist gesäumt von brüchigen Mauern und rostigen Balkongittern. Seit Jahrzehnten hat kein Mensch mehr etwas für die Gebäude getan. 50 Meter von der Kirche entfernt steht das Haus Nummer 26. Der Weg führt in einen schmalen, finsteren Hof, in ein Chaos aus Brettern, Blech und Plastikplanen. Es riecht nach Latrine. Wir klopfen an Türen, die niemand öffnet. Neun *indígena*-Familien wohnen hier, manche sprechen kaum Spanisch, nur die Sprachen der Volksgruppen, aus denen sie kommen, der *Otomí* oder *Totonaken,* der *Huasteken* oder *Zapoteken.* Trinkwasser, das sie im Dorf aus Brunnen holten, müssen sie hier an Tankwagen kaufen, für 5 000 Pesos pro 20-Liter-Kanister. Feliza Dirzo González, 36 Jahre alt, gehört zu denen, die schon Spanisch, aber auch noch das *náhuatl* der Azteken sprechen. Sie sitzt jeden Tag am *zócalo,* dort sind wir mit ihr ins Gespräch gekommen, und hier hat sie die Wohnung Nummer 9.

Wir ducken uns unter Wäscheleinen und tasten uns in einen kleinen Raum, an dessen Decke eine Glühbirne brennt. Kein Licht, keine Luft, kein Laut dringt von draußen herein, es gibt kein Fenster in diesem Raum. Die Wände sind mit Zeitungsseiten tapeziert. Der 13jährige Mario, einer von Felizas zwei Söhnen, und sein 15jähriger Freund Raúl sitzen auf Packpapier und bemalen Masken und Vasen, Schalen und Töpfe, allesamt aus Ton. Sie haben ihn in der Nähe ihres Dorfes San Juan Tetelcingo im Bundesstaat Guerrero gekauft, dazu ein paar Pinsel und Acrylfarben. Nun sitzen sie täglich acht Stunden in diesem Loch mit seiner stickigen Luft, in der nur der Ton und die Farben angeleuchtet sind und ansonsten rabenschwarzes Dunkel und totale Stille die Jungen umgibt. Sie malen das Dorf, aus dem sie kommen, Flüsse, Fische und Vögel, Blumen und Bananenbäume, Maisfelder und *maguey*-Pflanzen, Frauen in Trachtenröcken und Männer mit Sombreros.

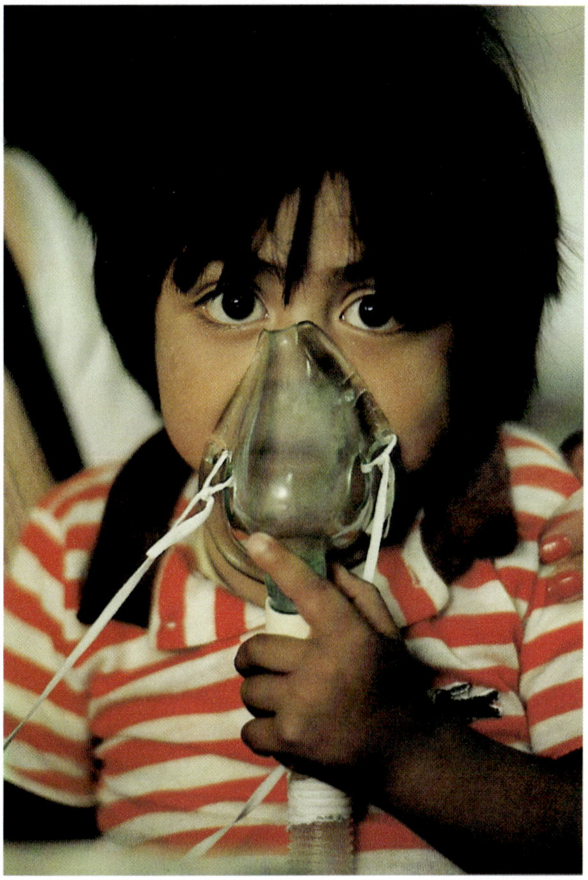

Ein Kind mit Sauerstoffmaske. Die Spezialklinik für Atmungsprobleme im Stadtteil Tlalpan nimmt täglich Scharen von Smog-Opfern auf.

Sonnenaufgang in Mexico City. Auto- und Industrieabgase verdunkeln den Himmel. Jeden Tag werden 12 000 Tonnen Giftstoffe in die Luft geblasen.

CONDOMINIO

Wenn ein Stück bepinselt ist, versiegeln sie es und stellen es in eine Art Regal, das sie aus Holzkisten zurechtgezimmert haben. Die Mutter wird die Sachen zum *zócalo* tragen und auf dem Pflaster ausbreiten, in der Hoffnung, daß sie den Touristen gefallen. Durchschnittlich 20 000 Pesos bringt sie pro Tag nach Hause. Sie hat Glück, das erkaufte Recht auf ihren Stand gilt für die ganze Woche. So kommt sie, verlassen von ihrem Mann, mit den Kindern über die Runden. Weiß sie, daß sie auf dem heiligen Platz ihrer Vorfahren sitzt? »Nein, Señor, davon weiß ich nichts, es interessiert mich auch nicht. Wissen Sie, was mich interessiert? Daß die *camioneteros* endlich aufhören, uns zu traktieren. Sie kommen einfach und verlangen das Doppelte von uns, 20 000 statt 10 000 Pesos Gebühr, jeden Tag passiert das, glauben Sie mir. Die Polizei? Die schützt nicht uns, sondern eher diese Kerle.«

Mexico City ist ein unendliches Häusermeer, meist eingehüllt in dichten Dunst. Nur an wenigen Tagen des Jahres ist noch ein Blick auf den Vulkan Popocatépetl möglich.

Die Stadt schneidet sie ab von ihrer ererbten Kultur. Die *indígenas*, die vor der Armut auf dem Land flüchten, hören auf, ihre Trachten zu tragen, ihre Feste zu feiern, ihre Sprache zu sprechen. 1,5 Millionen gebrauchen in Mexiko noch das *náhuatl* der Azteken. Doch in der Hauptstadt, der Nachfolgerin von Tenochtitlán, ist es praktisch nicht zu hören. Es lebt allenfalls noch in einigen Elendshütten, als Sprache des Familienkreises, als Sprache des intimen Vertrauens, ja manchmal fast als eine Art Geheimsprache. Die *indígenas*, die am Busbahnhof ankommen, ein paar Habseligkeiten in Taschen und Pappkartons, werden Randfiguren, verachtet und verspottet. Und doch stürzen sie sich in dieses Leben. Jedes Jahr kommen Zehntausende dazu.

La Merced heißt die größte Markthalle von Mexico City. Wir schieben uns zwischen Gemüsebergen und Müttern hindurch, die ihre Kinder in Tüchern auf dem Rücken tragen. Aus dem U-Bahnhof direkt unter den Ständen stößt alle paar Minuten ein neuer Schwall von Menschen in dieses Gewimmel vor. Wir rudern uns durch zur Haupthalle, Eingang 10. Eine Tür, eine Treppe nach oben, ein Raum. Hier sitzen, wie in einem Versteck, ein Dutzend *Masawa*-Frauen beim Nähen und Sticken. Die *Masawa* sind ein Indianervolk, das rund 150 Kilometer nordwestlich der Hauptstadt lebt. Sie hatten zur Azteken-Zeit Tribute an Tenochtitlán zu zahlen. Heute hocken die Frauen in ihren bunten Trachten an allen Plätzen der Metropole, wo Touristen zu finden sind: am *zócalo*, vor dem Sheraton-Hotel, im Künstlerviertel Coyoacán. Die Geschichten, die sie erzählen, sind fast alle gleich. Es ist das ewig wiederkehrende Drama der darbenden Familie, die in der Stadt die Rettung vor dem Hungertod sucht, dann nimmt sich der Mann eine neue Frau, weil er plötzlich die große Freiheit zu spüren glaubt, und die Ex-Frau bleibt mit den Kindern sitzen und führt den Kampf ums Überleben nun allein.

Ein paar hundert *Masawa*-Frauen beschlossen 1972, eine Art Ausbildungszentrum für sich selber zu gründen. Sie konnten nur sticken und stricken, nicht aber lesen und schreiben, sie sprachen kein Spanisch und verstanden anfangs nur, daß die Leute ihnen besondere Namen gaben: *cabrona india*, »Indio-Doofie«, oder *pata rajada*, »Furchensohle«, weil sie barfuß statt in Schuhen liefen und das Spuren an den Füßen hinterläßt. Die sogenannten Lehrer, die ihnen dann etwas beibringen sollten, merkten schnell, daß mit diesen Leuten ein gutes Geschäft zu machen war. Sie gaben zwar ein bißchen Unterricht, ließen dafür die Frauen aber fleißig nähen und verkauften die Ware auf eigene Rechnung. Ein lächerliches Taschengeld bekamen die *Masawa* dafür, und als sie sich beschwerten, hieß es: »Wem es nicht paßt, kann ja gehen.« Erst 1985 flog der Schwindel auf. Die Behörden schlossen erst einmal das Zentrum und beschlagnahmten die Maschinen, die dem Ausbildungszentrum von der Stadtregierung zur Verfügung gestellt worden waren. Nun hatten die Frauen gar nichts mehr, und verzweifelt rannten sie auf die Amtsstuben. Dort bekamen sie Sätze wie diese zu hören: »Wir können euch nicht helfen. Wir sind nicht die Väter eurer Söhne. Geht zurück in euer Dorf, oder auf einen *rancho*, und sucht euch dort Arbeit.« Sie holten Zeitungs- und Fernsehreporter, nähten ohne Maschinen, nur per Hand, weiter. Nun haben sie die Erlaubnis, ab und zu etwas von ihren Stoffen zu verkaufen – vor einem Museum, vor einer Kirche oder in einer Schule, wenn mal einer sozialer Tag veranstaltet wird. »Wir wollen hierbleiben«, sagen sie. »Wo sollen wir sonst hin?«

Agustina Mondragón weicht das Lächeln nie aus dem Gesicht, als sie aus ihrem Leben erzählt. Wir fahren mit ihr nach San Antonio, das *Masawa*-Dorf, in dem ihr Elternhaus steht, vier Autostunden von Mexico City entfernt. Sie ist 34 Jahre alt, Mutter von zwei Kindern, das Dorf hat sie vor 26 Jahren verlassen. »Mein Vater«, sagt sie, »wollte nur trinken und nicht arbeiten, die Mutter hat mich und meine vier Geschwister praktisch alleine durchbringen müssen. Ich konnte das nicht länger mit ansehen. Laß uns fortgehen, Mutter, sagte ich zu ihr, aber sie weinte nur und schüttelte den Kopf. Da bin ich eines Tages heimlich weggerannt.« Acht Jahre war sie damals, eine Frau aus dem Dorf schenkte ihr einen Peso, damit fuhr sie im Bus nach Mexico City. Anfangs verkaufte sie für eine *señora* Kaugummi, Knoblauch, Limonen und Erdnüsse. Mit elf Jahren aber machte sie sich selbständig, mit vierzehn lernte sie ihren ersten Mann kennen, dann landete sie bei den *Masawa*-Frauen von *La Merced*. Das Lächeln ist wie eine Waffe gegen die Verzweiflung.

Die Erdstraße nach San Antonio ist voller Schlag- und Schlammlöcher. Als wir auf dem Dorfplatz ankommen, sammeln sich dumpf dreinschauende Menschen. Agustina sagt einer Verwandten, die hier einen Laden hat, sie solle auf unser Auto aufpassen. Wir steigen hoch zum Haus ihrer Eltern, eine Dreiviertelstunde über magere Wiesen und knochenharten Boden. Kinder lugen hinter hölzernen Gattern. Sie rennen schnell weg, als sie uns sehen. Agustinas Mutter, die 60jährige Bonifacia, und ihr Bruder, der 24jährige Gerardo, bieten uns Holzklötze und wackelige Stühle zum Sitzen an. Sie erzählen, was alles fehlt in San Antonio. Es fehlt an Regen, daher die kärgliche Ernte. Es fehlt an Geld, daher kein Dünger, der die Erträge steigern könnte. Es fehlt an Wissen, daher die veralteten Techniken. Es fehlt an Vitaminen, daher die Mangelkrankheiten. Es fehlt an Medizin, daher sterben die Hälfte aller Kinder vor dem ersten Jahr. Es fehlt an Hoffnung, daher die Flucht in den Alkohol – oder in die große Stadt.

Wir steigen von der Anhöhe wieder hinunter ins Tal. *Bacatón* -Kraut raschelt unter unseren Schritten, das die Männer hier aus dem Boden reißen, um Besen und Bürsten daraus zu machen. Stachelige *maguey*-Stauden stehen am Weg. Durch den Boden ziehen sich tiefe Rinnen, die überfallartige Regengüsse gerissen haben. Wenn es hier einmal Niederschläge gibt, dann sind sie oft so heftig, daß sie das bißchen Humus wegschwemmen. Dann brennt die Sonne wieder und laugt die Erde aus. Doch die Luft ist ohne Motorengebrüll, ohne Benzingestank, und zum Alltag gehören hier die Vögel und die Schafe.

Wir fragen Agustina, wo sie lieber leben möchte, in Mexico City oder hier. Sie antwortet so, wie alle *indígenas* geantwortet haben, denen wir diese Frage stellten. »Wenn wir die Wahl hätten, tausendmal lieber im Dorf. Aber wir haben nicht die Wahl.«

Müllbehälter zum Versteckspiel. Viele Indianerkinder erkranken wegen schlechter sanitärer Bedingungen. Doch in den Dörfern, aus denen sie stammen, sehen ihre Eltern noch weniger Chancen zum Überleben.

Frauen beim Wäschewaschen an einem Tümpel, der zur Kloake geworden ist. An den Rändern der gigantischen Stadt leben Millionen Menschen in Armut. Trotzdem strömen im Durchschnitt pro Tag tausend Neuankömmlinge nach Mexico City.

Einst

Die Angst vor der Zukunft

Der Herrscher Moctezuma und die bösen Vorzeichen

»Mögest du nicht
die Leute vor den Kopf stoßen,
mögest du dich nicht
wie der Wind auf einen stürzen,
sei geduldig und beherrscht,
denn dich sieht unser Herr,
denn er wird dir zürnen,
er wird sich rächen ...«

Priesterworte bei der Amtseinführung eines Azteken-Herrschers

Seine Augen sind dunkelbraun, sein Gesicht ziemlich hell. Das Haar reicht ihm bis zu den Ohren, und am Kinn wächst ein kurzer, schütterer, schwarzer Bart. Er ist ein mittelgroßer, schlanker, gut gebauter Mann, eher unauffällig seine Gestalt. Und doch hat es in Tenochtitlán keinen Herrscher vor ihm gegeben, der mehr Majestät demonstrierte. *Itzcóatl* nicht, der erste große *tlatoani*, der 1440 starb. *Moctezuma Ilhuicamina* nicht, der länger als jeder andere, nämlich 28 Jahre, regierte. *Axayácatl* nicht und *Tizoc* nicht und auch nicht sein Vorgänger *Ahuízotl*. Sie alle haben mit ihren Feldzügen das Reich größer gemacht, die Grundsteine seiner Macht gelegt. Er aber, *Moctezuma Xocoyotzin*, der zweite große Moctezuma, übt sie nun aus.

Sein Palast liegt den Tempelpyramiden gegenüber, hat 20 Tore und drei große Innenhöfe. In ihm wabert ein Hofstaat von 3 000 Menschen. *Moctezuma* gehören Blumen-, Obst- und Tiergärten, Salz- und Süßwasserteiche für Fische, Adler-, Falken- und Habichtkäfige aus schenkeldicken Holzbalken, und man sagt, wenn er einen schönen Vogel sieht, den er mag, gebe er Weisung, ihn so schnell wie möglich zu fangen und vor seinen Thron zu bringen. Zu jeder Mahlzeit werden ihm 30 Gerichte serviert, die Schüsseln über Kohlenglut warm gehalten. Keine Schale benutze er mehr als ein einziges Mal, erzählen sich die Leute, so wie er nie ein Gewand mehr als einmal trage. Dabei ist er alles andere als ein ausschweifender, genußsüchtiger Mensch. Er treibt diese Verschwendung, um dadurch die Autorität seines Amtes zu stärken. Die Potentaten in Europa, von denen er nichts weiß, tun zur selben Zeit nichts anderes; dort wird bald die Ära des Absolutismus beginnen.

Die Azteken, deren Vorfahren aus dem Norden eingewandert waren, beherrschten bei Ankunft der Spanier die Mitte und den Süden von Mexiko. 38 Provinzen mußten unter *Moctezumas* Herrschaft Tribute an die Hauptstadt Tenochtitlán entrichten. Nur wenige Völker wahrten ihre Unabhängigkeit.

Seit seiner Wahl im Jahr 1502 ist einiges anders geworden am Hof. Nur Adelige, die von Geburt an ihrem Stand angehören, dürfen ihm dienen, nicht aber Adelige aus Verdienst, die unter seinem Vorgänger eingesickert waren. Er ist kein Haudegen wie *Ahuízotl*, dem es mehr auf militärische Tugend als auf gesellschaftliche Sitte ankam. Er will, daß das Personal, das die Ehre hat, ihm nahe zu sein, so stilvoll ist wie die Gemächer und das Geschirr. »Was sind das für derbe Menschen!« sagte er zu einem der Ältesten, als er den Rauswurf anordnete. »Und wenn sie noch so eifrig sind – man riecht ihre barbarische Herkunft. Es ist nicht recht, wenn Worte der Herrscher und Noblen, die wertvoll sind wie Edelsteine und Perlen, in solch eine schäbige Umgebung fallen.« Als der Alte ihn warnte, das Amt des *tlatoani* könne so den vielen Untertanen einfacher Abstammung entfremdet werden, soll *Moctezuma* entgegnet haben: »Genau das ist es, was ich will. Der gemeine Mensch soll dem noblen nicht gleichen.« Es sei ein Unding, Befehle aus edlem Mund in der Sprache von Ungebildeten weiterzugeben. Er ordnete an, auch die Pagen, Türsteher und Reinigungskräfte nur unter den Söhnen der Elite auszuwählen. Es ist ihnen streng untersagt, im Palast zu rennen, zu schwitzen, zu stottern.

Niemand wagt es, einen *tlatoani* anzusehen; es würde das Leben kosten. Wer sich ihm in seinem Palast nähert, darf dies nur in ärmlichen Kleidern aus groben Fasern. Er muß sich dreimal tief verneigen und dabei den Boden mit den Fingerspitzen berühren. »Gnädiger Herr! Gnädiger Herr! Erhabener, gnädiger Herr!« heißt die Formel, die er zu sprechen hat. Beim Abschied hat er dem Potentaten zugewandt zu bleiben und den Raum unter ständigen Verbeugungen zu verlassen. Zeigt sich der Herrscher in der Öffentlichkeit, werden Teppiche vor ihm ausgelegt oder die Stellen gefegt, auf die er seine Füße setzen wird. Meist aber tragen ihn seine Diener in der Sänfte. Ansonsten wandelt *Moctezuma* in seinen Gärten, allein oder mit Beratern, unsichtbar, ungreifbar für die Masse des Volkes. Indem er sich den Blicken entzieht, will er seine Stellung unantastbar, unverletzlich machen. Sicher, er ist demokratisch gewählt. Die Versammlung der höchsten Repräsentanten des Reiches hat ihn einhellig in das Amt berufen, und die Tradition der Azteken bestimmt, daß er den Vierer-Rat zu konsultieren hat. Doch nur einer trägt den Titel *tlatoani*, was »Derjenige, der spricht« bedeutet. Das will *Moctezuma* sein Volk spüren lassen, mehr als alle anderen, die vor ihm regiert haben. Noch kann er nicht die tragische Rolle ahnen, die er zu spielen haben wird.

Er ist gefürchtet wie kein Herrscher vor ihm. Mit unnachsichtiger Strenge wacht er über die Einhaltung der Gesetze, auch nicht die eigenen Brüder verschont er von Strafe. Manchmal kommt er gar auf die Idee, verkleidet durch Tenochtitlán zu gehen, um die Stimmung im Volk zu erkunden. Er prüft, ob die Soldaten und ihre Kommandanten, die mit Beute vom Krieg nach Hause zurückkehren, sich vorschriftsmäßig verhalten. Er fragt die Leute, ob sich ein Richter hat bestechen oder einer seiner Verwalter sich irgend etwas hat zuschulden kommen lassen. Wenn *Moctezuma* so etwas erfährt, hat der Betroffene meist sein Leben verwirkt. Der Herrscher beherzigt die zeremoniellen Worte, die ihm ein Priester bei der Amtseinführung gesagt hat: »Seht zu, daß Ihr die Bösewichte straft und tötet, die hohen Herren wie die Beamten, die Ungehorsamen und alle Übeltäter.«

Moctezuma Xocoyotzin, der letzte unumschränkte Azteken-Herrscher, regierte von 1502 bis 1520. Das Ölbild eines unbekannten europäischen Malers zeigt ihn mit Federmantel, Kopfschmuck und Zermonialschild aus Federn, Lendenschurz und Schuhen aus Ozelotfell.

Er scheint alles zu haben, was ein Azteken-Führer braucht. Die Eliteschule, die er besuchte, hat ihm Kenntnisse der Rhetorik und der Mathematik vermittelt, des Malens und der Bilderschrift, der Sternen- und Kalenderkunde, der Pflanzen und Arzneien, der Geschichte und Theologie. Er ist streng religiös und vertraut mit allen wichtigen Ritualen, zugleich ein erfolgreicher Stratege, der sich in vielen Schlachten bewährt hat. Bei seiner Amtseinführung hat er, dreimal von Tränenausbrüchen unterbrochen, in einer dem Ritual geziemenden Bescheidenheit gesagt: »Ich besitze wenige Eigenschaften für solch eine schwere Aufgabe, und ich weiß gar nicht, was ich tun soll, außer auf die Gunst des Schöpfergottes zu vertrauen und all die Anwesenden zu bitten, meinen Begehren nicht die Unterstützung zu versagen.« Er hat, wie vorgeschrieben, danach zum Mahl mit berauschenden Pilzen geladen, Schmuck und Vogelfedern verteilt, vier Tage gefastet und ein rituelles Bad genommen. Nun regiert er umsichtig und entschlossen. Neun Feldzüge schließt er als Herrscher siegreich ab, 44 Städte werden dem Reich einverleibt. Dreimal im Jahr lädt er, geübt auch in taktischen Finessen, Vertreter von feindlichen Staaten zu einem festlichen Bankett ein. Schon der Glanz, mit dem er sie umgibt, soll sie beeindrucken und gefügig machen. *Moctezuma* hat eigentlich alle Chancen, als größter aller Azteken-Führer in die Geschichte einzugehen.

Doch auf einmal fällt ein dunkler Schatten auf ihn. Nachrichten treffen ein, draußen auf dem Meer im Osten seien schwimmende, hölzerne Häuser gesichtet worden. Niemand weiß, was es auf sich hat mit diesen Dingen. Niemand aber zweifelt, daß sie Schlimmes bedeuten. Die Nachrichten mischen sich mit Gerüchten. Sie nagen zuerst an der Seele des Herrschers und dann an den Fundamenten des Reiches, das soeben noch stark und unerschütterlich schien.

Es gibt kein Dokument von Zeitgenossen, das die Ereignisse dieser Jahre beschreibt. Jahrzehnte später erst werden Chronisten zu Papier bringen, was sie aufgrund von Erzählungen darüber aufgezeichnet, vielleicht selber noch hineininterpretiert haben, Tatsachen und Hirngespinste, Ahnungen und Ängste, die sich wild ineinander mischen. Es sind Geschichten eines Herrschers, der beginnt, den Boden unter den Füßen zu verlieren. Es sind Geschichten eines Volkes über den eigenen Untergang.

Die erste dieser Geschichten erzählt, daß *Moctezuma* Besuch von *Nezahualpilli* erhält, dem Regenten des verbündeten Texcoco, einem allseits verehrten Mann, der die 600 Künste der Magie beherrschen soll. Der König spürt, daß sein Leben sich zu Ende neigt, und so weissagt er dem Azteken-Führer. »In ganz wenigen Jahren«, sagt er, »werden unsere Städte verheert und vernichtet werden. Wir und unsere Söhne werden sterben, du kannst sicher sein, und unsere Vasallen werden gedemütigt und zerschlagen werden.« Ungläubig schaut *Moctezuma* ihn an, doch der König fährt fort. »Nie wieder wirst du Siege erringen, sei es gegen die von Huejotzingo, Cholula oder Tlaxcala. Die Deinen werden immer nur geschlagen werden. Und zudem sage ich dir: Sehr bald wirst du am Himmel Zeichen sehen, die ein Omen sind für das, was ich sage.«

Noch bäumt sich alles in dem Azteken-Herrscher dagegen auf. Eine zweite Geschichte erzählt, wie er Gewißheit haben will über sein Schicksal. Er sucht sie in Signalen, wie alle Vorväter es getan haben. Ein Feldzug gegen Huejotzingo soll beweisen, daß der alte König unrecht hat. Die Schlacht endet mit einem Desaster. Geschlagen und mit ganzen 40 Gefangenen machen sich seine Truppen auf den Weg zurück nach Tenochtitlán. Als *Moctezuma* die Nachricht erhält, springt er wutentbrannt vom Thron auf und hält eine Rede, als habe er das ganze Heer vor sich stehen. »Seit wann kommt ihr saft- und kraftlos nach Hause, wie dürre Weiber? Laßt ihr auf einmal Schwert und Schild fallen? Wozu haben wir diese Kunst all die Jahre seit Grün-

Vision der Zerstörung von Tenochtitlán. Ein angeblicher Traum *Moctezumas* als Kupferstich. Sowohl Indianer als auch Europäer machten das Ende des Azteken-Reiches zum Thema weitschweifiger Phantasien.

dung dieser Stadt geübt? Wie kann das alles verlorengehen, ihr Weichlinge, und ich stehe voll Scham vor der Welt?« Wo seien denn, donnert er, all die tapferen Führer, die früher immer wußten, wie man kämpft? »Ich kann das alles nur so verstehen, daß ihr wohl absichtlich geschlafen habt, um mir diese Ohrfeige zu verabreichen und euch über mich lustig zu machen.«

Er befiehlt, die heimkehrenden Krieger mit einer Schmach zu bestrafen. Kein festlicher Einmarsch wie früher, kein Muschelhorn und keine Trommel, kein Mensch am Straßenrand. Mit unheimlichem Schweigen empfängt sie die Stadt. Alle Tempel sind ihnen verschlossen, und als sie zum Palast ziehen, um in hergebrachter Weise dem Herrscher die Hand zu küssen, werden sie mit Schimpf und Schande weggejagt. Tags darauf erscheinen Beauftragte *Moctezumas* in den Häusern der verantwortlichen Truppenkommandeure. Sie haben Befehl, ihnen alle Auszeichnungen und Waffen wegzunehmen, die der Herrscher ihnen einst verlieh. Sie verlieren das Privileg, feine Gewänder und Sandalen nach der Art des Adels zu tragen. Sie müssen von nun an wie Leute aus dem gemeinen Volk gehen, barfuß und in rauhen Umhängen aus Agavenfaser.

Noch lehnt er sich auf gegen das, was prophezeit ist. Als das Jahr zu Ende geht, sucht das feindliche Cholula den Waffengang, weil Gefangene benötigt werden für bevorstehende Feste. Die Entehrten von Tenochtitlán haben Gelegenheit, ihren Ruf wiederherzustellen, und sie stürzen sich mit all ihren Kräften in den Kampf. Er endet diesmal unentschieden. Für *Moctezuma* ist das schon ein Erfolg, ein Zeichen der Wende zum Guten, und so läßt er die heimkehrenden Soldaten wieder wie früher empfangen, mit Tänzen, Gesängen und Geschenken. Die Welt, so scheint es, ist doch noch in Ordnung.

Aber neues Unheil zieht über der Stadt herauf, wie es in den Berichten der Folgezeit heißt. Alle bösen Weissagungen scheinen sich zu erfüllen. Irre und wirre Geschichten gehen durchs Land. Niemand weiß mehr, was Wahrheit und was Dichtung ist. Die indianischen Chronisten werden es später so beschreiben, als steigerten sich die Menschen von Tenochtitlán mit immer abenteuerlicheren Versionen geradezu in die Katastrophe hinein.

Die erste böse Erscheinung ist jenes Zeichen, das der König von Texcoco prophezeite. *Tzoncoztli*, ein junger Tempelhüter, kommt eines Morgens aufgeregt zu *Moctezuma* gerannt. Er erzählt, was er nachts zuvor gesehen hat. Eine weiße Flammensäule, sagt er, stand am Himmel, genau im Osten der Stadt, Funken und Blitze schossen aus ihr, als ob Feuer auf die Erde regnete. Nachts darauf steigt der Herrscher selber auf ein Dach seines

Palastes, und in der Tat, um Mitternacht ist die Flammensäule wieder da, und es scheint ihm gar, als habe sie menschliche Gestalt. Am folgenden Morgen ruft er alle zu sich, zu deren Aufgaben es zählt, solche Phänomene zu deuten, die Astrologen und Magier. Als sie sagen, sie hätten nichts gesehen, fährt der Azteken-Führer sie an: »Wofür habe ich euch eigentlich? Sprecht! Antwortet! Habt ihr das Zeichen gesehen, das am Himmel erschien?« Als sie wiederum verneinen, läßt er sie in den Kerker werfen und dort des Hungertodes sterben.

Die zweite, böse Erscheinung sind Flammen, die aus dem hölzernen Tempel des Kriegsgottes *Huitzilopochtli* in Tlatelolco schlagen. Niemand weiß, wie der Brand entstanden ist, ein Blitz jedenfalls ist es nicht gewesen. Die Menschen schleppen Eimer voll Wasser herbei, aber das Feuer läßt sich nicht löschen; einige sagen gar, das Wasser habe das Feuer noch genährt, und so verbrennt das Bauwerk zu Asche. Die dritte Erscheinung ist ein Komet mit langem Hals und drei Köpfen. Er taucht am hellichten Tag über der Stadt auf, zieht einen glühenden, sprühenden Schweif hinter sich her. Die vierte Erscheinung ist ein seltsamer Reiher, den sie im See fangen. Er hat einen Spiegel am Kopf. Sie bringen den Vogel zu *Moctezuma*, und als er hineinblickt, spiegeln sich Sterne darin. Er blickt hoch zum Himmel, wo sie ja stehen müßten, aber dort ist kein einziger Stern. Er blickt ein zweites Mal in den Spiegel, und da sieht er Menschen aus dem Osten kommen, die Waffen tragen, kämpfen und töten.

Die Horrorgeschichten überstürzen sich, so werden die Chronisten später schreiben. Mit jedem, der sie erzählt, werden sie fürchterlicher. Monsterkinder, so heißt es, seien geboren worden, sie hätten zwei Köpfe gehabt. Die Lagune, heißt es, habe zu kochen begonnen, und Stimmen seien aus dem Munde einer weinenden Frau erschollen: »Oh meine Söhne, die Stunde eurer Vernichtung ist gekommen.« Speisen haben sich, so rasen die Gerüchte, in Menschenhände und -füße verwandelt, in Arme, Köpfe und Herzen, in Gedärme und Innereien. Die Auguren werden herbeigerufen, und was sie sagen, ist immer das gleiche: Es wird Tod und Zerstörung geben.

Moctezuma sucht verzweifelt nach irgendeiner Nachricht, die Trost und Hoffnung und Rettung verspricht. Er läßt alte Männer und Frauen herbeibringen, die ihm ihre Träume erzählen sollen. Sie sagen, daß sie einen reißenden Fluß gesehen hätten, der durch die Tore in die Herrschergemächer gerauscht sei, er habe alle Wände und Balken weggerissen, und dann hätten sich die Wogen auf einen Tempel zugewälzt, und die Menschen seien in die Berge geflüchtet. Der Zorn des Herrschers steigert sich, als er das hört, er läßt die Alten in den Kerker werfen, ruft dann nach den Priestern, die nun auch ihre Träume erzählen sollen. Die sprechen sich ab, nun gar nichts mehr zu sagen, um dem gleichen Schicksal zu entgehen. Er gibt ihnen 15 Tage zum Nachdenken, und als sie auch dann nichts von sich geben, läßt er sie ebenfalls einsperren. Hat er all die Worte vergessen, die ein Priester ihm in einer langen Rede zu seinem Amtsantritt gesagt hat? »Mach nicht, daß andere weinen, schreien, traurig sind«, hat der Priester damals gemahnt. »Benimm dich nicht wie eine Bestie, zeige nicht deine Zähne, deine Fingernägel!«

Allmählich erkennt er, daß alles nichts hilft. Das ist die Botschaft, die diese Geschichten enthalten. Es ist unmöglich, gegen etwas aufzubegehren, das höherem Willen entspringt. Es kommt eben, was kommen muß.

Ein riesiger Opferstein, der aus der Provinz in die Stadt geschafft werden soll, beginnt auf einmal zu sprechen. Bislang hat er sich, trotz vereinter Anstrengungen, keinen Zentimeter bewegen lassen. »Arme, Unglückselige«, sagt eine Stimme aus seinem Innern, »was strengt ihr euch nutzlos an? Ich habe nicht meinen Weg nach Tenochtitlán zu finden. Geht und sagt es *Moctezuma*, es ist nicht mehr die Zeit dafür. Denn etwas anderes ist schon bestimmt, es ist göttlicher Wille und Entschluß.« Sie sollen trotzdem den Stein herbringen, befiehlt der Herrscher. Plötzlich läßt der Brocken sich kinderleicht bewegen, sie tragen ihn bis nach Tenochtitlán, doch als sie auf einer Holzbrücke einen Kanal überqueren, stürzt sie krachend in sich zusammen, der Felsblock fällt ins Wasser und reißt mehrere Menschen mit sich. *Moctezuma* läßt nach ihm tauchen, aber nichts liegt am Grund des Sees. Man findet den Stein wieder an der Stelle, wo er ursprünglich gestanden hat. Der Herrscher begibt sich dorthin, opfert erschüttert ein paar Sklaven, gibt dann Order, am Berg von Chapúltepec sein Relief zu errichten, so wie alle seine Vorgänger in Stein gemeißelt wurden, ehe der Tod nach ihnen griff. »Was soll aus mir werden«, klagt er, »unkundig und unwissend, wie ich bin? Wie kann ich dem Unglück entkommen, das mich erwartet?«

Es naht das Jahr 1519, ein Jahr »1 Rohr«, wie es im Kalender der Azteken heißt. In einem solchen Jahr, sagt eine der vielen Überlieferungen, wird der Gott *Quetzalcóatl* zurückkehren, eben von dort, aus dem Osten, wohin er einst entschwunden ist. Ahnt *Moctezuma* nun, daß dieser Moment gekommen ist? Wenn das so ist, dann weiß er endlich, daß es sinnlos ist, gegen einen Gott zu kämpfen.

Moctezuma will vor der Zukunft fliehen, zurück in die Vergangenheit. So lautet die letzte der Geschichten, die später niedergeschrieben werden. Es gibt eine Höhle namens *Cincalco*, drüben an den Hängen von Chapúltepec. Man sagt, der alte König *Huemac* habe sich an diesem Ort erhängt und lebe seitdem als Regent der Unterwelt weiter. *Moctezuma* schickt eine Gruppe von Magiern dorthin, als Opfergabe die abgezogenen Häute von zehn getöteten Gefangenen. In der Finsternis der Höhle sehen sie eine leuchtende Wolke, die allmählich menschliche Gestalt annimmt. Es ist *Huemac*, den sie suchen. Der Herrscher von Tenochtitlán, sagen sie auftragsgemäß, bitte darum, ihm zu Diensten sein und die heiligen Stätten fegen zu dürfen. Die Antwort, die sie zurück zum Palast bringen, ist ein klares Nein. »Wozu will er herkommen?« hat der König der Unterwelt gesagt. »Denkt er, hier gibt es Juwelen und Gold und wertvolle Steine und Federn, so wie die, deren er sich in der Welt erfreuen kann? Sagt ihm, daß er sich täuscht. Er kann sich nicht mehr dem entziehen, was bestimmt ist.« *Moctezuma* tobt, und die Gesandten werden zu Tode gesteinigt.

Er macht einen zweiten Versuch. Wieder schickt er Magier mit zehn Menschenhäuten zur Höhle. Sie kommen zurück, bringen die gleiche Botschaft und erleiden das gleiche Schicksal. Die dritte Abordnung sind zwei Männer aus Texcoco, ebenso versiert in den okkulten Wissenschaften. Sie sinken mit ihren Gaben und Bitten vor *Huemac* in die Knie. »*Moctezuma* ist selber schuld, wegen seines Hochmuts und seiner Grausamkeit«, sagt der Unterweltherrscher diesmal. »Wie vielen seiner Nächsten hat er so unmenschlich das Leben genommen?« Aber nun scheint *Huemac* trotzdem geneigt, ihn zu erhören, unter der Bedingung, daß er Buße tut. Er habe sich von seinen Frauen fernzuhalten, auf seine Luxusspeisen zu verzichten, seinen Durst nicht mehr mit frischem, sondern warmem Wasser zu löschen, und er habe ein Büßergewand zu tragen und sich nicht mehr auf den Thron zu setzen. »Kommt nach 80 Tagen wieder zurück«, sagt er am Ende, »und ihr werdet hören.« *Moctezuma* jubelt, schenkt den Boten Gewänder und Kakao und Kanus, die beladen sind mit Baumwolle, Mais und Chili.

Als die 80 Tage vergangen sind, ist *Huemac* bereit, den Azteken-Herrscher aufzunehmen. Der flüchtet, so wird später geschrieben, um Mitternacht mit einigen Kanus und ein paar Buckligen vom Hofgesinde aus der Stadt. »In *Cincalco*«, sagt er zu ihnen, »werden wir ewig leben, und unser neues Leben wird ein vollendetes sein. Denn dort existiert nicht einmal die Erinnerung an das, was der Tod ist.« Sie betreten das Festland an einem Ort namens Tlachtongo. Der Regent schmückt sich mit einer Menschenhaut und einem rosafarbenen Flamingo-Federbusch, mit Lederbändern um die Gelenke, goldenen Ohrringen und Türkisen um den Hals. Von fern sehen sie ein Licht nahen, *Huemac*, den Ersehnten …

Doch *Huemac* schafft es nicht, zu ihnen zu kommen. Ein höherer Gott verhindert es. Er hat *Tzoncoztli* dafür erwählt, jenen Jüngling, der als erster nachts die weiße Wolke am Himmel sah. Eine Geistergestalt ist ihm jetzt erschienen und hat ihm mitgeteilt, was *Moctezuma* vorhat. *Tzoncoztli* ist aufgefordert, diesen Selbstmord zu verhindern. Er rennt ans Wasser, nimmt sich ein Kanu, rudert hinüber zu der Stelle, wo die Todeskandidaten noch

warten. »Was werden wir denen sagen, die uns nach dir fragen?« ruft er seinem Herrscher zu. »Vergiß deine leichtfertigen Gedanken, kehre zurück nach Tenochtitlán und bleib das Haupt deines Imperiums!«

Moctezuma tut einen tiefen Seufzer, so endet dieser Bericht. Das Licht, das er von ferne sah, ist wieder verschwunden. Er nimmt dem Jüngling das Versprechen ab, zu niemandem etwas über seine gescheiterte Flucht zu sagen. Er kehrt zurück in seinen Palast, und dann nimmt das Schicksal seinen Lauf. Nur Götter machen die Geschichte. Der Mensch erleidet sie.

Der Weg in Unterdrückung und Sklaverei: Indianer werden von Spaniern gebrandmarkt, als Arbeitstiere mißbraucht, willkürlich hingerichtet – alles im Zeichen des Kreuzes. Wandgemälde von Diego Rivera im Nationalpalast von Mexico City.

Jetzt

Die Flucht in die Vergangenheit

Junge Mexikaner auf der Suche nach ihrer Identität

»Der Mexikaner hat zwei Seelen,
die Seele eines Herrschers und
die Seele eines Unterdrückten.
Er ist ein Adler, der nicht fliegen kann.«

José Manuel Del Val,
mexikanischer Ethnologe

Der Mann steht, die Hosenbeine hochgekrempelt, bis an die Knie im schwarzen Uferschlamm. Die Arbeit, die er tut, war vor 500 Jahren nicht viel anders. Wie ein Fischer durchkämmt er den Grund des Kanals mit einem fangnetzähnlichen Sieb. Damit holt er Schlick aus dem Wasser, schaufelt ihn aufs feste Land, läßt ihn dort trocknen, schneidet ihn tags darauf in Stücke. Topfpflanzen und -blumen werden bald in diesem Humus wachsen. Wir sind weit unten im Süden von Mexico City. Wieder eine Spur der Vergangenheit.

Die Azteken gruben in flachen Uferzonen breite Gräben. Den ausgebuddelten Schlamm schichteten sie zu beiden Seiten auf. So entstand Land über der Wasserfläche, *chinampa* genannt. Jedes Jahr, wenn die Kanäle gesäubert wurden, häuften die Menschen den anfallenden Schlick auf die neugewonnenen Felder. Nach einiger Zeit waren sie so hoch, daß das Grundwasser sie nicht mehr durchfeuchtete. Das nun feste Land diente zum Acker-und Hausbau. Oder die obersten Schichten wurden wieder abgetragen und in den See geschüttet; sie bildeten die Grundlage für neue *chinampa*, während die alten durch das Absenken

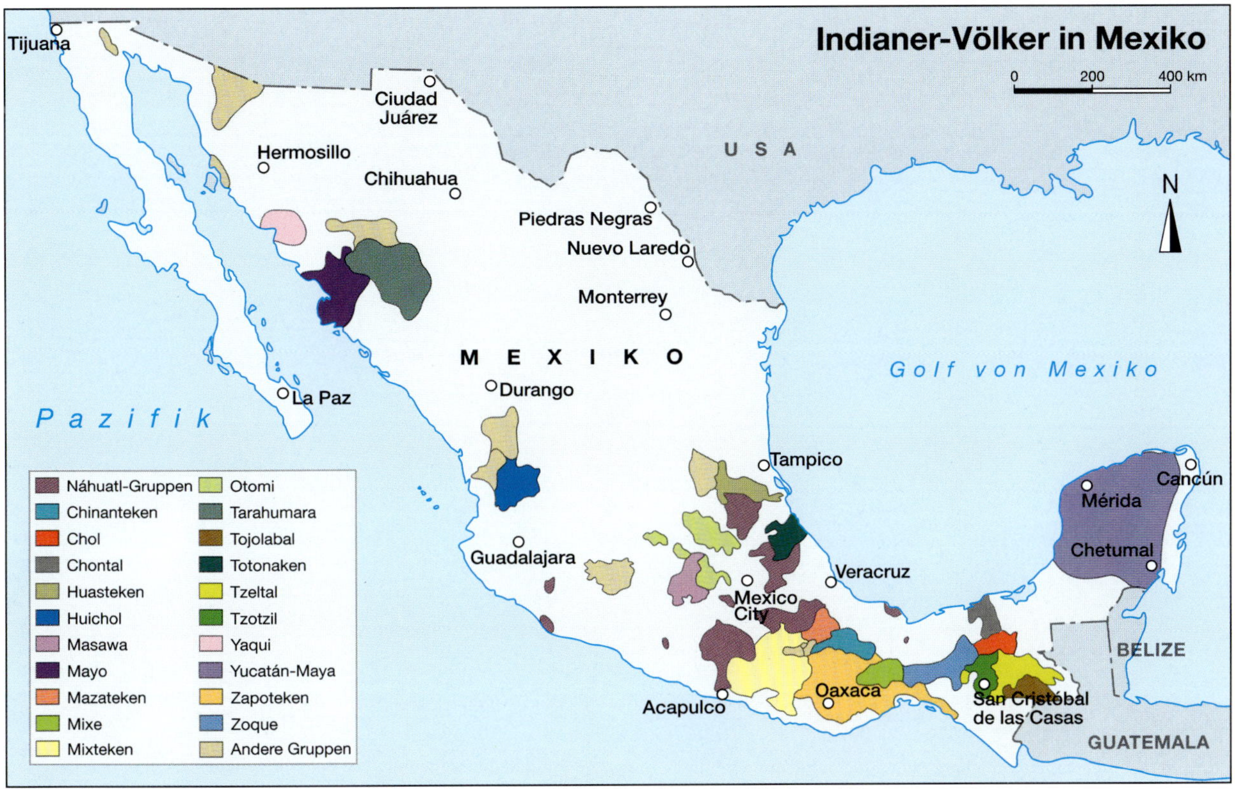

wieder durchfeuchtet wurden und dadurch besonders fruchtbar waren. So versorgten sich Hunderttausende von Menschen aus der damals riesigen Seenplatte.

Die Kolonialherren ließen die *chinampa*, wie sie waren. Sie konnten auf ihnen keinen Reis und kein Zuckerrohr anbauen wie auf den *haciendas* in anderen Teilen des Landes. Sie konnten auf dem morastigen Boden weder Rinder noch Pflüge einsetzen. So blieben die Indianer unter sich und wirtschafteten wie ihre Vorfahren weiter. Anfang des 18. Jahrhunderts gab es 40 000, Anfang des 20. Jahrhunderts immer noch 15 000 *chinampa*. Und Xochimilco, heute Stadtteil von Mexico City, ist über Jahrhunderte der große Garten der Hauptstadt geblieben.

Mehr als acht von 80 Millionen Mexikanern
sprechen heute noch Indianersprachen.
Sie leben meist in schwer zugänglichen Gebieten.
Das *náhuatl*, das auch die Azteken sprachen,
beherrschen 1,5 Millionen.
Vor allem unter der akademischen
Jugend ist das Interesse für die alte Kultur
im Wachsen.

Ausflugsboot auf einem der Kanäle von Xochimilco. Im Süden des heutigen Mexico City legten die Azteken ihre »schwimmenden Gärten«, die *chinampa*, an. Heute gibt es dort 25 000 Kähne – für Anlieger und Touristen.

Wir gleiten auf einer *trajinera* durch das Wasser, einem von 25 000 Kähnen, die es in Xochimilco gibt. Francisco Avellano Sandoval kennt das Labyrinth der Kanäle, die heute diese Landschaft durchziehen. Die Leute sagen »Don Pancho« zu ihm. 190 Kilometer hat er mit seinen fünf Booten, die er selber gebaut hat, schon abgefahren. Aber das Wegenetz, sagt er, sei noch viel größer, keiner wisse, wie groß es wirklich sei. Er stemmt seine fünf Meter lange Holzstange in den Grund, seine Arme ziehen und drücken, ein ruhiger, beruhigender

Rhythmus, in dem er seine *trajinera* durch das spiegelglatte, dunkelgrüne Wasser schiebt. Noch immer erhalten die Leute, die am Kanal wohnen, mit diesen Booten Post und Gasflaschen, noch immer wird darin der Müll weggefahren. Nur an Sonntagen lärmen hier Ausflügler und Touristen. Eine Armada von Händlern pirscht sich an sie heran, sie gehen längsseits und recken ihre Waren in die Höhe, Schmuckketten und Ledertaschen, Tischdekken und Kissenbezüge. In ihren Wortschwall fallen *mariachi*-Musikanten ein, mit ihren Trompeten, Geigen und Gitarren. Jedes Lied, das sie aus ihren Kähnen heraus singen, kostet Geld. Aber dafür machen sie eine Bootsfahrt zu einer kleinen, mexikanischen *fiesta.*

Don Panchos Worte begleiten das Plätschern der Stange; er ist 61 und hat Zeit zum Erzählen. Vor 50 Jahren, berichtet er, ist er als Junge noch auf dem Kanal von Xochimilco bis zum *Jamaica*-Markt von Mexico City gefahren. 20 Kilometer hin, 20 Kilometer zurück. Alle schwammen sie damals mit ihren Booten Richtung Stadt, so wie die alten Azteken. Die Kähne waren bis zu vier Tonnen schwer; einer drückte sie mit seiner Stange nach vorn, einer half am Ufer durch Schleppen mit einem Seil, das am Bug befestigt war. Mitternacht fuhren sie los, sagt Don Pancho, sechs Stunden später legten sie erschöpft an, kämpften um ihre Kunden oder tranken sich mit Schnaps die Hucke voll.

Aus Radios tönen Schnulzen über Liebe und Laster, Treue und Träume an unser Ohr. Ein Junge trödelt in seinem Kanu an uns vorbei, ein weißer Hund mit schwarzen Ohren sitzt neben ihm. Über uns brummen die Maschinen, die zur Landung auf dem Flughafen der 20-Millionen-Stadt einkurven. »Ja, Señor, so war das damals«, sagt Don Pancho, »aber das ist alles vorbei. Wissen Sie, was uns beschäftigt, ist die Gegenwart. Es ist niemand da, der uns etwas von der Vergangenheit zurückgibt.«

Jahrzehntelang hat die wuchernde Hauptstadt dem Vorort Xochimilco das Grundwasser abgegraben. Sein Spiegel sank anfänglich jedes Jahr um sieben, später um 50 Zentimeter, die *chinampa* trockneten aus und verkamen zu herrenlosem Brachland. Nur die Abwassermengen stiegen an, machten die Kanäle zu Jauchegruben, und häufig schwammen Leichen darin, die von Mördern nachts auf diese einfache Weise weggeschafft worden waren. Erst seit ein paar Jahren versuchen die Behörden, den Schatz aus der Geschichte zu retten. Kläranlagen sollen die Wasserqualität verbessern. Regen wird aufgefangen und als Frischwasser-Infusion eingeleitet. Die Leute, die mal anfingen, Außenbordmotore an ihre *trajineras* zu setzen, haben schnell wieder damit aufgehört. Die Touristen fanden, dies störe die Romantik, und so hat sich ein Stückchen alte Zeit in Xochimilco erhalten.

Es gibt noch viele Spuren von damals im Mexiko von heute. Der Adler und die Schlange aus der Gründersage von Tenochtitlán sind Teil des Staatswappens. Die Marktfrauen bieten noch immer *mole*-Soße an, aus gemahlenen Chili und Erdnüssen, Tomaten und Kochschokolade, und den *huitlacoche*, den Pilz, der auf den Maisstauden wächst, und *pulque*, das alkoholische Gebräu aus dem Saft der Agavenpflanze. In der Sierra de Puebla tragen Indianer noch alte aztekische Namen wie *Popoca* (Rauch), *Tlalolin* (Erdbeben) oder *Ahuatzin* (Kleiner Dorn). 80 Prozent der Mexikaner sind Mestizen, sie haben spanisches und indianisches Blut in den Adern. Den Glauben an Christus haben ihnen die Europäer gebracht, den Glauben an den Konsum die benachbarten Nordamerikaner. Hat der *indio* in ihnen aufgehört, sich dagegen zu wehren?

Die jungen, halbnackten Gestalten trampeln sich in Schweiß. Ihre Körper wippen und kippen, Handflächen zerschneiden die Luft, die Sehnen an ihren Beinen treten hervor, die Gesichter spiegeln das Abgleiten in die Trance. Samstag und Sonntag

Ein mexikanischer Junge vor dem Bild eines Ozelot, das in einen Felsen gemeißelt ist. Oberhalb des Dorfs Santa Cruz Acalpixca, in der Nähe von Xochimilco, sind auf einem Hügel Reste eines alten Zeremonienplatzes.

stampfen sie die Erde hier, vor dem modernen Tempel von Mexico City, dem Museum für Anthropologie. Einige von ihnen haben bronzene Haut, die meisten aber sind deutlich heller. Meist sind es Leute zwischen 20 und 30, dazwischen ein hagerer, schon angegrauter Mann. Sie tragen Federn von Falken, Fasanen und Flamingos im Haar, die sie sich auf Märkten gekauft haben. Anstelle von Gold- und Silbergeschmeide, wie es damals üblich war, sind sie mit synthetischen Stoffen und klimperndem Leichtmetall geschmückt, an Hals und Brust, Handgelenk und Lende, und an ihren Fußgelenken rasseln gebündelte Schneckenhäuschen. Zu Beginn ihres Tanzes entzünden sie *copal*-Harz in einer Schale, eine Frau schwenkt sie in die

vier Himmelsrichtungen, dann bläst einer das Muschelhorn, das eigentlich das Gehäuse einer Meeresschnecke ist, und alle wenden sich nach Osten und Westen, Norden und Süden. »Solange die Welt existiert«, ruft einer feierlich, »wird die Kultur unseres geliebten Mexico-Tenochtitlán nicht untergehen.« Sie wirbeln im Rhythmus ihrer Trommel, umkreisen den Weihrauch und das Muschelhorn und einen aufgestellten Federbusch. Ein paar Kinder, die sie mitgebracht haben, versuchen sich die Schritte abzugucken, tapsen dann etwas unsicher mit. Eine Menschenmenge sammelt sich um die Gruppe, Ausländer, die glücklich ihre Fotoapparate zücken, und Mexikaner, denen Fragen und Zweifel im Gesicht geschrieben stehen.

Ein Muschelhorn wird in die vier Himmelsrichtungen geblasen. So beginnen die aztekischen Tänze, die junge Mexikaner an historischen Stätten in der Hauptstadt aufführen. Ost und West, Nord und Süd gelten als Kardinalpunkte des kosmischen Denkens der Indianer. Die jungen Leute wollen es neu entdecken. Sie propagieren eine Gegenbewegung zum Materialismus, mit dem heute vor allem die benachbarten USA das Land prägen.

In der Pause versucht ein Verkäufer, Mini-Pyramiden unter die Leute zu bringen, fabrikneue Erbstücke von damals, so wie anderswo Teller und Aschenbecher, Brieftaschen und Brieföffner mit Motiven aus der Vergangenheit verscherbelt werden. Einer der Tänzer hält, noch außer Atem, eine Rede über den geistigen Niedergang des Landes, dem sich die Mexikaner entgegenstellen müßten. Sein Körper spannt sich, seine Augen funkeln unter buschigen Lidern. Er schimpft über den Materialismus, der den Menschen das kosmische Denken geraubt habe, und über das Fernsehen mit seinem Müll aus Shows und Schnulzen und Familiendramen, das dem Zuschauer eine Welt präsentiere, die andere für ihn erfunden haben. Die Umstehenden verharren staunend und stumm. Sie sind fasziniert von dem Duft und dem farbigen Spektakel, zugleich aber wird ihnen bewußt, wie weit diese Weihrauchwelt ihrem Leben entrückt ist. Alles, was sie über ihre Vorfahren gehört hätten, ruft der Redner dem Publikum zu, sei von den Eroberern verzerrt. All die Lügen seien nur dazu da, ihnen den Stolz auf ihre eigene Kultur zu nehmen und sie empfänglich zu machen für das, was das Ausland ihnen verkaufen wolle. *Quetzalcóatl*, lehrt er, sei kein Gott gewesen, sondern das »Gewissen des Menschen«, *Tezcatlipoca* kein Gott, sondern »der Spiegel, der reflektiert«, *Huitzilopochtli* kein Gott, sondern »der Wille des Menschen vorwärtszuschreiten«. Die Zuhörer grübeln ein paar Minuten, dann gehen sie weg, zurück in den Strudel des Alltags, in dem die Worte erst einmal untergehen werden.

Ein mächtiger Federbusch – Stolz eines jeden Tänzers. Federn wirkten im Glauben der Azteken wie Antennen: Die Energiestrahlen des Kosmos strömten durch sie in den Menschen.

Oft tanzen schon die Kinder. Zu ihrem Schmuck gehören außer prächtigen Federn vor allem Schneckenhäuschen und Muschelschalen an den Unterschenkeln. Sie rasseln im Rhythmus der Schritte.

Ein Tänzer in vollem Ornat. Leute wie er behaupten, die Kultur der indianischen Vorfahren werde von den Europäern seit 500 Jahren verzerrt dargestellt.

Die *concheros* tanzen an vielen Stellen der Stadt, deren Boden vom Blut der Geschichte getränkt ist, hier im Park von Chapúltepec und drüben auf dem *zócalo*, vor der Basilika der Jungfrau von Guadalupe und auf dem »Platz der drei Kulturen«, wo prähispanische Mauerreste, eine spanische Kolonialkirche und moderne Betonklötze nebeneinander stehen. Die Tänzer werden meist bestaunt und belächelt, denn irgendwie passen sie nicht in diese Zeit. Zugleich aber beweisen sie, daß das Kapitel Azteken doch noch nicht abgeschlossen ist.

Der weißgekleidete Mario de Jesús Pascual tanzt bis zur Ekstase und an den Rand der körperlichen Erschöpfung. Der 29jährige glaubt, auf diese Weise seine Wurzeln und sich selbst wiederzufinden. Ein nächtliches, mystisches Erlebnis hat das Leben des jungen Mexikaners verändert.

Es ist nicht die erste Welle von *indigenismo*, die dieses Land in seiner Historie erlebt. Schon zu Zeiten der Kolonialherrschaft tauchten plötzlich Menschen auf, die nach rückwärts blickten. 1780, ein Vierteljahrtausend nach der Zerstörung von Tenochtitlán, veröffentlichte der Jesuitenpater Francisco Xavier Clavijero ein Geschichtswerk, in dem er die Azteken als eines der größten Kulturvölker lobte und das Elend der Indianer beklagte, in das die Spanier sie gestürzt hätten. Er hatte sein Buch in Italien schreiben müssen, nachdem sein Orden aus Neu-Spanien per Regierungsdekret vertrieben worden war. 1794 hielt der Dominikanerpater Servando Teresa de Mier vor Pilgern eine Predigt, wegen der er zu zehn Jahren Klostergewahrsam in Spanien verurteilt werden sollte. Die Azteken, behauptete er, seien eigentlich längst Christen gewesen; sie hätten Gott Vater unter dem Namen *Tezcatlipoca* und die Jungfrau Maria unter dem Namen *Coatlicue* verehrt; der heilige Apostel Thomas, den sie *Quetzalcóatl* genannt hätten, habe ihnen schon Jahrhunderte zuvor die christliche Botschaft gebracht.

1810 jubelten Tausende Indianer dem Unabhängigkeitshelden, Pfarrer Miguel Hidalgo, zu, als er in seiner Gemeinde Dolores ausrief: »Tod den Spaniern! Es lebe Mexiko!« Den Kaiserthron, den Agustín de Iturbide 1822 bestieg, bezeichneten viele als »*Moctezumas* Thron«, und ein zeitgenössisches Porträt von Kaiserin Anna zeigt sie mit Federbusch und einem Köcher voller Pfeile. 1830 gab Carlos María de Bustamante die spanische Version eines Werkes heraus, das Tore zur Vergangenheit aufstieß. Es war eine Chronik in der Azteken-Sprache, entstanden aufgrund von Gesprächsprotokollen und Bilderhandschriften, die der Franziskanermönch Bernardino de Sahagún im 16. Jahrhundert gesammelt und übersetzt hatte. Junge, adelige Indianer, von katholischen Padres erzogen, waren seine Informanten gewesen. Bustamante pflegte zu einem alten Baum beim Franziskanerkloster in der Hauptstadt zu gehen, unter dem laut Legende einst der Herrscher *Moctezuma* und der Eroberer Hernán Cortés zusammengesessen hatten. »Es schien mir, als sähe ich den Schatten dieses Monarchen über meinem Haupt, der über unsere Undankbarkeit trauerte. Ich versetzte mich an seine Stelle, stellte mein Denken auf ihn ein. Ich sprach mit ihm. Ich vergoß Tränen.«

Benito Juárez, 1861 der erste und bislang einzige indianische Präsident Mexikos, sprach von Azteken-Führern als »meinen Vorfahren«. 1910, genau 100 Jahre nach dem »Ruf von Dolores«, begannen indianische Bauern unter Führung von Emiliano Zapata einen Aufstand gegen die Großgrundbesitzer, die erste große soziale Revolution dieses Jahrhunderts. In der Musik von Carlos Chávez, der Ballettstücke mit Trommel und Flöte komponierte, lebte Vergangenes wieder auf, in den Wandmalereien von Diego Rivera, José Clemente Orozco und David Alfaro Siqueiros. Heute, da Mexiko wie nie zuvor überschwemmt wird von ausländischen Produkten, gibt es eine neue Bewegung gegen Überfremdung. Der *indio* regt sich wieder, die verachtete, aber nie ganz verschwundene Hälfte des Mestizen-Wesens.

Die *Calle de los Incas* ist eine enge, einsame Straße. Wir klopfen an eine Blechtür. Sie sieht aus wie der Eingang zu einer Garage. Ein Mann im Unterhemd schiebt sie auf, wir stolpern in ein kreatives Gerümpel: Holztische, Poster, Transparente, Tenochtitlán als Gemälde an der Wand. Hier leben Tänzer, die wir auf der Straße sahen. Es ist eine Wohngemeinschaft von jungen Intellektuellen, die sagen, daß sie *Mexica* seien. Sie nennen uns nicht ihre spanischen Namen, sondern die aztekischen, die sie angenommen haben. Der 20jährige Abiturient heißt *Xolotl*, der 26jährige plastische Maler *Xiutz*. Der 28jährige Architekturstudent *Ozelotzin* ist derjenige, der am besten reden kann. Wir sitzen unter der »Flagge der Azteken«, dem Sonnenadler, der, wie sie uns erklären, das »Reich der Pflanzen,

Tiere und Mineralien« vereinige. *Ozelotzin* spreizt die Hände, seine Finger ringen miteinander, er breitet die Gedanken aus, die sie zum Tanzen und zum Studium der Symbolik treiben.

»Wir rebellieren gegen das, was man uns aufzwingt zu glauben«, sagt er. Es sei unwahr, behauptet er, daß seine Vorfahren Kriege vom Zaun gebrochen hätten; sie seien ein friedliches Volk gewesen. Es sei unwahr, daß es Menschenopfer gegeben habe; seine Vorfahren hätten nie ans Töten gedacht. Es sei eben fast alles unwahr, was über die *Mexica* geschrieben worden sei. »Das alles haben die Europäer erfunden, um ihre Untaten zu rechtfertigen.« Er sagt: »Wir rufen das genetische Gedächtnis an, und die Intuition sagt uns mehr als das, was Chronisten berichtet haben.« Wir fragen sie alle, ob sie auch etwas schlecht fanden bei ihren Vorfahren. Sie sagen, sie hätten nichts gefunden.

»Noch regiert die Unwissenheit unter uns«, fährt *Ozelotzin* fort. »Wir haben die Sprache verloren und die Fähigkeit, unser Erbe zu interpretieren. Unser Land gehört nicht uns. Die Konquistadoren sind immer noch da. Aber wir haben begonnen, uns das Kleid, das westliche Erziehung heißt, vom Leib zu reißen. Wir ziehen uns aus und sind wieder Indianer.« Seine Freunde nicken, seine Augen blitzen, sein Körper beginnt zu beben. Sie hätten begonnen, die Philosophie der *Mexica* zu begreifen, den Respekt vor Flüssen, Bäumen und Bergen, den Respekt vor allem, was lebt. »Alles kann man messen«, sei das Motto der westlichen Kultur. »Alles kann man leben«, das ihrige. Keine Frage, welches das überlegene sei. Trotz bricht aus ihnen heraus, Lust am Kampf gegen Urteile der Geschichte. »Ja, es stimmt, wir sind alle *guerreros*, Krieger, und die Waffen, mit denen wir angegriffen worden sind, das sind die gleichen Waffen, die wir jetzt benutzen müssen.« Also doch kein friedliches Volk? »Das alles ist ein geistiger Kampf, eine kulturelle Konfrontation«, sagen sie. »Wir müssen sie suchen, um wieder Mensch zu werden.«

»Das Du bin ich, das Ich bist du«, nach diesem Motto wollen sie tanzen und leben. »Beim Tanz«, sagt *Ozelotzin* und greift mit den Armen aus, »harmoniert unser Herz mit dem Rhythmus der Trommel. Wir werden müde, aber wir überwinden die Müdigkeit. Wir treten in die Ekstase ein, und sie gibt uns Weisheit und Sensibilität. Unser Denken öffnet sich. Wir sind nicht mehr Felipe oder Roberto. Wir werden zum Zentrum des Universums.«

Filomeno Mata 8 ist eine Adresse im historischen Zentrum von Mexico City. Dort kommen samstags Leute zusammen, die das Malen im präkolumbianischen Stil lernen wollen. *Tezcatlipoca* steht hier auf der Staffelei, und wie damals kreisen mythische Zeichen aus vier Richtungen um den imaginären Nabel, den jedes Bild haben muß – wie die Welt der Azteken. Wir sind im »Zentrum der präamerikanischen Kultur«. Roberto Soto, Maler und Bildhauer, ist der Lehrmeister. »Wir können eine Landschaft nicht so zeichnen, wie wir sie sehen«, sagt er. »Wir stehen auf der Mutter Erde. Wir müssen wissen, was ihr Konzept darstellt. Der Europäer malt, was er sieht. Der Mexikaner malt seinen Ursprung.«

Soto trägt, wie alle anderen in diesem Raum, ein rotes Stirnband. Die alten Krieger, sagt er, hätten es stets getragen, als Symbol ihrer Unbesiegbarkeit, denn Rot sei die Farbe des Perfekten. Manchmal steckt in dem Band noch eine Feder, der Empfänger für Energie, die Antenne für die Kräfte aus dem Kosmos. Das ganze Bildungsprogramm seines Landes, sagt der 47jährige, sei von den USA und Japan übernommen, so seien all die Fähigkeiten verlorengegangen, die sein Volk früher einmal ausgezeichnet hätten, und so sei es eben auch mit der Kunst. »Wir haben immer nur Bewegungen kopiert, die aus dem Ausland kamen. Die großen Maler waren die einzige Ausnahme. Aber diese Kunst hier ist authentische Kunst.« Alles gehe vom Nabel aus, sagt er, die Proportionen seien mathematisch genau abgemessen, das Prinzip bestehe aus drei Elementen, wie in der Musik: erst das Thema, dann die Harmonie, dann eine rhythmische

Sequenz. Noch spricht er nicht das *náhuatl*, die Sprache seiner Vorfahren, die ihnen von den Spaniern genommen wurde. Er sagt, man kann den langen Weg zurück auch mit dem Malen beginnen.

Miguel Angel Mendoza ist der Präsident dieses Kulturzentrums. Er zieht es vor, *Cuauhcóatl*, »Adlerschlange«, genannt zu werden. Noch nie, sagt er, hat er einem Europäer die Hand gegeben, überhaupt sei diese Sitte dem Volk der *Mexica* völlig fremd. Wir heben wie er beide Arme zur Begrüßung, unsere Handflächen sind den seinen zugewandt, so soll die Energie strömen, die wir brauchen für unser Gespräch. Er ist Mestize wie die meisten seiner Freunde auch, und er sagt, der Mexikaner kenne nur die eine Hälfte seines Wesens, die andere sei im Laufe von 500 Jahren zugeschüttet worden. »Er kennt nicht die Mutter, die ihn geboren hat.« Der Kampf, den er führen will, sei kein plakativer Kampf. Seine Organisation, 1977 gegründet, wolle weder laut schreien noch provozieren noch irgendwelche Denkmäler beschmieren. Es sei ein Kampf von innen heraus, mit dem Ziel, die Medien und auf diese Weise das Bewußtsein der Mexikaner zu durchdringen. »Wir wollen eine Kulturrevolution. Für uns ist die Kultur eine Waffe zur Befreiung.«

Ein Natursteinmosaik von Juan O'Gorman bedeckt die Fassade der zehnstöckigen Zentralbibiliothek auf dem Gelände der Autonomen Nationaluniversität von Mexico City. Altindianische Motive sollen die vorspanische Vergangenheit in Erinnerung rufen.

Auch dieses Haus ist ein Platz der drei Kulturen. Im Innenhof schlingen sich Hunderte von Metern Kabel um Säulen aus der Kolonialzeit. Ein Heer von Arbeitern richtet die Fläche für die Disco-Nacht her, die jeden Samstag hier abläuft. Eines Tages, schwört *Cuauhcóatl*, hören die Mexikaner auf, schizophren zu sein. Dann sind sie vorgedrungen zu ihren Wurzeln, das ganze, über Generationen hinweg verlorene Wissen ist wieder zusammengesetzt, und dann werde dieses Land wieder aufblühen. »Wir haben gerade erst begonnen, am Wissen unserer Vorfahren zu ritzen.« Er kreuzt die Arme, ballt die Fäuste, seine Stimme vibriert. Die Menschen, die den Wandel zustande bringen, hätten drei unbezwingbare Faktoren auf ihrer Seite: das kollektive Unbewußte, das genetische Gedächtnis und die archetypische Sprache. »Vater« und »Mutter«, »Sonne« und »Feuer« – »diese Worte haben Kräfte, die Berge und Empfindungen bewegen«. Die Worte seien um so stärker, je älter sie seien. »Niemand kann ihre Macht brechen – weder die Regierungspartei noch die Kirche noch die US-Botschaft.« Er spricht von den Völkern in Osteuropa, die auch zurückgefunden hätten zu sich selbst, und er sagt, nun sei die Wende nach 500 Jahren gekommen. »Zum ersten Mal läuft das Rad der Geschichte mit uns statt gegen uns.«

Es gibt etwa 25 mexikanische Autoren, die heute wieder in *náhuatl* schreiben. In Dörfern mit hohem Indianeranteil ist es zur zweiten Schulsprache geworden. Noch immer gibt es die alten *huehue*, die Weisen, die das Wissen der Vorfahren mündlich weitertragen. Niemand sieht es ihnen im Alltag an, sie können Taxifahrer oder Gemüsehändler sein, doch die Menschen, die sich an ihnen orientieren, sind immer heimlich mit ihnen verbunden.

Einmal im Jahr bricht etwas nach außen von diesem scheinbar stummen Widerstand. Das ist am 12. Oktober, dem Tag, an dem Columbus seinen Fuß auf Land setzte. In Mexiko heißt er »Tag der Rasse«, zur Erinnerung an die Geburtsstunde des

Mestizentums. Doch für viele Indianergruppen ist er ein Tag des Protestes. In der *Reforma*, der Hauptgeschäftsstraße von Mexico City, spielt sich jedes Jahr das gleiche Ritual ab. Hier steht das Denkmal von Columbus, und 500 Meter weiter, eine gerade Linie führt dahin, das Denkmal von *Cuauhtémoc*, dem letzten Azteken-Führer, der gegen die Spanier bis zum Untergang kämpfte, dann gefangengenommen, gefoltert und später gehenkt wurde. Vor Columbus treten Männer in dunklen Anzügen und Krawatten, schmücken ihn mit Kränzen und Girlanden, im Auftrag der spanischen Botschaft. Vor *Cuauhtémoc* marschieren Tänzer und Trommler, das Muschelhorn ertönt. »*Mexica tiahui!*« schreit hier die Menge auf aztekisch. »Vorwärts, *Mexica!*«

Auf einem Transparent blickt ein Indianer in Gewehrmündungen, Symbol für fünf Jahrhunderte Unterdrückung. Die Frauen, die es halten, haben verdorrte, faltige Beine und in den Händen rote Rosen. *Cuauhtémoc*, der Märtyrer, blickt von seinem Sockel auf moderne Glaspaläste. Hinter der Bronzefigur türmen sich die Gebäude einer Versicherungsgesellschaft und zweier großer, mexikanischer Banken. Autoverkehr brodelt um das Denkmal, und in den Trommelwirbel mischen sich Hammerschläge von einem Stahlgerüst. »Mein Herz ist bei *Huitzilopochtli*«, ruft einer der Redner in diesen Lärm. »Sie raubten uns die Kunst, sie verstümmelten unser Leben. Aber unsere Stimme ist nicht länger erloschen. In unserem Innern sind Mut und Erfahrung geblieben. Wir sammeln uns. Wir schmieden Waffen.« Sie halten Reden auf *náhuatl* und *huichol*, auf *tzotzil* und *tzeltal*, auf Mixtekisch und Chinantekisch. Ein Sprecher hält eine rote Rose in der Hand, ein anderer eine rote Nelke, ein dritter einen Maiskolben. *Cuauhtémoc* steht im Kampfgewand da, den Federbusch auf dem Kopf und einen Speer in der rechten Hand – bereit zum Angriff.

Mario de Jesús Pascual hat viele traurige Erinnerungen. Er ist 29 Jahre alt und erzählt, als habe er 129 Jahre gelebt. Die erste Erinnerung ist, daß er zu Hause aus seiner Holzkiste, direkt neben dem rauchenden Herd, klettern wollte und dabei auf den Boden fiel. Da war er gerade drei Jahre alt. Eine andere Erinnerung ist, daß der Dorfschullehrer zu seiner Klasse sagte: »Redet Spanisch! Redet nicht wie die Hunde! Sonst werdet ihr nie zu was kommen!« Da war er sieben oder acht Jahre alt. Mario merkte sich diesen Satz gut, und das *náhuatl*, das seine Eltern zu Hause im Norden von Mexiko sprachen, hatte er im Lauf der Jahre bald vergessen.

Als er 14 war, trennte sich seine Mutter von dem saufenden und prügelnden Vater. Eines Nachts kamen beide in Mexico City an, seine Mutter fand Arbeit als Küchenhilfe, und Mario begann als Zeitungsverkäufer: aufstehen morgens um vier, die Blätter abholen um fünf, ausrufen in der Straße *Bucareli* um sechs. Dann trennte er sich auch von seiner Mutter, schlief nachts auf Bänken und suchte nach Eßbarem auf der Müllkippe des Marktes *La Merced*. Er ging Autos waschen und packte den Kunden im Supermarkt Waren ein. Er handelte mit Farben für Autos und jobbte in einem Schuhladen, und wenn er nichts mehr zum Anziehen hatte, klaute er sich ein Hemd und eine Hose und ein paar Schuhe dazu. Aber abends ging er auf die Schule, um all das nachzuholen, was ihm fehlte. Dort hatte er irgendwann einen Lehrer, der ständig von alten Kulturen sprach. Mario wurde neugierig und fragte sich, wieso dieser Mestize so viel davon wisse, er selbst aber, ein *indígena*, fast nichts.

Eines Tages, Mario war 18, zeigte ihm dieser Lehrer ein Buch über die Azteken-Sprache. Den Jungen faszinierte das, und so reifte langsam der Entschluß, das *náhuatl* wieder zu lernen. Als er 20 war, traf er Tänzer am *zócalo*, und seitdem, sagt er, hat sich sein Leben verändert. Schon immer hatte er Schwierigkeiten gehabt, Mädchen aus der Stadt kennenzulernen. Es fehlte ihnen die Wärme, sagt er, nur die Mädchen vom Land hätten das, und allmählich sei ihm klargeworden, was es bedeutete,

Gewehrläufe, auf eine Menschenbrust gerichtet: ein Transparent bei einer Demonstration in der Hauptgeschäftsstraße Reforma. Jedes Jahr am 12. Oktober, dem Tag der Landung des Columbus, gibt es in Mexico City Proteste von Indianergruppen gegen ein halbes Jahrtausend Unterdrückung.

indígena zu sein. Er fing an, Fragen nach der Geschichte seines Dorfes zu stellen. Seine Verwandten sagten, hör auf mit den alten Sachen, die liegen in der Erde und wollen nicht, daß du daran rührst. Aber trotzdem fing er mit *náhuatl*-Kursen an, die immer mehr Zulauf haben, kaufte sich irgendwann den alten Azteken-Kalender – und dann, am 22. September 1988, explodierte in ihm, was sich über acht Jahre zusammengebraut hatte. Freunde nahmen ihn mit nach Cholula, 100 Kilometer südöstlich von Mexico City, wo eine große, alte Pyramide steht.

Unter Anleitung von *Cuauhcóatl*, der »Adlerschlange«, sollten sie in jener Nacht den »schwarzen Schmetterling« sehen. Der Himmel, erzählt Mario, war regenverhangen, und die Hunde begannen zu bellen, als sie hochstiegen zum Zeremonienplatz auf der Pyramide. Dann ertönte das Muschelhorn, die Hunde wurden plötzlich still; 20 Minuten später riß der Himmel auf, aber nur in einem Kreis über ihnen, während es ringsherum weiter regnete. Sie sahen den »schwarzen Schmetterling«, einen dunklen Fleck am Himmel, der sich abhob vom hellen Sternenlicht. Alle vier Jahre, sagte ihnen der Meister, gebe es diese kosmische Erscheinung. Die Wolken, erzählt Mario, rotierten immer um diesen Kreis, aber keine von ihnen drang in ihn ein. Dann war die Erscheinung zu Ende, Schmetterlinge schwirrten um Marios Körper, der Himmel schloß sich, es begann von neuem zu regnen, und die Hunde fingen wieder zu bellen an. »Unsere Kultur war Verehrung der Natur«, sagt Mario. »Wenn wir damals die Technologie gehabt hätten, die es in Europa gab – dann hätten wir sie so eingesetzt, daß die Natur nicht zerstört worden wäre.«

Heute arbeitet Mario in einer Druckerei. Er will später lernen, mit Computern umzugehen und Farbfernseher zu reparieren. Manchmal aber klettert er im Stadtteil Oliver del Conde, wo er wohnt, nachts auf einen Strommast, so hoch, wie es geht, bis zur dritten Ebene. Dort sitzt er dann lange und starrt auf das endlose Lichtermeer. Polizisten haben ihn schon einmal heruntergeholt. »Was willst du denn da oben?« fragten sie ihn. »Ich betrachte die Stadt«, antwortete er, »und stelle mir vor, wie sie vor 500 Jahren war.« Die Polizisten schüttelten den Kopf und gingen weiter.

Maya

Einst–Jetzt

Einst

Erst Lehm, dann Holz, dann Mais

Die Erschaffung des Menschen – das große Experiment

*»Die Götter brauchen die Menschen,
und die Menschen brauchen die Götter.«*

Maya-Sprichwort

»Das ist die Kunde: Da war das ruhende All. Kein Hauch. Kein Laut. Reglos und schweigend die Welt. Und des Himmels Raum war leer. Dies ist die erste Kunde, das erste Wort. Noch war kein Mensch da, kein Tier. Vögel, Fische, Schalentiere, Bäume, Steine, Höhlen, Schluchten gab es nicht. Kein Gras. Kein Wald. Nur der Himmel war da. Noch war der Erde Antlitz nicht enthüllt. Nur das sanfte Meer war da und des Himmels weiter Raum. Noch war nichts verbunden. Nichts gab Laut, nichts bewegte, nichts erschütterte, nichts brach des Himmels Schweigen. Noch gab es nichts Aufrechtes. Nur die ruhenden Wasser, das sanfte Meer, einsam und still. Nichts anderes.«

So erzählen die *Quiché*, ein Maya-Volk im Hochland von Guatemala, die Urgeschichte. Sie vererbt sich von den Eltern zu den Kindern, zu den Enkeln, zu den Urenkeln. Sie lebt in den Wäldern und auf den Feldern, seit Jahrhunderten, vielleicht Jahrtausenden. Es ist die Geschichte des Anfangs, der Schöpfung. Sie ist enthalten in einem Hieroglyphenbuch. Mitte des 16. Jahrhunderts schreibt sie ein Mitglied der *Kavek*-Sippe, einer von den Weisen und Kundigen, in lateinischen Buchstaben auf.

Es ist ein dickes Bündel Papier, das sich *Popol Vuh*, das »Buch des Rates«*, nennt. Teile dieses Buches werden versteckt, verschwinden und tauchen nie wieder auf. Aber diese Geschichte wird 150 Jahre später von Pater Francisco Ximénez gefunden werden, im Dominikanerkloster von Chichicastenango. Sie sagt mehr aus als jedes andere Dokument, wie einige, vielleicht sogar alle Maya sich das Verhältnis von Himmel und Erde vorstellen. Sie handelt von dem langen und mühsamen Weg, den die Götter gehen mußten, um der Welt ihr Gesicht zu geben.

Als alles noch finster war, kamen sie zusammen, die zwei ersten, die die große Idee hatten. Sie hießen *Tepeu* und *Gucumátz*. »Es geschehe!« sprachen sie. »Es fülle sich die Leere! Weichet zurück, ihr Wasser, und gebet Raum, daß die Erde aufsteige und sich festige!« Das war der erste Schritt, und dann sprachen sie: »Es werde Licht! Daß Himmel und Erde sich erhellen! Nicht Ruhm noch Größe wird sein, bis der Mensch erscheint, bis der Mensch geschaffen.« Das war der zweite Schritt, danach sprachen sie: »Erde!« – und im selben Moment war die Erde da. »In Nebel, Wolken und Staub geschah die Schöpfung, als die Berge sich aus den Wassern erhoben, und sogleich wuchsen die Berge. Nur durch ein Wunder, durch Zauber wurden die Berge und Täler geschaffen. Und zugleich sprossen Zypressen und Tannen und bedeckten der Erde Antlitz.« Es war so, wie es sein sollte, und alles schien gut zu werden.

Um den Ursprung der verschiedenen Maya-Völker ranken sich viele Legenden. Ihre Kalender erfassen Zeiträume, die mehr als 3000 Jahre vor Christus zurückliegen. Von 300 bis 900 nach Christus entstanden im Tiefland vermutlich an die 50 Fürstentümer. Die *Quiché* sollen um 1250 aus dem Tiefland ins Hochland gewandert sein.

---

* Deutsche Übersetzung: Wolfgang Cordan: »Popol Vuh – Das Buch des Rates«, Eugen Diederichs Verlag, München 1962

Noch aber war es still, nichts regte sich. Die zwei Schöpfergötter beschlossen, für Leben auf dem Boden zu sorgen. »Du, Reh«, sprachen sie, »wirst in den Niederungen der Flüsse und in den Schluchten schlafen. Im Gebüsch wirst du stehen und im Gras. Im Wald wirst du dich fortpflanzen. Auf vier Beinen wirst du dich aufrecht halten.« In gleicher Weise schufen sie die Schlange, den Puma, den Jaguar. Dann beschlossen die Götter, für Leben in der Luft zu sorgen. »Auf den Bäumen und in den Lianen werdet ihr Vögel wohnen, dort werdet ihr eure Nester bauen, dort werdet ihr euch vermehren, zwischen Zweigen und Lianen werdet ihr aufwachsen.« Als dies getan war, forderten die Erzeuger ihre Kreaturen auf: »Redet, schreit, trillert, ruft! Redet alle, ein jeglicher nach seiner Art!« Wie Vater und Mutter wollten die Schöpfer verehrt werden von ihnen. Die Tiere aber brachten keinen einzigen Ton heraus.

»Das ist nicht gut«, sprachen die Schöpfer, denn so völlig selbstlos waren sie nicht. »Wir werden euch ersetzen, da ihr nicht sprechen könnt. Wir haben unseren Sinn geändert. Eure Nahrung, euer Gras, eure Lager und Nester sollt ihr haben, in den Schluchten und Wäldern werdet ihr sie haben. Ihr waret nicht fähig, uns anzubeten und anzurufen. Darum werden wir andere schaffen, die uns willig sind. Das ist fortan euer Schicksal: Euer Fleisch wird vertilgt werden. So sei es. Das sei euer Schicksal.« Die Tiere versuchten alles, ihm zu entrinnen. Aber es gelang ihnen nicht einmal, sich untereinander zu verständigen. »Darum wurde ihr Fleisch geopfert, und die Tiere auf dem Antlitz der Erde waren fortan verdammt, getötet und gefressen zu werden.«

»Auf ein neues!« sprachen die Götter. »Schon naht die Morgenröte. Schaffen wir jene, die uns erhalten und ernähren. Was ist zu tun, daß man uns anrufe und erinnere auf der Erde? Schon schufen wir unsere ersten Werke, unsere ersten Wesen. Aber sie konnten uns nicht preisen und verehren. Laßt uns denn ein Wesen schaffen, das gehorsam sei und ergeben und uns nährt und erhält.« Sie nahmen Lehm aus der Erde und bildeten daraus Fleisch für den Menschen. Doch schnell sahen sie, daß auch dieses Werk seine Schwächen hatte. Denn das Fleisch war zu weich und hatte keine Kraft. »Es bewegte nicht den Kopf, das Haupt hing zu einer Seite, der Blick war verschleiert, es konnte nicht rückwärts blicken. Wohl sprach es, aber es hatte keine Vernunft. Bald weichten es die Wasser auf, und es sank dahin.« Die Schöpfer kamen erneut zur Beratung zusammen und fragten sich: »Wie können wir unsere Anbeter, unsere Anrufer vollkommener erschaffen?«

Sie wandten sich an zwei Zauberer, den alten *Xpiacoc* und die alte *Xmucané.* »Werfet das Los mit Maiskörnern und *tzité*-Bohnen! Tut das, um zu sehen, ob wir Mund und Augen aus Holz schnitzen sollen!« Die Lose prophezeiten, daß das Werk gelingen würde, und so wurden die Wesen aus Holz geschaffen. »Aber sie hatten keine Seele, keinen Verstand, sie erinnerten sich nicht des Schöpfers und Formers. Ziellos gingen sie herum und auf allen vieren liefen sie.« Nein, auch diese Wesen waren alles andere als vollkommen. »Sie sprachen zwar anfänglich, aber ihr Gesicht war bewegungslos. Ihre Füße und Hände waren ohne Kraft. Weder Flüssiges noch Festes war in ihnen, weder Blut noch Fleisch. Trocken waren ihre Wangen, trocken Fuß und Hand, gelb das Fleisch. Es war nur ein Entwurf, ein Versuch zum Menschen«.

Nun brach Unheil über die Welt herein. Alles, was dort war, erhob sich gegen die hölzernen, gierigen und gefühllosen Wesen, die weder ihres Vaters noch ihrer Mutter gedachten. »Flüssiges Harz troff vom Himmel. Es kam Herrscher Eule, *Xecotcovách*, und riß die Augen aus. Die Große Fledermaus, *Camalótz*, kam und riß den Kopf ab. Der Reißende Jaguar, *Cotzbalám*, kam und verschlang das Fleisch. Der Tapir *Tucumbalám* kam auch, brach und zermalmte Knochen und Sehnen, er zerstampfte und zerrieb das Gebein.« Zur selben Zeit erhoben sich die Hunde. »Warum habt ihr uns kein Fressen gegeben?« sagten sie. »Kaum blickten wir euch an, so jagtet ihr uns schon von eurer Seite und jagtet uns heraus mit dem Stock an eurer Seite. Vielleicht würden wir euch jetzt nicht töten. Aber warum habt ihr nicht nachgedacht und seid ihr nicht in euch gegangen? Darum werden wir euch jetzt zerstören, darum werdet ihr jetzt die Zähne in unserem Maul kennenlernen.« Und die Steine, auf denen die hölzernen Wesen immer ihren Mais zu Mehl zerrieben hatten, sprachen: »Gefoltert habt ihr uns. Jeden Tag, jeden Tag, des Nachts und in der Dämmerung, machte es holi-holi huki-huki auf unserem Gesicht, euretwegen. Das war der Tribut, den wir euch zahlten. Aber jetzt, wo ihr keine Menschen mehr seid, lernet unsere Kraft kennen! Zermahlen werden wir, zu Staub zerreiben werden wir euer Fleisch.« Sogar die Wasserkrüge, die Pfannen und Schüsseln beteiligten sich am großen Vernichtungswerk. »Schmerz und Leiden habt ihr uns verursacht«, sagten sie. »Stets standen wir auf dem Feuer, und ihr verbranntet uns, als ob wir keinen Schmerz fühlten. Jetzt werdet ihr es fühlen. Verbrennen werden wir euch.«

Vergebens, sagt das *Popol Vuh*, suchten die verzweifelten Wesen aus Holz ihr Heil in der Flucht. »Sie trachteten auf die Häuser zu steigen, und die Häuser stürzten ein. Zu Boden fielen sie. Sie trachteten auf die Bäume zu steigen, und die Bäume schleuderten sie weit davon. Sie trachteten in die Höhlen zu gelangen, und die Höhlen schlossen sich vor ihnen.« Das war das Ende der ersten Menschen, und nun sagt man, die Affen seien deren Nachkommen.

Unter den Göttern brachen Streitigkeiten und Machtkämpfe aus, und es dauerte nach dieser Katastrophe eine Zeit, bis *Tepeu* und *Gucumátz* sich noch einmal aufrafften. Endlich kamen sie wieder zusammen, und diesmal fanden sie einen neuen Lebensstoff, den die Wildkatze, der Kojote, der Papagei und der Rabe brachten. Es waren gelbe und weiße Maiskolben. Aus ihnen schufen die Götter nun das menschliche Fleisch, und das Wasser verwandelte sich in Blut. Sie erschufen die ersten vier Menschen aus Mais. Deren Namen waren »*Quiché*-Jaguar« und »Nacht-Jaguar«, »Wind-Jaguar« und »Nichts«. »Man sagt«, so steht es im *Popol Vuh*, »daß jene erschaffen und geformt wurden, nicht Mutter hatten sie, nicht Vater, doch nannte man sie Männer. Sie wurden nicht aus einem Weibe geboren«.

Es waren gute und schöne Menschen, sie hatten einen Verstand. »Sie schauten und sogleich sahen sie in die Ferne; sie erreichten, alles zu sehen, alles zu kennen, was es in der Welt gibt. Wenn sie schauten, sahen sie sogleich alles im Umkreis, und ringsherum sahen sie die Kuppel des Himmels und das Innere der Erde. Alle fernverborgenen Dinge sahen sie, ohne sich zu bewegen. Sofort sahen sie die ganze Welt, und sie sahen diese von dort, wo sie standen. Groß war ihre Weisheit. Ihr Auge reichte bis zu den Wäldern, den Felsen, den Lagunen, den Meeren, den Bergen und den Tälern. Wunderbare Menschen waren sie in Wahrheit«.

Mais ist das Grundnahrungsmittel der Maya. Die Kolben tragen weiße, gelbe, blaue und rote Körner. Der Anbau dieser Pflanze begann vermutlich schon 5 000 Jahre vor Christus. Erst nach der Eroberung Amerikas durch die Spanier kam der Mais nach Europa.

Die Geburt des Menschen aus dem Mais. Das Gemälde des Mexikaners Jesús Alvarez Amaya ziert eine Wand im Hotel »Maya Land« in Chichén Itzá auf der Halbinsel Yucatán.

Die Götter ernteten Lob und Dank von ihnen, so wie sie es sich gewünscht hatten. »Vorzüglich erscheint uns alles«, sprachen die Menschen zu den Schöpfern, »und wir kennen alles, sei es ferne oder nahe. Und was groß ist oder klein am Himmel oder auf Erden – wir sehen es. Ja, wir danken euch, daß ihr uns schufet, dir Schöpfer, dir Former; daß ihr uns das Dasein gegeben habt, Großmutter unser, Großvater unser!« Nur eines gefiel den Göttern wiederum nicht. Die neuen irdischen Wesen begannen, die Erde und die vier Himmelsrichtungen zu erforschen. Immer neue Dinge wollten sie wissen, immer mehr wurde das, was sie schon wußten.

»Es ist nicht gut, was unsere Geschöpfe, unsere Werke sagen«, sprachen die Götter untereinander. »Alles wissen sie, das Große und das Kleine«. So berieten sie sich aufs neue mit denen, die die Menschen so geschaffen hatten. Sie beschlossen, nicht zuzulassen, daß die Menschen so würden wie ihre Schöpfer. »Unterdrücken wir ein wenig ihre Wünsche«, sagten sie, »denn was wir sehen, ist nicht gut. Sollen sie am Ende uns gleich sein, die wir sie schufen, und die wir in weite Ferne sehen, alles wissen und alles sehen?« Sie gingen daran, die Menschen wieder zu verändern. Ein Schleier wurde ihnen über die Augen geworfen. Die trübten sich, so steht es im *Popol Vuh*, »wie wenn ein Hauch über den Spiegel geht«. Sie konnten nur noch sehen, was nah und was klar war. »So wurden zerstört die Weisheit und alle Kenntnisse der vier Menschen des Ursprungs und Anfangs. So wurden geschaffen und geformt unsere Ahnen, unsere Väter.«

Nun fehlten nur noch die Wesen, mit deren Hilfe die Menschen sich vermehren konnten. Die Götter schufen sie mit aller Sorgfalt, und sie ließen sie erscheinen, während die Männer schliefen. Als sie erwachten, füllte sich ihr Herz mit Freude. Die Namen der ersten vier Frauen waren: »Roter-See-Haus«, die für »*Quiché*-Jaguar«, »Schönheit-Haus«, die für »Nacht-Jaguar«, »Papageien-Haus«, die für »Wind-Jaguar«, »Kolibri-Haus«, die für »Nichts«, wobei »Haus« die Bezeichnung für »Sippe« ist. So erzeugten die Menschen neue Menschen, kleine und große Stämme. Sie waren der Ursprung der Sippen der *Quiché*. Es war im Osten, wo sie sich alle vermehrten. Ungeduldig erwarteten sie dort die Morgenröte, und ihre Gebete erhoben sich. »Gib uns nicht auf, verlasse uns nicht, Gott, der du bist im Himmel und auf Erden, Herz des Himmels, Herz der Erde! Gib uns unsere Nachkommenschaft, unsere Nachfolge, solange die Sonne wandert und es Licht ist! Daß es hell werde, daß die Morgenröte erscheine! Gib uns gute, ebene Wege! Gib den Völkern Frieden, vielen Frieden und Glück! Gib uns ein gutes und nützliches Leben!« So endet im *Popol Vuh* die erste aller Geschichten.

Yum Uil, der Gott des Mais und des Überflusses.
Die Statue wurde in der Maya-Ruinenstadt Copán im heutigen Honduras ausgegraben.
Aus der Figur strahlen Schönheit und Gelassenheit.

Jetzt

Der Abschied vom weißen Mann

Die Hoffnung im Glauben der Ahnen

»Es sei nur Ruhe und Friede
vor deinem Mund,
in deiner Gegenwart, oh Gott.«

Popol Vuh

Fast ist es wie am Tag der Schöpfung. Grillen zirpen, Vögel krächzen, ein Specht hämmert an einem Stamm. Alles scheint im Lot. Weihevoll weht der Wind durch die Äste der Eichen, Pappeln und Weiden. Es ist ein ganz normaler Wochentag. Kein einziger Besucher läßt sich heute blicken an diesem verlorenen Platz im Hochland von Guatemala. Ein Tag zum Versinken in die Vergangenheit.

Rund die Hälfte der zehn Millionen Einwohner Guatemalas sind indianischer Herkunft. Ihr Verhältnis zu den nur Spanisch sprechenden *ladinos*, den Mischlingen aus Indianern und Europäern, ist immer gespannt gewesen. Nach der blutigen Niederschlagung des Guerilla-Aufstandes Anfang der 80er Jahre verstärken sich bei den Maya Tendenzen, sich noch stärker abzugrenzen.

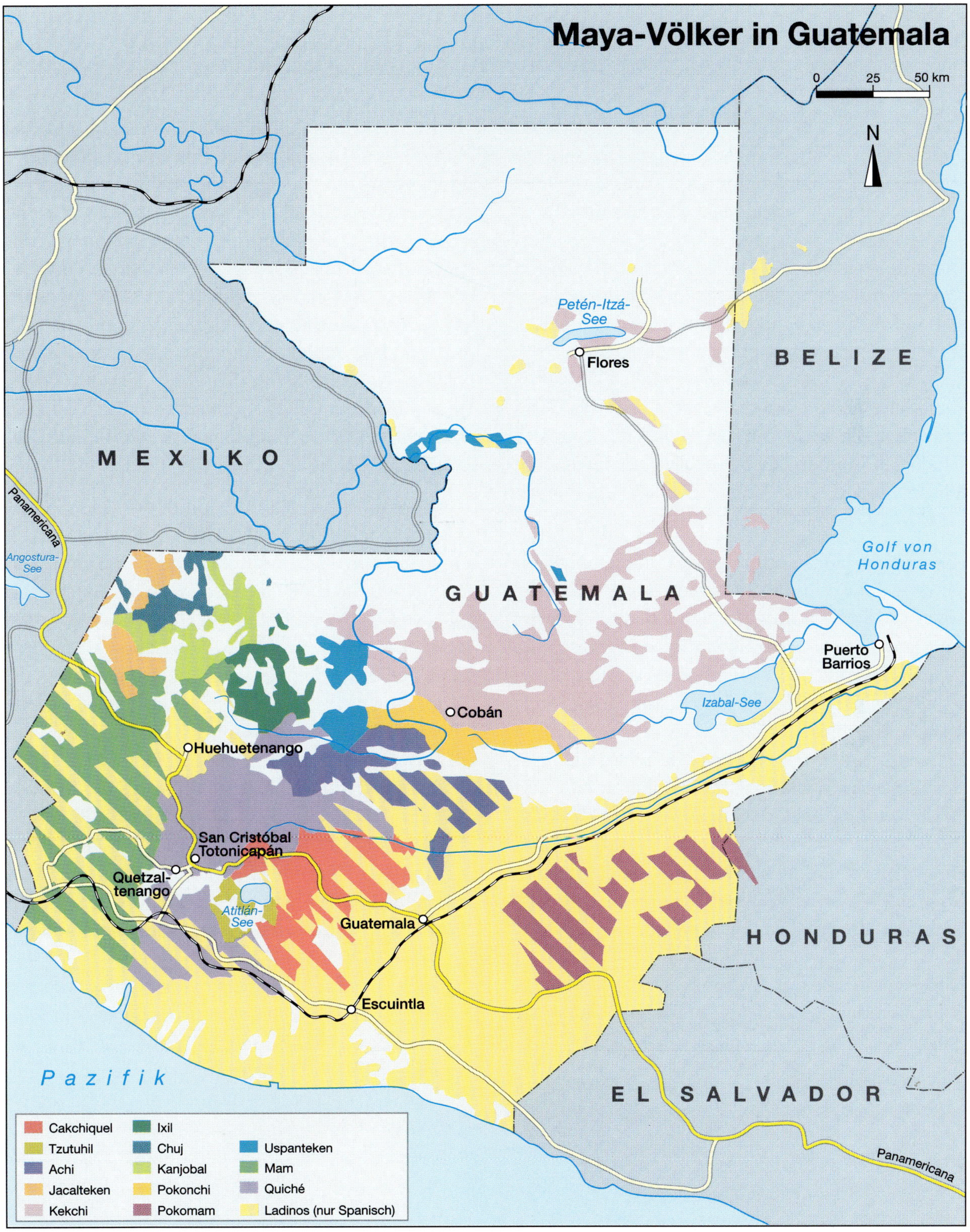
Maya-Völker in Guatemala
0 25 50 km
N
MEXIKO
BELIZE
GUATEMALA
HONDURAS
EL SALVADOR
Pazifik
Golf von Honduras
Petén-Itzá-See
Izabal-See
Atitlán-See
Angostura-See
Panamericana
Flores
Cobán
Puerto Barrios
Huehuetenango
San Cristóbal Totonicapán
Quetzaltenango
Guatemala
Escuintla
Cakchiquel
Tzutuhil
Achi
Jacalteken
Kekchi
Ixil
Chuj
Kanjobal
Pokonchi
Pokomam
Uspanteken
Mam
Quiché
Ladinos (nur Spanisch)

Apolinario Recancoj kniet schweißnaß auf dem Boden seiner Ahnen. Die Hose ist an den Knien aufgerissen, durchgescheuert von der Arbeit. In der linken Hand hält er einen Stock, an dessen unterem Ende sich ein kleiner, hölzerner Haken befindet. Mit diesem Werkzeug zieht er die gebeugten Halme nach oben, richtet sie auf. In der rechten Hand schwingt er seine Machete, sie saust durch das raschelnde Gras und schneidet es. Hundert Quadratmeter pro Tag, das ist sein Pensum. Wenn man es geruhsam angeht, sagt Apolinario, braucht man dafür sieben Stunden, von morgens um acht bis nachmittags um drei. Wer sich ins Zeug legt, kann es auch in fünf Stunden schaffen. Dann ist er aber so fertig, daß ihm die Machete aus der Hand fällt. »Ich bin nicht nur ein Arbeiter«, sagt der 44jährige, »sondern auch Sprecher unserer Kultur. Ich bin stolz darauf, diese Stätte sauberzuhalten. Sie war die Hauptstadt unserer Vorfahren.«

K'umarcaaj hat sie das Maya-Volk der *Quiché* genannt. Eine hübsche Stadt muß es gewesen sein, sagen die Archäologen, ihr Name bedeutet so viel wie »altes Haus« oder »altes Ried«. Die Gebäude waren aus Stein und Lehmmörtel, verziert durch Wandgemälde und Stuck. Es gab weitläufige Plattformen für die Häuser der Verwaltung und hohe Pyramiden mit quadratischem Sockel für die Priester, einen Herrscherpalast am Hauptplatz und Residenzen mit vielen Zimmern und Innenhöfen für die regierenden Sippen. Das Zentrum hatte enge Straßen und hohe Mauern. Weiter draußen, verstreut in die vier Himmelsrichtungen, lagen die Wohnsiedlungen. Die zwei wichtigsten Tempel der Stadt waren einander zugewandt. Sie waren zu Ehren von *Tohil* und *Avilix* errichtet, den Schutzgottheiten der zwei mächtigsten Sippen. Ein paar grasbewachsene Hügel sind davon geblieben.

K'umarcaaj war hundert Jahre lang die mächtigste Stadt im Maya-Hochland. Um 1400 etwa wurde sie gegründet, dann herrschte hier 50 Jahre lang *Kiqab*, der berühmteste aller *Quiché*-Regenten. Der Stern seines Volkes begann zu sinken, als seine Söhne *Tata Yac* und *Ajitzá* gegen ihn rebellierten, zusammen mit Vasallen, die sich Privilegien erkämpfen wollten. *Kiqab* wurde gezwungen, seine Macht mit den Söhnen zu teilen und seinen Kriegern Vorrechte gegenüber den gemeinen Untertanen einzuräumen. Als er verbittert starb, etwa um 1475, begannen Kriege mit dem Nachbarvolk der *Cakchiquel*, die nicht länger Vasallen der *Quiché* bleiben wollten. So zerfleischten sich die Maya hier gegenseitig. Die Eroberer, die dann kamen, brauchten nur noch die einen gegen die anderen auszuspielen.

Apolinario führt uns weg von den Ruinen, einen kleinen, steilen Hang hinunter. Wir tasten uns in eine finstere Höhle hinein. Manchmal kommen Menschen hierher, entzünden Feuer in felsigen Nischen und opfern Hühner. Der unterirdische Gang ist nach zehn Metern zu Ende. Apolinario sagt, früher sei der Tunnel weiter gegangen, 50, 60 Kilometer weit, bis zu der Stadt, die heute Quetzaltenango heißt. »Es ist ein Geheimgang gewesen, für Boten, Nachschub und Flüchtende. Doch leider hat das alles nicht geholfen, als die Spanier kamen.« 1524 waren die *Quiché* am Ende. In der Entscheidungsschlacht bei Llanos del Pinal kämpfte ihr Heerführer *Tecum Uman*, ein Schwert mit Obsidian-Schneide in der Hand, gegen Pedro de Alvarado, der eine Lanze trug. Der Indianer, sagen die alten Schriften, schlug dem Pferd des Spaniers den Kopf ab, doch dann wurde er von der Lanze durchbohrt. Die Sonne, so die indianische Überlieferung, färbte sich rot durch das Blut der vielen, die ihr Leben verloren. Der Sieger ließ die beiden Herrscher von *K'umarcaaj*, mit Namen *Oxib Keh* und *Beleheb Tz'i*, in einem Schnellverfahren aburteilen, an Holzpfähle binden und bei lebendigem Leibe verbrennen. Dann legte er Feuer in der Hauptstadt des Reiches, das für alle Zeit von der Bildfläche verschwinden sollte. *K'umarcaaj* sank in Schutt und Asche. Die paar Ruinenhaufen,

Ein angeblicher Helfer der Guerilla wird gefesselt zu Soldaten gebracht. Ein Foto vom Anfang der 80er Jahre, als der bewaffnete Aufstand von den Militärs mit brutalen Mitteln niedergeschlagen wurde. Bis heute ist die Angst aus dem Land nicht gewichen.

die übrigblieben, wurden geplündert von Menschen, die nichts wußten oder nichts wissen wollten von der großen Geschichte dieses Platzes. Diese Menschen, sagt Apolinario, waren *ladinos*. So heißen im heutigen Guatemala die Mischlinge aus Indianern und Europäern – und die Indianer, die sich dem städtischen Leben angepaßt haben.

Eine Frau und zwei kleine Jungen tippeln an uns vorbei, alle drei schwerbeladen mit Holz. Auf dem holprigen Feldweg laufen die *indígenas* fast alle tiefgebückt. Sie schleppen, was sie zum Brennen brauchen, oder Waren, die sie zum Verkauf auf den Markt tragen. Noch bis Anfang dieses Jahrhunderts mußten Indianer in diesem Land Frauen von Grundbesitzern auf dem Rücken tragen. 500 Jahre ist es nun bald her, daß sie auch innerlich den aufrechten Gang verloren haben.

Apolinario recht das Heu zusammen. Wir setzen uns mit ihm auf die gestutze Wiese, und er erzählt, was ihm alles durch den Kopf geht in den vielen, einsamen Stunden, die er hier mit Holzstock und Machete verbringt. Er sei stolz, ein *Quiché* zu sein, sagt er, seine Vorfahren stammten vermutlich von einer der alten Herrscherfamilien ab, doch es werde immer schwerer, ein *Quiché* zu bleiben. »Die Inflation macht die Traditionen kaputt. Ein Huhn als Opfer für die Götter hat früher vier Tage Arbeit gekostet, heute sind es zehn. Viele schämen sich auch, die Kleidung eines *indígena* zu tragen.« Er selbst sei die ersten 17 Jahre seines Lebens barfuß gelaufen, und jetzt ziehe er doch lieber Schuhe an. »Ja, Señor«, sagt er, »wir sind wohl alle dabei, *ladinos* zu werden.«

Immerhin sind ihm die Träume geblieben, die Träume, die so vieles sagen über das Leben. Gestern hat die Erde gebebt, nicht weit von hier, in San Miguel Pochuta sind 25 Menschen zu Tode gekommen. Apolinario sagt, er habe tags zuvor alles im Traum gesehen, eingestürzte Häuser und von Schmerz gezeichnete Menschen. Es sei der gleiche Traum wie 1976 gewesen, da habe dann ein Beben die Hauptstadt erschüttert und 25 000 Menschenleben gefordert. Darum erzählte er seinen Traum wie damals seiner Frau. Sie nahmen zwei Kerzen und einen Stein, knieten nieder vor dem Museum am Eingang zur Ruinenstätte und baten *Dios Mundo*, den Gott der Erde, daß er ihr Leben schone. »Die Ahnen glauben, *Dios Mundo* muß uns ab und zu mit einem Hieb aufwecken«, sagt Apolinario. »Wer diese Mahnung nicht ernst nimmt, wird eines Tages vom Blitz getroffen.«

Von fern hören wir Paukenschläge. In der Kaserne von Santa Cruz Quiché sind Soldaten beim Paradieren und Exerzieren. Apolinarios Worte stokken, er hat wenig Lust, über dieses Thema zu reden. Das Militär trägt seinen Teil dazu bei, den jungen Indianern ihr Anderssein abzugewöhnen. Sie sind es, die in diesem Land gezwungen werden, der Wehrpflicht nachzukommen. Die Söhne der Reichen rücken nie ein, weil Papa oder Mama ihre Beziehungen haben. Die armen Dörfler aber werden nach der Messe oder an Markttagen von den Rekrutierungskommandos gegriffen. Während der Ausbildung lernen sie singen, ihr Vater sei der Präsident, ihre Heimat Guatemala und ihre Braut das Gewehr. Drüben am Eingang zur Kaserne steht die Parole: »Hier sind wir alle Guatemala.«

Apolinario berichtet widerstrebend, vor zehn Jahren hätte er Totengräber spielen müssen. Er sei nach San Martín Jilotepeque geschickt worden, dort seien fast alle Häuser zerbombt gewesen, von Flugzeugen des Militärs, und unter den Trümmern hätten 60 oder 70 Tote gelegen, die er bestatten mußte. Er erzählt von dem Friedhof der Armen, drüben im Stadtteil Cho Gochix, dort lägen sie zu Hunderten, wie Hunde in die Erde geworfen, die unbekannten, nie identifizierten Leichen, die Erinnerung an jene grausige Zeit. Dann verfällt Apolinario in Schweigen, packt seine Sachen zusammen und sagt, er wolle nun nach Hause.

Was Anfang der 80er Jahre geschah, lastet wie ein Alp auf der Erinnerung. Damals redeten viele *indígenas* in Guatemala vom Kampf der Unterdrückten, von Ausbeutern und Ausgebeuteten und vom revolutionären Befreiungskampf. In Nicaragua hatten die Sandinisten den Diktator Somoza gestürzt, in El Salvador gerade der Guerillakrieg begonnen. Es war die Zeit der linken Euphorie, des Glaubens an den Sieg durch Waffen, wenn das Volk nur hinter den Kämpfern stünde. In Guatemala gab es 6 000 *guerrilleros*, Studenten aus der Hauptstadt und Indianer aus den Bergen, und sie hatten schätzungsweise 250 000 Sympathisanten.

Indianerfest in Nebaj. Häufig versucht die Armee sich bei solchen Anlässen als Freund und Beschützer der Maya zu präsentieren.

Markt in San Francisco el Alto:
Eine Indianerin bietet Schafe zum Verkauf an. Vor allem die Frauen tragen noch die traditionellen Maya-Trachten. Durch die leidvollen Erfahrungen des vergangenen Jahrzehnts wächst das Verlangen, die alte, fast versunkene Kultur neu zu beleben.

Die Bewaffneten sagten den Bauern, sie würden sie vor dem Militär beschützen. Es war pure Propaganda, ein entsetzlicher Irrtum, dem die *indígenas* erlagen.

Die Welt interessierte sich wenig dafür, was in dem kleinen mittelamerikanischen Land passierte. Nur wenig drang darüber nach außen, wie die Armee das Guerillaproblem löste. So konnte sie ihre Arbeit gründlich und ungestört verrichten, und als die Menschenrechtsorganisationen aufschrien, da war es schon zu spät. Kinder der vielen tausend Familien, die ihr Leben durch die Flucht nach Mexiko retteten, malten später die Szenen, die zum Brandmal ihrer Kindheit geworden waren. Ihre Bilder wurden zu apokalyptischen Dokumenten,

auf denen die Erde von Soldaten und Gewehren und der Himmel von Bombern und Kampfhubschraubern wimmelten. Menschen lagen in Haufen am Boden, und aus ihren Hütten schlugen Flammen. Die Zeichnungen wurden bestätigt durch Fotos, die ab und zu doch an die Öffentlichkeit gelangten. Von 1981 bis 1983 wurden 440 Dörfer, fast alle von *indígenas* bewohnt, ausgelöscht. 250 000 Menschen flüchteten über die Grenze, ein Teil von ihnen hat die Rückkehr bis heute nicht gewagt.

Ein Indianer liegt betrunken auf einem Gehsteig in der Stadt Quetzaltenango. Viele Maya flüchten aus der Armut in den Alkohol – und werden deshalb von Nicht-Indianern noch mehr verachtet.

Nachts kamen die gefürchteten Todesschwadronen, Männer mit Verbindungen zu Armee und Polizei. Sie hatten den Auftrag, Kollaborateure zu liquidieren, und »Kollaborateur« war auch jeder, der von irgendeinem Wichtigtuer oder einem seiner Feinde angeschwärzt wurde. Die Mordkommandos stießen Haustüren auf, zerrten ihre Opfer nach draußen, warfen sie gefesselt auf Lieferwagen und brausten davon. Die Entführten wurden nie wieder gesehen – es sei denn als Leichen, die fürchterliche Folterspuren trugen. 35000 Menschen sind auf diese Weise spurlos verschwunden.

Hand am Gewehr,
Strammstehen zur Parade:
Soldaten bei einer Kundgebung zum
Nationalfeiertag in Quetzaltenango.
Die Indianer verfolgen das Spektakel
stumm und distanziert – die Erinnerung
an das grausame Regiment der Militärs
sitzt tief.

Um sie von den *guerrilleros* abzuschneiden, siedelten die Militärs 70 000 Indianer in 24 Wehrdörfer um, die sie wohlklingend *polos de desarrollo*, Entwicklunspole, nannten. Sie zwangen 700 000 junge Männer in sogenannte Zivilpatrouillen, die Waffen von der Armee erhielten und damit Dörfer und Straßen zu bewachen hatten. Nun, da nur noch die Angst regierte, erkannten die meisten *indígenas*, daß sie wieder einmal mißbraucht worden waren – nicht nur von den Mächtigen, das kannten sie längst, sondern auch von den selbsternannten Anwälten der Armen. Die hatten ihnen Konzepte vom Klassenkampf verkauft, die nichts zu tun hatten mit ihrer Maya-Geschichte, sondern aus dem fernen Europa kamen, so wie damals die Eroberer auch. Die »Befreier«, die das große Wort führten, waren eben auch *ladinos* gewesen.

Viele glaubten danach, nun könnten sie sich nur noch Christus zuwenden. Sie wurden Beute von Sekten, die das Land wie nie zuvor überzogen, Baptisten und Adventisten, Pfingstkirchler und Mormonen. Die Missionare kamen aus den USA oder waren auch wieder *ladinos*, und sie predigen den Indianern das genaue Gegenteil von dem, was die katholischen Befreiungstheologen fordern. Sie sagen, das Heil der Menschen gebe es nur fern dieser Welt. Sie nutzen die Empfänglichkeiten der *indígenas* für alles Mystische aus. Sonntags sammeln sie ihre Schäfchen in kleinen Hütten, die sie in die Maisfelder gebaut haben, treiben sie mit Gesängen und Gebeten in Trance, bis sie weinen und schreien und Gott um Erbarmen anflehen. Ein Drittel schon hat die Katholische Kirche, jahrhundertelang die unumschränkte christliche Macht, in Guatemala an diese Sekten verloren.

Auf dem Friedhof von Zuñil sind viele Opfer von Mordkommandos begraben. Sie wurden nachts aus ihren Häusern geholt, als angebliche Kollaborateure der Guerilla gefoltert und dann bestialisch umgebracht. 35 000 Menschen sind noch heute in Guatemala spurlos verschwunden.

Es gibt aber auch Maya, die nach den eigenen Wurzeln graben. 18 Gruppen haben sich landesweit zu einem Bündnis zusammengeschlossen, das für die Abgrenzung vom weißen Mann kämpft. Sie fordern mehr Raum für Maya-Sprachen im Schulunterricht und machen eigene Rundfunksendungen. Sie wollen Autonomie für das Indianervolk und bestreiten, daß *ladinos* und *indígenas* zu einer Nation zusammengewachsen seien. Demetrio Cojtí Cuxil, einer der führenden Köpfe der Maya-Bewegung, hat das Ziel in einer Rede pathetisch beschrieben: »Die *indígenas*«, sagte er, würden »die Träume von jenen scheitern lassen, die ihre Nation auf dem Kadaver der Maya-Nationen errichten wollen«.

Das Haus des Bauern Ricardo liegt abseits der Straße an einem Hang über San Cristóbal Totonicapán. Der Fußweg zu ihm führt durch das Maisfeld eines Nachbarn. Die grünen Blätter sind mit Kalk bestrichen, zum Schutz vor Dieben. Wer Mais mit diesem Kalkzeichen stiehlt, das sagt der Glaube der *Quiché*, der endet im Verderben. Es ist Sonntag, morgens um sieben. Ricardo kniet mit seiner Familie zum Gebet. In einem Winkel seiner Wohnung steht das steinerne Maya-Kreuz, das vier gleichlange Balken hat, Symbol für das Gleichgewicht der Welt. Drei Kerzenpaare brennen auf ihm. Vor dem Kreuz auf dem Boden flackern noch einmal fünf Kerzen, die zu einer Raute aufgestellt sind; vier symbolisieren die Himmelsrichtungen, eine das Zentrum. Auf einem Gemälde an der Wand sitzt Christus beim Abendmahl, und auf einem Tischchen stehen Krippenfiguren in einer Vitrine. Die Religion der Ahnen und die der Eroberer haben sich ineinander gemischt.

Sie weinen Angst und Armut heraus: Indianerfrauen beim Gottesdienst einer protestantischen Sekte in Guatemala. Nach den Schreckensjahren haben sich viele Maya ins Spirituelle geflüchtet. Die Katholische Kirche hat schon ein Drittel ihrer Gläubigen an die neue Konkurrenz verloren.

Ricardo bittet Gott um Frieden und Wohlergehen für die Menschen, um Freiheit für diejenigen, die zu Unrecht noch im Gefängnis sitzen, um Segen für alle, die verzweifelt sind. Nach ihm beten sie alle, seine Tochter, Söhne und Nichten. Sie beten für die, die noch in den Bergen kämpfen, für die vielen tausend Witwen und Waisen, für alle, die leiden. Es ist der 15. September, Nationalfeiertag, Guatemala feiert den Tag der Unabhängigkeit. Drüben in Quetzaltenango rüsten sich die Militärs und die

Honoratioren der Stadt für das traditionelle Defilee. Ricardo sagt mit gefalteten Händen: »Es ist kein Fest für uns. Aber trotzdem beten wir für Guatemala, auf daß es eine gute Regierung habe.« Dann singen sie alle ein Lied, in dem es heißt: »Vor nichts habe ich Angst, Herr, wenn du mein Beschützer bist.« Sie bekreuzigen sich und verharren schweigend so lange, bis die letzte Kerze erloschen ist.

Ricardo ist 50, der Alp lastet auch auf ihm. Er hat uns gebeten, seinen wahren Namen nicht zu schreiben, denn dann hätte er wieder Angst um sein Leben. Mehr als 2 000 Menschen, so die Menschenrechtsgruppe »Gegenseitige Hilfe«, wurden noch 1991 aus politischen Gründen ermordet oder verschwanden auf Nimmerwiedersehen. Ricardo ist ein Grübler, ein unruhiger Geist, in den 60er Jahren hat er politische Wissenschaften studiert. Wie viele schloß er sich dann der Guerilla an, empört über die Tatsache, daß in diesem Land zwei Prozent der Bevölkerung 65 Prozent des fruchtbaren Bodens besitzen und 73 Prozent, laut UNO-Statistik, unterhalb der Armutsgrenze leben. Wie viele verließ er die Guerilla nach einigen Jahren, weil er nicht mehr akzeptieren wollte, daß *ladinos* die großen Reden führten und *indígenas* ihr Leben dafür ließen. Er sagt heute: »Das ständige Jammern über die Armut – auch das ist uns eingetrichtert worden.« Der Krieg um das Land, das den Maya geraubt worden sei, werde weitergehen, aber mit anderen Mitteln. Ricardo ist noch immer ein Kämpfer. Aber er hat den Weg nach innen angetreten.

Markt in Chichicastenango: Vor der Kirche Santo Tomás breiten *Quiché*-Frauen Obst, Gemüse und Blumensträuße aus.
Am Eingang beten Indianer nach alten, vorchristlichen Riten. Auf der Treppe verfolgen Touristen das bunte Treiben. Hellhäutige aus dem Ausland werden meist freundlich behandelt – Hellhäutige aus dem eigenen Land dagegen mit Mißtrauen.

Wir sitzen im Gras vor seinem Haus, trinken Maisbier und schauen hinunter ins Tal. »Das Glück kommt von innen, nicht von außen«, sagt er. »Wir Maya können auch lachen, ohne daß einer dafür Witze machen muß.« Ricardo ist heute wieder Bauer, hat ein Haus und ein Stück Land, und er sagt, mehr brauche er eigentlich nicht. »Wir Maya haben die 500 Jahre überlebt. Wir waren materiell arm, aber geistig reich. Wenn ich materiell reich wäre, hätte ich meinen geistigen Reichtum verloren.« Ja, noch immer sagten viele, daß der Fortschritt kommen müsse. »Aber tief im Innern wünschen wir Maya uns, daß die Technik scheitert. Denn die Technik lenkt uns ab von Gott.«

Manchmal setzt er sich hin und schreibt seine Gedanken für Freunde auf. Es seien die *ladinos*, hat er einmal geschrieben, die den Maya das Leben so schwermachen. »Sie sind es, die uns bei der Regierung denunzieren. Sie formulieren unsere Ziele, sie formen unsere Vorstellungen, sie denunzieren unsere Ideale... Sie machen das Volk arm und geben denen Reichtum, die immer nur kommandieren. Dies nennen die *ladinos* ihre Struktur.« Für die Indianer gebe es nur die Hoffnung, den eigenen Willen behalten, aus sich selbst heraus handeln zu können. »Allein auf uns gestellt, wollen wir es tun. Denn wir können nicht warten auf die *ladinos* oder hinter ihnen herlaufen oder ihnen beistehen.« Früher glaubte Ricardo an einen sozialen Konflikt, heute an einen ethnischen. »Mein Volk«, sagt er, »ist reich genug an Ideen, es braucht nicht andere zu kopieren.«

»Wir wollen nicht«, hat er einmal geschrieben, »daß sie *ladinos* aus uns machen, daß unsere Frauen die Tracht ablegen, daß unsere Kinder ihr Denken ändern. Wir wollen uns nicht fügen und ihre Sprache sprechen, das reine Spanisch.« Denn sonst passiere, was Ricardo in Versen so beschrieben hat: »Nur uns benutzen, um ihnen den Hintern zu putzen.«

Markt in San Francisco el Alto: Frauen bereiten Mahlzeiten für hungrige Käufer. Im Hochland von Guatemala werden die Märkte von Indianern dominiert. Nur an wenigen Ständen wird Spanisch gesprochen.

Einst

Die Macht des Kalenders

Der Kreislauf der Zeit vor Columbus

»Der Maya berührt die Ewigkeit.«

Laurette Sejourné,
Maya-Forscherin

Die Finger des alten Mannes sind zittrig, doch sie finden ihren Weg. Sie gleiten über das rauhe Papier eines Faltbuches, an seltsamen Symbolen entlang. Manchmal bleiben sie stehen an einem Zeichen. Seltsame Worte murmelt er dann, *»6 Baatz«* oder *»4 Kavok«* oder *»13 Qan«*. Zuweilen geht ein leichtes Zucken über das Gesicht des Alten. Die Zeichen, die er vor sich hat, sind Botschaften. Sie sagen viel aus über das Früher. Sie sagen auch viel über das Später. Nur wenige vermögen noch, diese Schrift zu lesen, die vor Dutzenden von Generationen entstanden ist. Dieser Weise gehört zu ihnen.

Die jungen Männer lauschen aufmerksam seinen Worten. Sieben Tage lang haben sie gefastet, in Einsamkeit und Stille, um sich bereit zu machen für seinen Besuch. Zum ersten Mal seit sieben Jahren ist er wieder in ihr Dorf gekommen, und vielleicht ist es das letzte Mal. Ah Muan ist sein Name,

In den Städten des südlichen Tieflandes erreichte die »klassische« Maya-Kultur im 8. Jahrhundert ihren Höhepunkt. Eingemeißelte Hieroglyphen verkündeten wichtige Daten im Leben der Herrscher. Für die Zeitmessung gab es hochentwickelte Kalender. Chichén Itzá wurde im 11. und 12. Jahrhundert zum Zentrum der »Postklassik« im nördlichen Tiefland.

Alte Maya-Städte
Heutige Staatsgrenzen
Berühmte Ruinen
907 Letzte Inschrift-Daten vor dem Ende der Klassik
0 50 100 km
N
Golf von Mexiko
Dzibilchaltún
Chichén Itzá 898
Cobá
Uxmal 907
Tulum
Edzná 810
Yucatán
Kohunlich
M E X I K O
Usumacinta
Grijalva
Calakmul 810
Palenque 799
Piedras Negras 810
Petén
Tikal 869
Petén-Itzá-See
BELIZE
Yaxchilán 808
Xunan Tunich 849
Bonampak 795
Pasión
Seibal 889
Caracol 859
Golf von Honduras
Angostura-See
GUATEMALA
Chixoy
Itzabal-See
Polochic
Motagua
Quiriguá 810
Copán 820
Atitlán-See
HONDURAS
EL SALVADOR
Pazifik
NICARAGUA

(Übersetzung A1–C1)
Am 7. Dezember 3121 v. Chr., da der achte Herr der Nacht regierte, fünf Tage nach der Geburt des neuen Mondes und dem Ende des zweiten, da hieß der Mond X, und er hatte 29 Tage. Es war 20 Tage, nachdem Gott K am 16. November 3121 v. Chr. den südlichen Himmelsort aufgerichtet hatte: Da wurde Frau Biest geboren.

(Übersetzung D1–C13)
Acht Jahre, fünf Monate und null Tage nach seiner Geburt, da endete der vergangene Äon. Am 13. August 3114 v. Chr. waren 13 Baktun vollendet. Ein Jahr, neun Monate und zwei Tage nach dem Anfang des neuen Äons ging GI' in den Himmel ein. Am 5. Februar 3112 v. Chr. vollzog GI' die Weihe. Es hieß »Hochgehobener-Himmel-Nord-Acht-Haus GI«. Es war sein Haus des Nordens.

(Übersetzung D13–F4)
753 Jahre und zwölf Monate, nachdem GI' das Weltenbaum-Haus aufgepflanzt hatte, da wurde die *matawil*-Person geboren. Am 21. Oktober 2360 v. Chr. berührte *matawil*, das Blut der Frau Biest, die Erde.

(Übersetzung E5–F8)
827 Jahre, elf Monate und zwei Tage nach ihrer Geburt, am 13. August 2305 v. Chr., da krönte sie sich.

(Übersetzung E10–F17)
1330 Jahre, zwölf Monate und zwei Tage danach, am 11. März 993 v. Chr, da geschah es und U-Kix-Chan, der Göttliche Herr von Palenque, wurde geboren. 26 Jahre, sieben Monate und 13 Tage nach U-Kix-Chans Geburt …

(nach Linda Schele, University of Texas, Austin)

Im »Tempel des Kreuzes« der Maya-Ruinenstadt Palenque geben Hieroglyphentafeln Auskunft über mehrere tausend Jahre Geschichte. Die Zeichen sind in senkrechten Doppelreihen zu lesen. In einer komplizierten, schwer übersetzbaren, dem Laien unverständlichen Sprache wird vermutlich über den Schöpfungsakt, das Hochheben des Himmels aus der Ursee, berichtet, ferner über die Geburt der Urmutter (Frau Biest) und des Urvaters (GI). Im Jahr 993 v. Chr., so heißt es weiter, wurde der Herrscher U-Kix-Chan geboren. Die Dynastie-Chronik wird auf der rechten Seite neben dem Abbild eines Priesters fortgesetzt. Für solche Inschriften hatten die Maya keinen zyklischen, sondern einen linearen Langzeitkalender. Als erstes Volk der Geschichte erfanden sie die Null, den fixen Ausgangspunkt. Das Datum 7. Dezember 3121 v. Chr. zum Beispiel lautet im Langzeitkalender 0.12.19.13.4.0, das Datum 11. März 993 v. Chr. 1.5.7.11.8.4.

er ist ein Maya vom Volk der *Chol*, und er ist den langen Weg aus dem Tiefland von Yucatán bis hier hoch in die Berge gekommen. Tagelang, wochenlang ist er unterwegs. Viele Dörfer wird er besuchen, unten in den Wäldern und hier oben bei den *Quiché*, solange sein Körper noch kann. Er will sein Wissen an Auserwählte weitergeben, ehe er stirbt.

Vielleicht werden auch die, die jetzt vor ihm sitzen, all das in ein paar Jahren wieder vergessen haben. So vieles ist schon verlorengegangen von dem großen Reichtum der Ahnen. Die Tänze und Feste sind vielerorts umgedeutet worden, aus Absicht oder aus Unkenntnis, Ah Muan weiß es auch nicht immer genau. Die Maya im Hochland kennen noch dazu die Schrift nicht, anders als die Maya im Tiefland, und sie verwenden andere Wörter. Seine Zuhörer haben es nicht leicht, ihn zu verstehen. Die Sprache der *Quiché* hat er mühsam erlernt, es kostet ihn noch immer Mühe, sich in ihr auszudrücken. Und doch darf nicht alles untergehen. Das ist die letzte große Aufgabe, die er noch im Leben hat.

Er spricht langsam, in eindringlichen Worten, vieles wiederholt er zwei- oder dreimal, damit seine Zuhörer sich alles einprägen und dabei ihr Gedächtnis trainieren. Der Alte weiß, wie die Zeichen entstanden sind, die sich vor ihm auf dem Papier zusammendrängen. Was Ah Muan erzählt, ist die Geschichte einer geistigen Explosion, die es viele Jahrhunderte zuvor bei den Maya-Völkern gegeben hat.

»Sie blickten forschend auf die Erde«, sagt der Alte. »Sie waren gefesselt von allem, was sich darauf bewegt. Habt ihr schon einmal beobachtet, wie die Zweige und Blätter der Bäume sich wiegen im Rhythmus des Windes? Habt ihr gesehen, wie die Schlange sich vorwärtswindet, wie ihr Körper sich zu Wellen formt? Vermögt ihr die Kräfte zu ahnen, die einen Fluß durch ein Tal treiben? Ihr kennt das Feuer und wißt, daß es Hitze verbreitet. Aber wißt ihr auch, weshalb es erlischt, wenn man es mit Wasser mischt? Seht ihr, das alles fragten sich unsere Vorfahren. Was sind die rätselhaften Gesetze, fragten sie, die hinter diesen Erscheinungen stecken?« Der Alte hält inne, um die Wirkung seiner Worte zu prüfen. Alle Augen sind auf ihn gerichtet.

»Unsere Ahnen blickten auch forschend zum Himmel«, fährt er fort. »Sie waren gefesselt von den Gestirnen. Vielleicht habt ihr schon einmal den Mond beobachtet, wie er groß und rund wird und dann wieder schmal. Unsere Vorväter haben herausgefunden, daß er eine Bahn durch den Raum zieht, so wie andere Himmelskörper auch. Was sind die Kräfte, die sie bewegen? Der Tag wird zur Nacht, und die Nacht wird zum Tag, weil die Sonne sinkt und wieder aufsteigt, ewig wiederholt sich diese Abfolge. Die Menschen, die hier vor langer Zeit lebten, wußten mehr darüber, als wir heute wissen. Sie waren davon überzeugt, daß wir Menschen alles, was wir tun, den Gesetzen dieser Mächte anpassen müssen.«

So beginnt Ah Muan zu erzählen, was er weiß von dem Erbe der Maya. Dieses Volk war besessen davon, den Zyklen des Universums auf die Spur zu kommen, um sein Leben nach ihnen zu ordnen.

Den Kosmos teilten sie in drei Bereiche, die unauflöslich miteinander verbunden waren. Oben das bestirnte Himmelsgewölbe, die überirdische Welt. Unten die schwarzen Wasser, die unterirdische Welt. In der Mitte die steinige Mittelwelt der Erde, dazu geschaffen, Blüten und Früchte hervorzubringen. Im Diesseits leben die Menschen, im Jenseits die Ahnen und Götter, und alles, was dort geschieht, hat immer einen Einfluß auf das Hier. Nur Auserwählte sind fähig, mit Ritualen die Pforte zum Jenseits aufzustoßen, in beiden Dimensionen des Seins zu wirken und dadurch die sensible Balance zwischen ihnen zu halten.

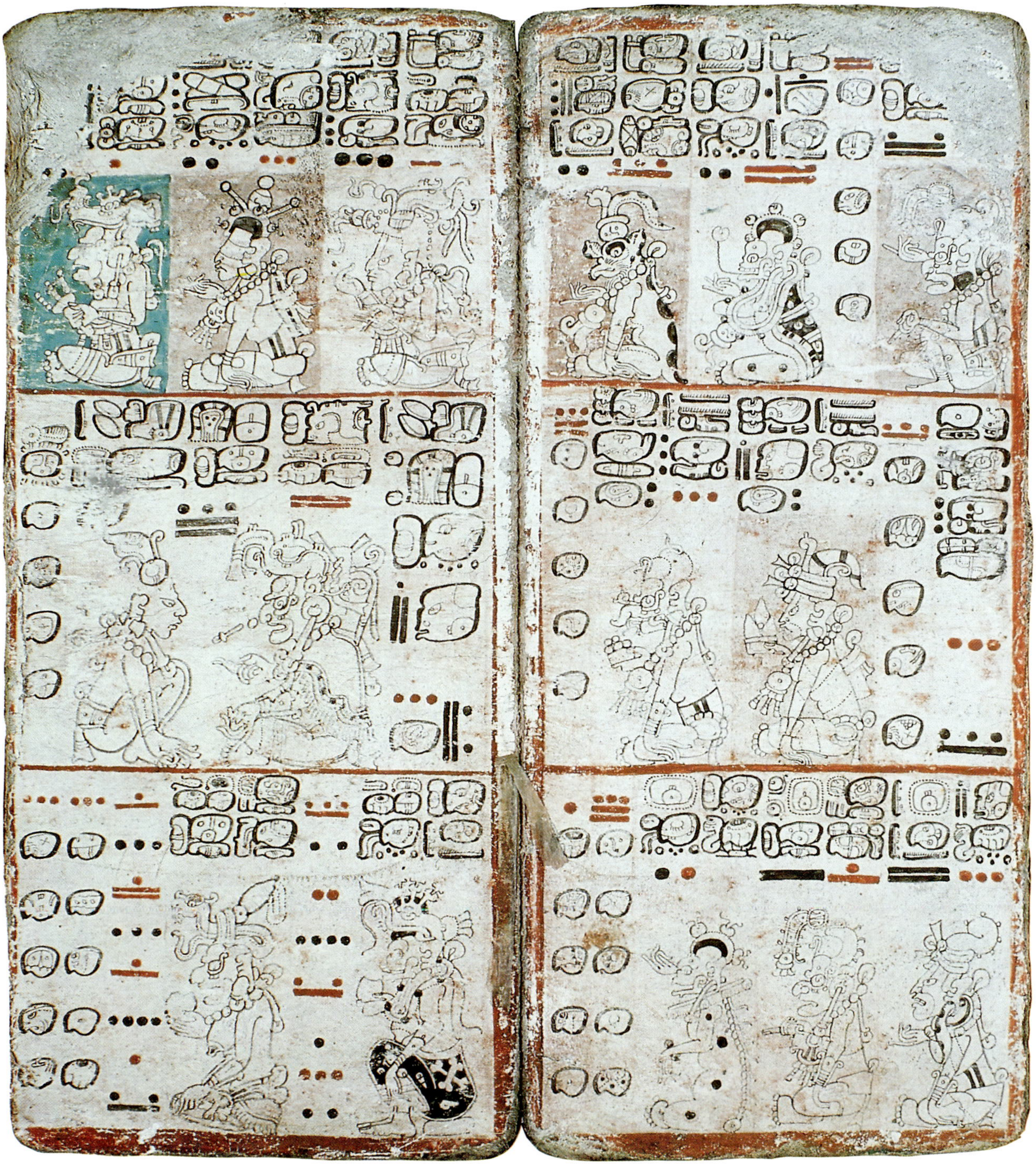

Maya-Hieroglyphen, die den Ritualkalender illustrieren: die Seite 9 im »Codex Dresdensis«, dem ältesten von ganzen vier erhaltenen Maya-Handschriften. Die insgesamt 56 Blätter sind um 1200 auf der Halbinsel Yucatán entstanden und werden in der Sächsischen Landesbibliothek in Dresden aufbewahrt. Die Zeichen sind auf weißgetünchten Baumrindenbast geschrieben. Fast alle Maya-Faltbücher wurden nach der Unterwerfung der Indianer von den Spaniern verbrannt.

Staunend hören die jungen Männer, was der Alte sagt. Nicht alles können sie verstehen von der verschlungenen Gedankenwelt ihrer Vorfahren. Sie wissen, daß es in Yucatán noch die *chilam balam* gibt, die in die Zukunft sehen können. Vor kurzem sollen einige von ihnen vorhergesagt haben, es würden bald bärtige Männer von weit her an die Küsten kommen, um das Land der Maya zu beherrschen. Aber bisher haben die Jungen nicht gewußt, woher all das Wissen dieser Leute kam. Gebannt hören sie zu, und der Alte spricht weiter.

Die Ahnen, das erfahren sie nun, waren brillante Mathematiker. Vor allen anderen in der Menschheitsgeschichte erkannten sie die Möglichkeiten, die eine Zahl dem Menschen bietet. Mit ganzen drei Zeichen kamen sie aus, einem Punkt für »eins«, einem Strich für »fünf« und einem Muschel-Zeichen für die »Null«, die sie als erste erfanden, als einen fixen Ausgangspunkt. In immer kühneren Zahlenkombinationen konnten sie astronomische Dimensionen beschreiben. Schließlich gelang es ihnen, mit Kalendern die Zeit zu erfassen. »Die Zeit«, sagt der Alte, »fließt wie Wasser durch die Hände. Aber nach langem Studium kann man erkennen, daß sie es in ständig wiederkehrenden Perioden tut.«

Die Maya hatten ein System des Zeitzählens, bei dem sich Tagesnamen und Ziffernzeichen kreisförmig ineinander verschränken. Zum einen benutzten sie, als historisches Register, einen 365-Tage-Kalender, den *haab*. Er besteht aus 18 Monaten von je 20 Tagen. Fünf Tage fehlten, um das Sonnenjahr voll zu machen. Diese fünf galten als gefährliche Tage, in denen fast alle Aktivitäten zu ruhen hatten. Zum anderen entwarfen sie, als sakrales Register, einen 260-Tage-Kalender, den *tzolkin*. Er besteht aus 13 Monaten zu je 20 Tagen und legt die religiösen Rituale fest. Nach jeweils 13 Tagen kehrt die Ziffernfolge wieder zur Eins zurück, während die Tagesnamen bis 20 weitergehen. So schreitet die Kombination aus Namen und Zahlen asynchron in einem Kreis voran, bis nach 260 Tagen die Ausgangskonstellation wieder erreicht ist.

»Der *tzolkin*«, sagt der Alte, »ist mehr als ein Zahlenwerk. Jeder Tag hat ein Zeichen und einen Namen, hat einen Charakter, ein eigenes Gesicht, einen eigenen Gott. Der Gott selber ist der Träger des Tages, schleppt ihn wie eine Last auf den Schultern. Durch ihn bestimmt sich das Schicksal des Menschen, von der Geburt bis zum Tod. Denn den Konstellationen von Zeichen und Zahlen kann niemand entrinnen. Man kann aber versuchen, sie zu deuten, um dadurch Hilfe für das Handeln zu bekommen.« Die Zuhörer möchten mehr darüber wissen. »Nenn uns Beispiele«, bitten sie Ah Muan, »damit wir das alles besser verstehen.«

»Es gibt einen Tag mit Namen *Keh*, das heißt Hirsch«, beginnt der Alte. »Es ist ein starker Tag, ein Tag des Mannes und der Kraft. Ein Kind, geboren an einem *Keh*, wird einmal große Redekraft haben. Es wird eine dominierende Rolle spielen, sei es in weltlichen oder geistlichen Dingen. Es kann aber auch anderen Leid und Schaden bereiten. Es gibt aber auch einen Tag mit Namen *Tz'i*, Hund. Das ist ein schwacher, unentschlossener Tag. Wer an ihm geboren ist, wird ein Wirrkopf und ein Pechvogel sein. Stets ist er getrieben von sexueller Gier, immer labil, immer in Gefahr.«

»Der Tag, an dem wir geboren sind, bestimmt also unser Denken und Handeln?« fragen die jungen Männer nach. »So ist es«, nickt der Alte, »ich werde euch weitere Beispiele nennen. Es gibt einen Tag, den wir *Baatz* nennen, Affe. Es ist einer, um sein Glück zu machen. Je höher die Zahl, die der Name hat, um so besser. Wer an ihm geboren ist, der wird in allen Lebensbereichen Erfolg haben: mit der Ernte, mit seinen Tieren, mit den Kindern. Dann gibt es einen Tag mit den Namen *Ahmak*, Eule. Wer an ihm zur Welt kommt, wird später gute Geschäfte machen, doch in der Ehe stets ein untreuer Partner sein. Zwei weitere Tage will ich euch nennen, damit ihr seht, wie wichtig die Tage sind. Einer trägt den Namen *Nooh*, Weihrauch. Er hat einen klugen Kopf und viele Ideen, gute und böse. Bist du an ihm geboren, wirst du ein schöpferischer Mensch, ein Erneuerer sein. Ein anderer trägt den Namen *Kavok*, Regen. Er bewirkt, daß du im Leben viel Ärger haben wirst.«

Ritualkalender der Quiché

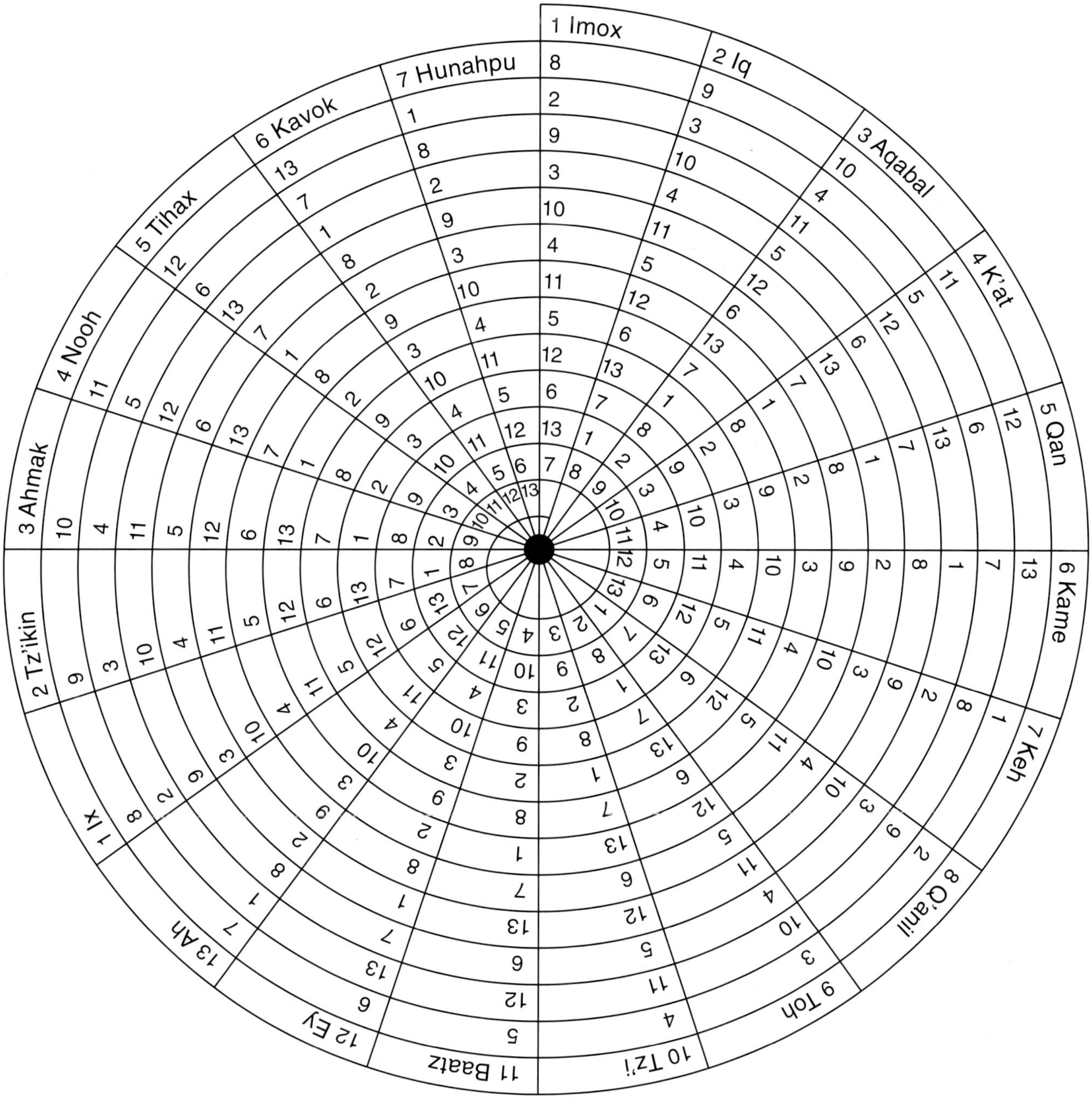

Wie eine Spirale der Zeit: der 260-Tage-Kalender der Maya, hier in der *Quiché*-Sprache. Er legt die religiösen Rituale fest und ist die Basis für Weissagungen. Der *tzolkin* besteht aus 13 Monaten (jeder Monat eine Kreisbahn) von je 20 Tagen (jeder Tag ein Kreissektor). Nach jeweils 13 Tagen kehrt die Ziffernfolge wieder zur Eins zurück, während die Namen bis 20 weitergehen. So schreitet die Kombination aus Namen und Zahlen asynchron im Kreis voran. Nach 20 Tagen ist ein Umlauf zu Ende. Die nächste Runde beginnt mit dem gleichen Tagesnamen wie die vergangene Runde, aber mit einer anderen Zahl. Nach 260 Tagen ist die Ausgangskonstellation wieder erreicht.

Tzolkin (Ritualkalender)

Die 20 Tageszeichen im 260-Tage-Rhythmus (Yucatán-Maya)

Der *tzolkin* umfaßt 13 Zahlen und 20 Tageszeichen. Die Hieroglyphenschrift war nicht im Hochland bekannt, sondern nur im Tiefland von Yucatán. Deshalb tragen die Bezeichnungen der Symbole des Ritualkalenders hier yukatekische Namen.

Haab (Sonnenkalender)

Die 18 Monatszeichen im 365-Tage-Rhythmus
(Yucatán-Maya)

Pop

Uo

Zip

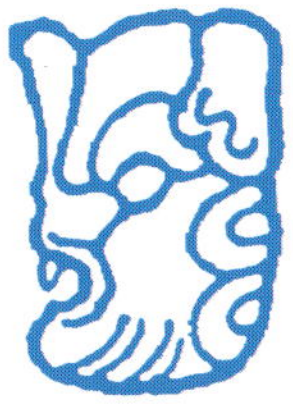
Zotz

Zec

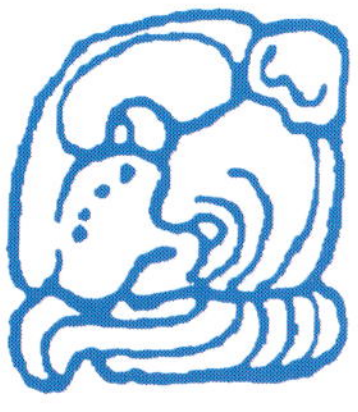
Xul

Yaxkin

Mol

Ch'en

Yax

Zac

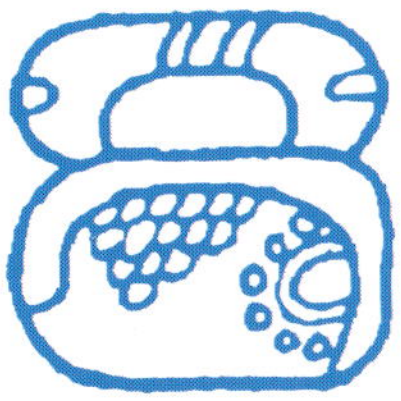
Ceh

Mac

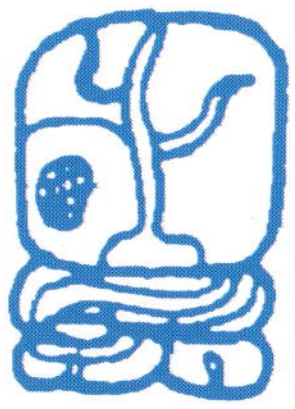
Kankin

Muan

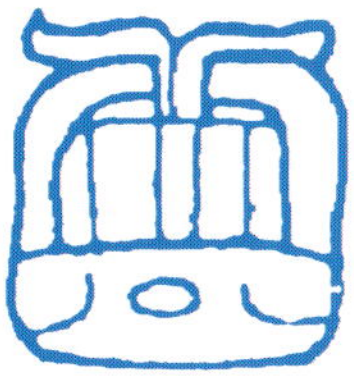
Pax

Kayab

Cumku

Uayeb

Das *haab*-Jahr umfaßt 18 Monate von jeweils 20 Tagen. Für die verbleibenden fünf Resttage wird das Symbol »Uayeb« verwendet.

Die Kalenderrunde

(Beispiel)

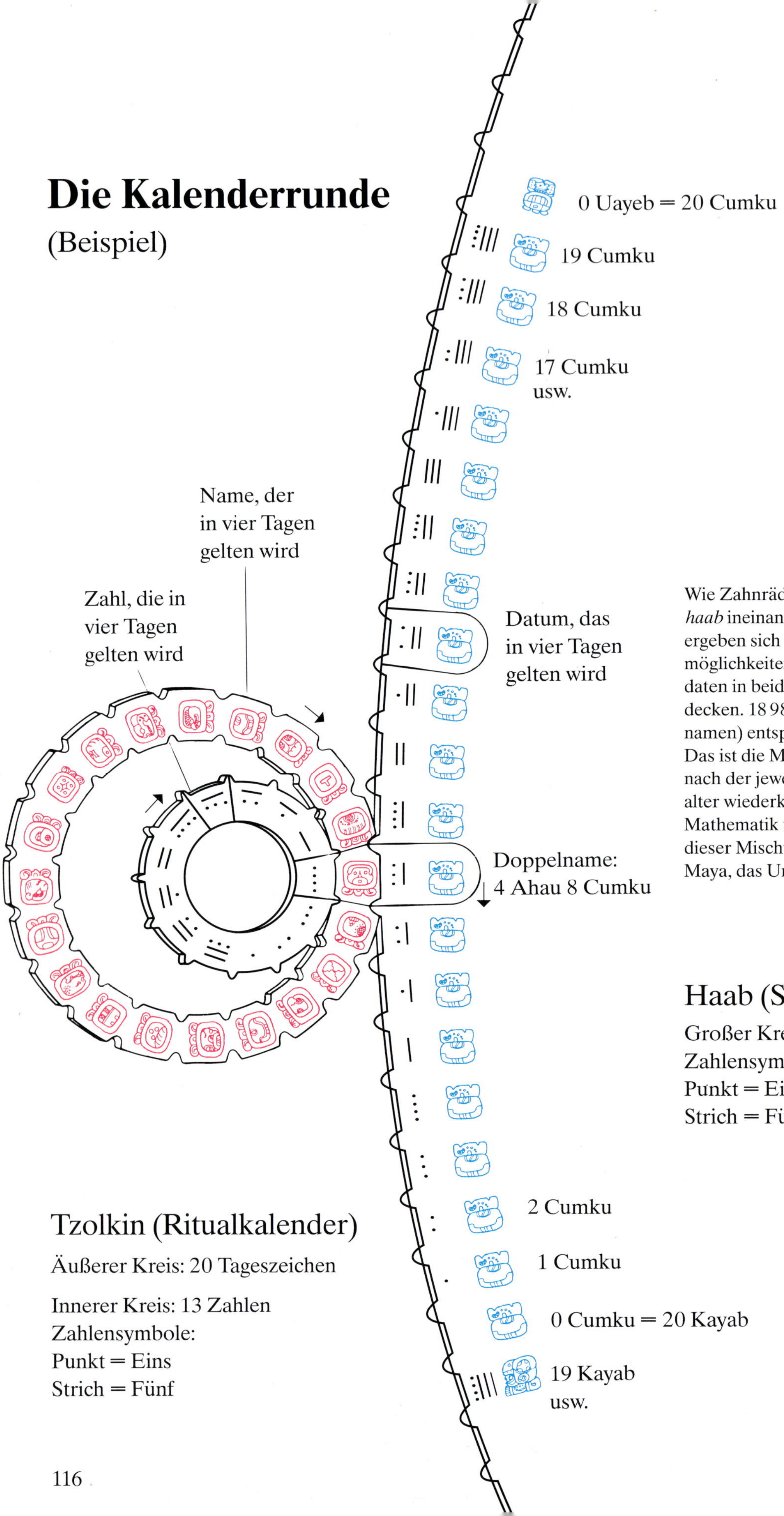

Wie Zahnräder greifen *tzolkin* und *haab* ineinander. Auf diese Weise ergeben sich 18 980 Kombinationsmöglichkeiten, bis sich die Anfangsdaten in beiden Kalendern wieder decken. 18 980 Tage (mit Doppelnamen) entsprechen 52 Jahren.
Das ist die Maya-Kalenderrunde, nach der jeweils ein neues Weltzeitalter wiederkehrte.
Mathematik und Mythologie – mit dieser Mischung versuchten die alten Maya, das Universum zu begreifen.

Haab (Sonnenkalender)

Großer Kreis: das 365-Tage-Jahr
Zahlensymbole:
Punkt = Eins
Strich = Fünf

Tzolkin (Ritualkalender)

Äußerer Kreis: 20 Tageszeichen

Innerer Kreis: 13 Zahlen
Zahlensymbole:
Punkt = Eins
Strich = Fünf

»So müssen wir alles ertragen«, rufen einige, »was der Tag unserer Geburt bestimmt? Sind wir machtlos gegen ihn, ohne jede Hilfe?«

»Nicht ganz«, sagt der Alte, »ich werde es euch erklären. Ihr müßt die Chancen nutzen, die der Kalender bietet. Jeder kann sein Schicksal verbessern, wenn er will. Aber er muß etwas dafür tun. Er muß dem Herrn des Tages Opfer bringen, um ihn milde zu stimmen, um seine Gunst zu gewinnen. Er braucht einen Kundigen, der ihm dabei hilft. Nur ein Priester oder ein Adliger weiß, welche Daten günstig sind, um von den Göttern etwas zu erbitten. Auch diese Daten stehen in unserem Kalender.«

»Wir wissen, daß du ein Priester bist«, sagen die jungen Männer. »Gib uns Beispiele, wie du den Menschen hilfst.«

»Nehmen wir den Tag *Nooh*, von dem ich soeben sprach«, fährt der Alte fort. »*8 Nooh* ist ein Tag, an dem man um große Ideen bitten soll. *10 Nooh* eignet sich gut, um Streitigkeiten im Haus zu schlichten und Wege für eine Verständigung zu suchen. Habt ihr an diesem Tag aber einen bösen Traum, so heißt das, ihr müßt euch vorsehen und etwas verbessern. Nur der Priester hat dieses Wissen. Nur er kann euch sagen, was ihr zu tun habt. Wenn ihr ein Haus bauen wollt, dürft ihr die Tage 6 und 7 des *Ix*, des Jaguar, nicht vergessen. Ihr müßt darum bitten, daß es verschont werden möge von Erdbeben oder Blitz, und daß es nicht weggeschwemmt werde von Wolkenbrüchen oder angeschwollenen Flüssen. Wenn ihr heiratet, so tut es an einem *Baatz*, ich sagte schon, es ist ein Tag, um den Faden des Glückes zu spinnen. Wenn ihr eine gute Ernte haben wollt, so ruft den Priester an den Tagen 7 und 8 des *Q'anil*, des Maiskolben. Der Priester wirft Maissaat in ein Feuer, das er aus dem Harz des *copal*-Baumes entzündet. Ihr müßt den Gott der Erde und die Ahnen ernähren, damit sie eure Saat wachsen lassen. *Q'anil* bedeutet Reife.«

Der Alte macht eine Pause. Das Sprechen strengt ihn an. Er trinkt Wasser aus einer Kalebassenschale, schweigt eine Zeitlang, während seine Zuhörer flüstern. Noch etwas möchte Ah Muan ihnen erklären, bevor die Müdigkeit ihn übermannt. Er hat neben sich einen Beutel liegen, gefüllt mit Körnern des *tz'ite*-Baumes. Nun schüttet er sie auf ein Tuch, sie sehen aus wie dunkle Bohnen. Er beginnt, über das Orakel zu sprechen, ein weiteres Geheimnis des Maya-Kalenders. Er nimmt eine Handvoll Körner und fängt an, sie nach der Reihenfolge der Tage auszuzählen, beginnend mit dem Heute. Beim letzten Korn ist er an dem Datum angelangt, das die Weissagung bestimmt. »So haben es unsere Vorfahren getan«, sagt der Weise. »Ich werde euch Beispiele geben, wie der Priester die Tage deuten kann.

Das erste Beispiel betrifft die Ehe. Es gibt einen Tag mit Namen *Aqabal*, Nacht. Als Mann willst du wissen, ob die Frau, die du begehrst, dich heiraten wird. Die Tage 1 bis 9 bedeuten ja, die Tage 10 bis 13 nein. Trifft das Korn jedoch auf einen Tag *Imox*, Alligator, so mußt du wissen, daß die Frau, die du heiraten möchtest, dir ein schweres Leben bereiten wird, durch Treulosigkeit oder andere böse Taten. Vermeide auch, an diesem Tag die Ehe zu schließen – es gibt mit Sicherheit Streit im Haus. Trifft das Korn auf einen Tag *Tihax*, Feuerstein, so heißt das, dein Partner ist eifersüchtig auf jemanden. Die Zahl 13 ist die schlimmste – es wird einen öffentlichen Skandal geben.

Das zweite Beispiel betrifft Geschäfte, die ihr machen wollt. Die Tage 1 bis 9 des *Aqabal* sagen, der Weg dafür ist offen, die Tage 10 bis 13 hingegen, es gibt ein verborgenes Hindernis. Wenn die Wahrsagung nicht günstig ist für euch, so müßt ihr die Gunst der Götter erst gewinnen. Ihr müßt opfern, der Priester wird die Gebete für euch sprechen.

Das dritte Beispiel betrifft Krankheiten, die uns alle irgendwann einmal befallen. Sie haben häufig Ursachen, die ihr mit Hilfe des Orakels erkennen könnt. Trifft das Korn auf einen Tag *Tz'iquin*,

Vogel, so sagen niedrige Zahlen, da war vor kurzem ein Feind, der etwas gegen dich im Schilde führte, hohe Zahlen dagegen, die Feindschaft liegt schon lange zurück. Trifft das Korn auf einen Tag *Q'anil*, so bedeutet es, daß Gott und die Ahnen das Leiden geschickt haben, weil sie unzufrieden sind mit der Art, wie sie ernährt worden sind. Ihr wißt also, was ihr zu tun habt. Fragt ihr hingegen nach Heilung, so bedeutet *Q'anil* den Untergang der Sonne. *Q'anil* heißt Reife, wie ich euch sagte, und so wie die Wolken sich rötlich färben, ist auch die Krankheit zur Reife gelangt – der Leidende wird sterben.«

Stundenlang hat der Alte so gesprochen, viel, vielleicht zu viel auf einmal. Er sagt zum Schluß, die Klügsten unter den Vorfahren gaben sich auch damit noch nicht zufrieden. Ihre Kalenderkombinationen wurden noch raffinierter. Wie ein Räderwerk ließen sie die beiden Instrumente zur Zeitzählung – *haab* und *tzolkin* – sich miteinander verzahnen. Jeder Tag, der daraus entstand, hatte nun einen vierfach zusammengesetzten Namen – Zahl und Name vom 360-Tage-Kalender sowie Zahl und Name vom 260-Tage-Kalender. *3 Ik 8 Botam* zum Beispiel, oder *10 Ix 19 Sak*. Bis die Anfangsdaten in beiden Kalendern sich wieder deckten, waren 18 980 Tage vergangen, fast ein ganzes Menschenalter. Eine Epoche ging auf diese Weise zu Ende, bevor eine neue Kalenderrunde begann. »So war es«, sagt der Alte, »und ich möchte, daß auch ihr davon lernt und es weitergebt an die, die nach euch kommen.«

Die Jungen sind erschöpft. Sie stehen auf und verlassen die Hütte. Jeder geht seines Weges, benommen von den Worten und den Zahlen und den Deutungen. Morgen wird der Alte weiterziehen, von Dorf zu Dorf, so lange, bis ihn die Kraft verläßt. Die Sonne taucht im Westen hinter den Gipfeln weg. Aber sie wird morgen im Osten wieder erscheinen. Alles ist rund, alles kehrt zurück. Die Zeit ist ein endloser Kreis.

Der Vulkan Santamaría im Hochland von Guatemala. Bis heute halten Indianer an Berghängen Zeremonien ab. Die geeigneten Tage dafür bestimmen Schamanen nach dem Maya-Ritualkalender.

Jetzt

Blitze im Blut

Wie ein Maya Priester wird

»Ihr, Herren, werdet vollenden,
was jetzt gesagt wird,
in der Dunkelheit,
in der Nacht des Traumes.«

Gebet eines Maya-Priesters

Der Boden ist schwarzgebrannt von Tausenden Feuern. Don Chepe besprenkelt ihn mit Parfüm, damit wohliger Duft aufsteige. Er nimmt einen Stab und zieht ein Maya-Kreuz in den Aschenstaub. Es ist Sonntag, sagt der Gregorianische Kalender. Es ist der Tag *11 Ah*, sagt der sakrale Maya-Kalender. Ein Tag zum Opfern, ein Tag der süßen Geschenke. »Wir opfern den Wolken, dem Firmament«, sagt Don Chepe, der Priester.

In Mexiko, Guatemala und Belize gibt es heute etwa 30 Maya-Sprachgruppen. Im Tiefland der Halbinsel Yucatán ist die Assimilierung am weitesten vorangeschritten. In den Hochländern dagegen halten viele Indianer noch an alten Traditionen fest; Bewegungen für eine »Revitalisierung« der versunkenen Kultur gewinnen dort immer mehr Anhänger.

Maya-Gebiete heute

Das Feuer ermöglicht die Zwiesprache mit den Göttern. Dem Schamanen zeigt es an, ob sie das menschliche Anliegen erhören oder nicht. Harzkugeln und Holz, Wachskerzen, Bonbons und Schokolade werden verbrannt, um die Götter zu verwöhnen und dadurch gnädig zu stimmen.

Das Kreuz teilt den Boden in vier Sektoren. Don Chepe füllt sie mit Zucker in vier Farben. Rechts oben rot, Symbol für das Blut. Rechts unten grün, das ist für das Glück. Links oben blau, das ist für die Geschäfte. Links unten gelb, das ist für den Frieden. Nun zieht er mit weißem Zucker einen Kreis um das Kreuz. Alles ist rund, alles ist in der Balance. Im Schnittpunkt des Kreuzes schichtet Don Chepe Wachskerzen und *copal*-Harz, Bonbons, Schokolade und Holz der *ocote*-Kiefer. Santos Angel Tush, einer seiner vier Schüler, schlitzt ein Päckchen aus Blättern der Zuckerrohrpflanze auf, holt *cuilco*-Harz heraus und legt es dazu. Er setzt sechs Dutzend Kugeln aus *tacaná*-Harz auf die Kreislinie, sie umschließen den Inhalt wie ein Zaun. Es ist der Tag *11 Ah*, und so werden in jedes

»Nueve Sillas« (neun Sitze) heißt ein Steilhang beim Dorf San Cristóbal Totonicapán in Guatemala. Jeden Tag gibt es dort an neun verschiedenen Altären Opferzeremonien von Indianern.

der vier Felder elf Kerzen gelegt, rote und grüne, blaue und gelbe. Dann entzündet Don Chepe das Feuer. Die Flammen sind das Zeichen der Gegenwart Gottes.

300 Meter unter uns rauscht der Rio Samalá. Seine Schlucht ist so eng, daß er unseren Blicken verborgen bleibt. Zu beiden Seiten klammern sich grüne Bäume an die Wände, grauschwarze Felsen wachsen nach oben. Der Platz, auf dem wir stehen, ist ein Altar. *Nueve sillas*, neun Sitze, heißt der Felsenhang, in den insgesamt neun Altäre gehauen sind.

Wir sind mit dem Bauern Ricardo und seiner Familie an einen dieser Plätze gekommen. In der Ferne kann man ihr Dorf San Cristóbal Totonicapán sehen. Sie gehen jedes Jahr hierher, um zu opfern und für eine gute Ernte zu beten. Tausende tun es in dieser Gegend, jeden Tag steht eine Rauchsäule über dem Ort. Wir sind in Guatemala. Aber eigentlich ist das hier ein anderes Stück Welt.

Wir stehen eingehüllt in Rauch. Der Wind jagt in die Glut, treibt die Flammen in die Horizontale. In das Knistern fallen die Gebete von Don Chepe. »Firmament, Wolken, Wesen ohne Körper! Es gibt kein Wasser, es gibt keinen Regen. Darum bitten wir euch, dafür sind wir gekommen. Wir bitten das Herz des Himmels und das Herz der Erde.« Er wirft weitere Kerzen ins Feuer, in Viererbündeln, dazu je ein Bonbon oder zwei, dann schüttet er Zucker nach, alles ist süß, alles schmilzt dahin. Das Feuer antwortet, sagt Don Chepe, das ist der Beweis, daß nichts falsch gemacht wurde. »Dieses Ritual«, sagt der Schamane und hebt die Hände zum Himmel, »haben uns die alten Priester hinterlassen. Sie gingen von Norden nach Süden, von Osten nach Westen, um es zu erhalten.«

José Sabaj beim Beten vor einem Feuer. Der Altar steht im Hof seines Hauses am Rand von San Cristóbal Totonicapán. Der 47jährige Maya-Priester kann weder lesen noch schreiben. Sein ganzes Wissen über den Kalender und die Rituale hat er seit seiner Ausbildung vor 35 Jahren im Kopf.

Don Chepe heißt mit bürgerlichem Namen José Sabaj. Er ist 47, Katholik und Maya-Priester zugleich, es ist für ihn kein Widerspruch, sondern eine Ergänzung. Er ruft vier christliche Volksheilige als Vermittler und Fürsprecher an, San Antonio und San Juan, Santiago und San Francisco. »Wir erleiden Strafe«, sagt er, »kein Wasser ist da, verzeiht unsere Missetaten, Vater Himmel, der du in den Wolken lebst, und Mutter Erde, die du uns die Milch gibst und den Mais, unsere heilige Nahrung. Möge der Geist des Mondes kommen, der Geist der Wolken und die Gewitter, damit das Wetter wechselt und der Regen kommt.«

Er hält zwei Blumensträuße über das Feuer, schwenkt sie in die vier Richtungen und nach oben zum Himmel, dann schlägt er sie gegen Ricardos Kopf und segnet ihn damit, läßt sie noch einmal über dem Feuer kreisen. Gott möge, betet der Priester, das mächtige Meer beeinflussen, damit es sich in Wolken verwandelt, und der Rio Samalá möge diese Bitte bis hinunter ins Meer bringen. »Wässere den Boden der Erde«, sagt Don Chepe, und er fügt hinzu, es mögen auch Frau und Kinder geschützt werden, vor Krankheit und Gefängnis.

Er schmeichelt dem Gott der Erde mit einer Flut von Titeln, »König, Präsident, Minister der Welt, Gefreiter, Hauptmann, Oberst und Gouverneur«. Er ruft den Geist der 20 Tage an, die den Maya-Kalender bestimmen, den Geist des *Ah*, der das Maisfeld grün macht, die Geister der vier Himmelsrichtungen, den Geist der Steine, der Friedhöfe, der verborgenen Wasser, des Dorns und der Rose, der Berge und Büsche, der Schlangen und Fledermäuse, der Wirbelstürme und der Altäre. »Sie alle«, sagt er, «mögen uns reinigen, wenn wir Sünden begangen haben.« Noch einmal rinnt Zukker ins Feuer, schmelzen Karamelbonbons in der Glut, verbrennen Kräuter und Nelken, noch ein paar Tropfen Schnaps, ein paar Spritzer Parfüm. Eine Stunde ist vergangen, und Don Chepe sagt: »Gott hat das Opfer akzeptiert.«

Im Tiefland von Yucatán, Belize und Petén ist der Kalender seit langem tot, erstarrt zu gemeißelten Botschaften auf den Mauern der alten Tempel. Die Spanier haben fast alle alten Bücher der Maya verbrannt; ganze vier Werke entkamen den Flammen. Im Hochland von Guatemala aber, wo sie die Schrift nicht kannten, hat er überlebt. Jahrhundertelang blieb er in den Köpfen, heimlich haben die Menschen ihn praktiziert, an sicheren Plätzen, zu Hause und im Wald, während sie gleichzeitig zu Jesus und Maria beteten und sonntags in die Kirche gingen. Vor zehn Jahren haben Indianervereinigungen nun begonnen, die Fragmente aus der mündlichen Überlieferung zusammenzutragen. Sie klaubten sie vor allem in vier Dörfern auf, Momostenango und Zuñil, Tzan Juyub und San Andrés Xecul. Dort fanden sie Priester, die zumindest noch Bruchstücke kannten. Jetzt drucken sie den alten Kalender auf Plakaten und in Broschüren, sie lernen seine Namen und seinen Sinn. Allein hier, in der Gegend der Stadt Quetzaltenango, soll es 200 Priester wie Don Chepe geben.

Ein Kreis aus Pappe, die 20 Tageszeichen aus Holz: Der Bauer Ricardo hat sich den Maya-Ritualkalender zusammengebastelt. Die *Quiché*-Version hat als einzige bis heute überlebt. Im Hochland von Guatemala wird der Maya-Kalender jetzt sogar gedruckt verbreitet.

Die Berge haben viele magische Plätze, selbst auf den höchsten von ihnen, den 3500 Meter hohen Santamaría, führt ein Pilgerpfad, mühsam und steil. Der kleinere, tiefer gelegene Krater des Vulkans kommt nicht zur Ruhe, jeden Morgen schleudert er Steine aus seinem Bauch, und dann steht eine große, weiße Staubwolke wie ein Gotteszeichen über der Landschaft. Die *indígenas* wissen, daß die *ladinos* über ihre Zeremonien lachen. Sie wissen aber auch, daß viele *ladinos* zu ihren Priestern kommen, um sie über Geschäftschancen zu befragen, um Familiendramen zu schlichten, um in die Zukunft zu sehen. In Guatemalas Bergen regiert der Bürgermeister das Dorf, der Priester aber die Seele und der Kalender den Priester.

Die Tage, die ihn bestimmen für das Amt, sind *Qan* und *Kame, Ah* und *Ey, Keh* und *Q'anil, Ix* und *Tz'ikin, Nooh* und *Aqabal.* Die Priester sagen, schon ein Kind, das an diesen Tagen geboren ist, spürt in seinem Körper das *coyopa*, ein Zucken. Es bedeutet, du kannst Botschaften empfangen. Es ist wie ein sanfter elektrischer Schock, ein Blitzen, ein Flimmern, ein Wellenstrom. »Das Blut bewegt sich«, sagen die *Quiché.* Oder: »Das Blut spricht.« Oder: »Das Blut springt.«

Der *Quiché*, der ausersehen ist, träumt von Waldtieren, Rindern und Pferden. Ein See mag ihm im Traum erscheinen, Symbol für den »Wasserplatz«, den Altar tief unten, und ein Gipfel, Symbol für den »Bergplatz«, den Altar hoch oben. Ein Mann, jung verheiratet, mag von einer schönen, dunklen Frau träumen, mit der er schläft oder die schon schwanger von ihm ist, und umgekehrt eine junge Frau von einem Mann, dem zuliebe sie ihren Ehegatten verläßt. Stets heißt das, du wirst aufbrechen zu neuen Ufern, du bist für die Weissagung bestimmt. Dann können, als weitere Zeichen, Krankheiten kommen. Es gibt deren sechs an der Zahl.

Drei Krankheiten äußern sich durch Krämpfe. Bei der »Schlangen-Krankheit« befallen sie Brust und Hals, Knie und Ellbogen, du kannst dich nicht mehr drehen und kaum noch gehen. Es dauert nur ein paar Minuten, aber es kann zurückkehren, morgen, übermorgen. Ein Priester wird die schmerzenden Stellen mit einer Art Dotterblume einreiben, sie aus dem Haus auf die Straße werfen, damit ein anderer die Krankheit fortnimmt. Dann wird er die Pflanze wieder hereinholen, kochen und die Muskeln damit einreiben, so lassen die Beschwerden nach.

Bei der »Pferde-Krankheit« befallen die Krämpfe vor allem Arme und Beine, der Körper wird mit Branntwein eingerieben. Beim »verdrehten Magen« verkrampfen sich die Innereien, es kommt zu Blähungen und Durchfall. Meist verschwinden die Symptome sofort, wenn entschieden wird, daß du deine Priesterausbildung beginnst.

Die vierte Krankheit heißt »verrenkter Knochen«. Du fällst plötzlich zu Boden, mit dem Gesicht nach unten. Die fünfte Krankheit, die manchmal zusammen auftritt mit der vierten, heißt »Besoffenwerden«. Du wirst trinken wie irre und dann zu Boden gezogen werden von *Dios Mundo*, dem Gott der Erde. Die sechste Krankheit heißt »Geldverlieren«. Diebe suchen dich heim wie eine Mückenplage, stehlen sogar aus deiner innersten Tasche. Alle Krankheiten haben eines gemein: Du verlierst die Kontrolle über deinen Körper.

Nun ist die Zeit gekommen für die Ausbildung. Sie wird an den Tagen *1 Keh* oder *1 Kavok* beginnen und nach dem Maya-Kalender neun Monate dauern, wenn nötig, zweimal neun Monate. Du wirst beten mit deinem Meister, an Tagen, die vom Kalender bestimmt sind, ein Sänger wird die Liste deiner Vorfahren rezitieren, dann wirst du deine Träume erzählen, und der Lehrer wird dir sagen, was sie bedeuten. Du wirst lernen, aus den *tz'ite*-Körnern zu lesen. Dabei wird der Meister sein Blut springen fühlen, zweimal, dreimal, viermal pro Sitzung, und er wird dir jedesmal erklären, was es zu sagen hat in diesem Zusammenhang. Und du mußt alles, was du in dir selbst spürst, berichten. Nach einer Zeit kannst du selber die ersten Übungen beginnen, noch nicht mit diesen Bohnen, sondern mit Getreidekörnern oder braunen Bohnen.

Nach neun Monaten naht der Tag *7 Tz'i*. An diesem Tag kommt der Meister in dein Haus. Er erzählt seine Träume der vergangenen Nacht, und du erzählst wieder die deinen. Dann analysiert ihr sie, wie zwei Teile ein- und derselben Geschichte, und wenn ihr zu einem guten Ergebnis kommt, so wird dich der Meister fragen, ob du absolut sicher bist, daß du Priester werden willst.

Wenn einer von euch auch nur den leisesten Zweifel hat, muß 260 Tage gewartet werden, bis *7 Tz'i* wieder an der Reihe ist. Wenn die Zeichen aber günstig stehen, werdet ihr beide *atole* trinken, bereitet aus gemahlenem Mais, *sapote*-Samen und *chuchun*-Wurzeln. Du hast auf der Erde einen Altar errichtet, aus Kiefernnadeln und -zweigen, und auf dieses grüne Bett legt er einen Beutel mit Wahrsagekörnern, den er für dich vorbereitet hat. Er schlägt einen tönernen Kochtopf in Stücke, jedes davon wird künftig eine Schale für Räucherwerk sein. Ihr werdet *copal* und Talgkerzen anzünden, und der Meister wird deinen Beutel mit heiligem Quellwasser bespritzen. Dann eßt ihr, was deine Familie für diese Stunde bereitet hat, Fleisch und Bohnen, Kürbis, Chili und Tortillas. Ihr geht zurück zum Altarfeuer, wartet, bis alle Kerzen und alles *copal* niedergebrannt sind, fegt dann die Asche zusammen und kippt sie in einen Behälter aus Blech, Ton oder Kürbisschale, zusammen mit dem Quellwasser. Alles wird dann in ein Stück Stoff gepackt. Ihr trinkt zusammen Schnaps, entzündet ein kleines Feuerwerk. Das ist das Vorspiel zu morgen, zu deinem großen Tag, dem Tag *8 Baatz*.

An diesem Tag geht ihr mit dem Bündel hinaus in die Natur, zu dem oberen Altar, der für die Amtseinführung vorgesehen ist. Ihr nehmt noch Blumen und Wasser, Zucker und Kerzen mit. Der Meister wird zum Herrn des Tages *8 Baatz* sprechen und zu seinen verstorbenen Ahnen. Der Sänger trägt alte *Quiché*-Gebete vor, unter Aufzählung aller lebenden und toten »Hüter des Tages« aus der väterlichen Linie des Priesters, und der schwenkt das Bündel gegen den Uhrzeigersinn im Rauch des Feuers. Das Ritual wiederholt ihr am unteren Altar. Hier schwenkst du zum ersten Mal deinen Beutel mit den Bohnen und sprichst dabei die Worte: »Ich empfange meine Arbeit, meinen Dienst, mein Mischen, mein Deuten.« Dann geht ihr zurück ins Dorf, zur Kirche, um dort rechts vom Hochaltar zu beten. Am Nachmittag trinkt ihr mit anderen Priestern und Neu-Priestern und bittet die Gottheiten, daß sie euch erstatten, was das Training gekostet hat.

Am Tag *9 Ey*, dem folgenden Tag, geht ihr hinaus zu dem Altar, der künftig der deinige sein wird, und dort wirst du ein Opfer bringen. Noch dreimal mußt du in den folgenden 40 Tagen diesen Ort besuchen, an den Tagen *9 Qan*, *9 Tihax* und *9 Baatz*. Denn deine geistliche Ehe ist noch jung und nicht gefestigt, und erst wenn dein Meister nach diesen 40 Tagen noch einmal mit dir kommt, bist du ein vollwertiger Priester. Von diesem Tag an darfst du nie mehr nein sagen, wenn dich jemand um eine Traumdeutung bittet. Nun bist du fähig, die Botschaften zu entschlüsseln, die aus dem Kosmos kommen. Nun bist du selber ein Mikrokosmos. Spürst du das Zucken im vorderen Teil deines Körpers, so heißt das Zukunft. Spürst du es im hinteren Teil, so heißt es Vergangenheit. Links bedeutet, es sind Gedanken oder Taten einer Frau, rechts bedeutet, es sind Gedanken oder Taten eines Mannes.

Kreuze aus Zucker, von einem Kreis umschlossen: Symbol für die Ganzheit der Welt. Der Mann spricht ein Gebet mit Kerzen in der Hand. Für das Opferfeuer der Familie liegt Räucherharz bereit.

Es ist vieles, was dir dein Körper verrät. Der linke Daumen repräsentiert eine Urgroßmutter, der rechte einen Urgroßvater, der linke Zeigefinger eine Großmutter, der rechte einen Großvater. Der Mittelfinger steht für Personen zwischen 15 und 30 Jahren, der Ringfinger für Kinder von 5 bis 15, der kleine Finger für ein Kind unter 5 Jahren. Läuft das Zucken von der Hand zu den Fingerspitzen hin, bedeutet es den Tod eines Kindes. Läuft es umgekehrt, so geht es dem Kind gut. Gleichermaßen verhält es sich mit den Zehen. Wenn du es in Händen und Füßen fühlst, hast du mehr Sicherheit.

Zucken im Fleisch ist positiv, Zucken nahe den Knochen ist negativ. Fragt jemand, ob es der richtige Moment für eine Geschäftsreise ist, so sagt das Zucken im Oberschenkel ja, das im Schienbein dagegen nein. Fragt jemand nach seiner Genesung, und der Wellenstrom geht vom Oberschenkel zum Knie und dort auf die Rückseite, so heißt das, der Patient wird bald sterben, je schneller die Bewegung, um so schneller kommt der Tod. Denn das Zucken lief von einem fleischigen, »guten« Platz hin zu einem knochigen, »schlechten«, und die Rückseite bedeutet Vergangenheit.

Don Chepe wurde mit zwölf Jahren Priester. Er hatte starke Kopfschmerzen bekommen, dazu so starke Schmerzen in den Füßen, daß er nicht mehr laufen konnte. Er wehrte sich anfangs dagegen, Schamane zu werden, doch gegen die Bestimmung ist keine Auflehnung möglich. 35 Jahre ist er nun Priester, sieben Jahre schon Lehrer. Er hat nie schreiben gelernt, und das Buch der Überlieferungen, das *Popol Vuh*, kann er nicht lesen. Alles, was er weiß, hat er im Kopf. »Ich habe es durch den Herrn meines Tages«, sagt er. »Durch meine Bestimmung weiß ich alles.« Er hat zwei Hausaltäre, einen drinnen, einen draußen, überall Blumen und Kreuze, Weihrauchschalen und Plastikknochen, die an den Tod erinnern. Sein Stolz ist eine Skulptur von *Tecum Uman*, dem sagenhaften Maya-Helden, der im Kampf gegen die Spanier fiel. Im Hof fressen eine Kuh, ein Schwein und ein Schaf, das ist die Gegenwart in seinem Haus, das an einem sanft ansteigenden Hang am Rand von San Cristóbal Totonicapán liegt. Hier betet er täglich, im Schein des Feuers, und die Menschen vertrauen auf das, was er sagt.

Hinter den Bergen liegt das Dorf Momostenango. Unser Auto rumpelt 15 Kilometer auf einer schlechten Straße. Hierher, sagen die *Quiché*, flüchteten sich unsere Adeligen, als unser Reich im Blut ertrunken war. Hier begehen die Maya alle neun Monate feierlich den Tag *8 Baatz*, an dem die Priester initiiert werden. Ein »Maya-Almanach« kommt von hier, manchmal mit Schreibmaschine getippt, ansonsten von Hand geschrieben und von Hand gezeichnet, heimlich in Fotokopien verteilt wie Untergrundschriften. Darin steht alles, was ein Maya wissen soll, damit er lernt, wieder stolz auf sich zu sein. Der »Almanach« erscheint in unregelmäßigen Abständen. Er ist nur für Maya, schreibt der Autor, wer ihn an *ladinos* oder sonstige Fremde weitergibt, ist ein Verräter an unserer Kultur. »Die religiösen Geheimnisse sind für uns bestimmt und für niemand sonst.« Das Dorf liegt eingerahmt von Hügeln, und fast jeder Hügel hat einen Altar.

Wir steigen hinauf zu einem dieser Plätze. Sie nennen ihn, wie den Kalendertag, *3 Baatz*. Frauen sitzen vor blubbernden Fleisch- und Bohnentöpfen, verkaufen Milchreis, Schnaps und Kaffee. Auf diesem Hügel wird Tag und Nacht geopfert, es herrscht ein ewiges Litaneiengemurmel, und die Rauchschwaden ziehen von hier über die Dächer und Maisfelder. »Verzeih uns, Gott, verzeih uns«, stöhnen einige Beter laut auf und fallen dann wieder in ergriffenes Schweigen. Hände strecken sich zum Himmel, den tiefhängenden, schweren Wolken entgegen. Wir senken den Blick und sehen zerrissene Hosen und zerrissene Schuhe. Auf dem Boden liegen schwarze Tonscherben und rote Bougainvilleablüten, weiße und blaue Hortensien, dazwischen Zeitungsseiten, in die sie eingewickelt waren. Ein Stellenangebot für eine Fremdsprachensekretärin. Ein Sonderangebot einer Mietwagenfirma. Ankündigungen für einen Catcher-Abend: »Dr. Misterio« gegen »Rote Feder«, »Super Z« gegen »Mördermönch«. Nachrichten aus der anderen Welt.

Ein Paar kniet vor glimmender Asche, daneben der Priester, mit dem die beiden gekommen sind. Eine »renovación«, sagen die Leute, eine Erneuerung des Ehebundes. Der Mann ist seiner Frau untreu geworden, vor ein paar Monaten, als er in der Stadt war. Die Frau hat den Schamanen zu Hilfe gerufen, einen Mann mit Schnauzbart, schwarzem Hut und dunkler Brille. Er erreichte, daß der Mann bereute und daß die Frau ihm verzieh. Eine Strafe hat er bekommen, welche, das sagt man uns nicht. Der Priester ist in solchen Fällen auch Richter, und nun müssen sie die brüchig gewordene Ehe neu stärken. Niemand nimmt Notiz von diesem Fall, niemand gafft. Schließlich kann jedem so etwas passieren. »Reinige deine Hände und deine Füße, weil du sie benutzt hast für unreine Dinge«, spricht der Priester zum Ehegatten. »Was nicht dein ist, gehört dir nicht.« Dann schweben seine Worte zum Himmel, zu den Geistern: »Er tat es in einem Moment der geistigen Dunkelheit. Aber hier hat er dafür seine Strafe bekommen, im Angesicht der Götter. Nehmt es so an!« Dann segnet der Schamane die beiden – im Namen des Vaters, des Sohnes und des Heiligen Geistes.

Opferzeremonie in Momostenango: Das kniende Paar soll nach einem Ehebruch neu zusammengefügt werden. Der Schamane hat den geeigneten Tag nach dem Maya-Kalender ausgesucht. Er bittet den »Gott der Erde«, die Reue des Mannes anzunehmen. Ein Familienmitglied wirft Gaben ins Feuer. Bei den Maya-Ritualen mischen sich, wie bei vielen anderen Indianervölkern, christliche und vorchristliche Elemente.

Einst

Die stumme Stadt

Das rätselhafte Ende einer Hochkultur

»Der Huf wird brennen.
Der Sand am Meeresstrand wird brennen.
Der Fels wird zerspringen«.

Chilam Balam,
Maya-Prophet von Chumayel

In diesem Urwald steckt ein Geheimnis. Ix Mucuy hat schon ein paarmal versucht, es den Alten abzulauschen, bei deren langen Abendgesprächen, unten am Fluß Usumacinta. Aber als junge Frau hat sie nicht das Recht, sich zu ihnen zu setzen, und so fing sie lediglich unzusammenhängende Wortfetzen auf, die die Sache nur verwirrender machten. Ix Mucuy hat auch schon ihren Mann Ah Tzab danach gefragt. Ah Tzab aber schüttelte nur mit dem Kopf. Die Leute erzählen vieles, sagte er.

Bei Ankunft der Spanier gab es 16 Maya-Staaten im Tiefland (heute Mexiko und Belize) und mindestens drei Reiche im Hochland (heute Guatemala). Die Indianer lebten meist als Dorfbauern. Viele alte Städte waren seit Jahrhunderten verlassen – aus Gründen, die bis heute ungeklärt sind.

Maya-Staaten um 1500
Ungefähre Grenzen
Städte
0
50
100 km
N
Golf von Mexiko
CHIKINCHEL
AHKINCHEL
CEHPECH
TASES
CUPUL
CHAKAN
HOCABA
Chichén Itzá
AHCANUL
Mayapan
SOTUTA
COZUMEL
TUTUL XIU
COCHUAN
ECAB
CANPECH
CHAN-PUTUN
UAYMIL
Chetumal
Usumacinta
Palenque
Petén-Itzá-See
Tayasal
ITZÁ
Golf von Honduras
Angostura -See
Izabal See
K'umarcaaj (Utatlán)
QUICHÉ
Motagua
Atitlán-See
CAKCHI-QUEL
TZUTUHIL
Pazifik

Der Alltag von Ix Mucuy ist, Maiskörner und Kakaobohnen auf Steinen zu mahlen und sich auf die Geburt ihres ersten Kindes vorzubereiten. Sie lebt, wie alle Maya hier im südlichen Tiefland, in einer Hütte aus Flechtwerk, das mit Lehm beworfen ist; Palmwedel bilden das Dach. Der Alltag von Ah Tzab ist die Fahrt mit dem Kanu. Es ist 12 Meter lang und nur einen Meter breit, gehauen aus dem Stamm eines Zedernbaums, der durch Brennen und Raspeln ausgehöhlt wurde. In diesem Boot, beladen mit Stoffen,Werkzeugen und Federn, ist er auf den Flüssen unterwegs. Er ist schon bis zum Meer hinunter gefahren, um Käufer für seine Waren zu finden. Ab und an bei seinen langen Touren macht auch er sich Gedanken über das Geheimnis. Zuweilen ist ihm, als hätte der dampfende Dschungel irgendwie seltsame Formen, als sei da irgend etwas in ihm verborgen. Doch Ah Tzab hat genug zu tun mit seinen Geschäften, und so gleitet er träge an dieser Stelle vorbei, so wie all die Maya, die hier durchkommen.

Kriegerische Banden ziehen öfter durchs Land. Sie rauben und plündern im Auftrag irgendwelcher Fürsten, die sich hier und dort an Flüssen festsetzen, sich aber meist nicht lange halten. Doch meist ist es ein gleichförmiges Bauernleben in dieser Region, seit Jahrhunderten schon, und nur ganz wenige Maya wissen, was sich in dieser Gegend früher einmal abgespielt hat.

Es ist ein üppiger Regenwald, hier unten am Usumacinta, mehr als 200 Baumarten wachsen darin. Ix Mucuy und Ah Tzab wissen, wie wichtig der Wald für ihr Leben ist. Es gibt einen Baum mit milchigem Saft, der das Zahnfleisch stärkt. Ein anderer hat eine wundersame Rinde, die angefeuchtet wie Seife wirkt und sich zum Wäschewaschen eignet. Fahlrotes und orangefarbenes Holz hat dieser Wald, aus dem sich Waffen und Werkzeuge schnitzen lassen. Um die Baumstämme klettern Ranken und Mörderfeigen, rote, weiße und schwarze Flechten; auf den Zweigen wachsen Orchideen, auf den Blättern Moos. Füchse sind zu jagen hier, der Tapir und der Jaguar und der *tzub*, der scheue Goldhase. Die Maya verehren diese Tiere. Sie schleudern ihre Lanzen nur deswegen auf sie, weil sie Fleisch zur Nahrung brauchen. Jedes Mal, wenn Ah Tzab zum Wurf ausholt, spricht er, wie zur Entschuldigung, die Worte: »Oh, Gott der Tiere, ich habe es nötig«. Wenn du das nicht tust, das haben ihm Vater und Großvater erzählt, wird das tote Tier all den lebenden mitteilen, daß du keinen Respekt vor ihnen hast, und kein einziges von ihnen wird sich dann noch von dir erlegen lassen.

Es duftet nach tausend schönen Dingen im Wald. Blumen in allen denkbaren Farben wachsen hier. 300 Tage regnet es im Jahr, im feuchten Dunst entfalten sich die Düfte der Blüten; das ist morgens das erste und abends das letzte, was Ix Mucuy und Ah Tzab riechen. Nie ist Ruhe in diesem Dschungel, tags das Konzert der Papageien, nachts das der Eulen. Alles ist voller Leben, und doch muß es, so sagen die Alten, einmal ein großes Sterben gegeben haben. Aber Genaues wissen auch sie nicht.

Vier Tagesmärsche, Richtung Westen, steigen die ersten Hügel des Chiapas-Gebirges aus der Ebene. Die Silhouette des Urwaldes wird bucklig. Ah Tzab ist schon öfter hier vorbeigekommen. Er hat gehört, irgendwo stünden uralte Steine und Mauern, doch nie hat er etwas davon gesehen. In der Tat ist hier das Geheimnis verborgen, überwachsen von 30 Meter hohen Bäumen und überwuchert von Dickicht, vergessen seit mehr als einem halben Jahrtausend. Ah Tzab hat einmal gehört, ab und zu kämen noch Maya zu diesem Platz, um an den verwilderten heiligen Stätten ihre Zeremonien abzuhalten. Aber er hat seine Zweifel daran, die Leute erzählen ja so vieles. Es wird noch einmal Jahrhunderte dauern, bis die ersten weißen Menschen darauf stoßen werden. Sie werden die grüne Schutzschicht zerreißen, die Bäume roden und fassungslos vor einem Wunderwerk stehen. Den Ort werden sie auf Spanisch *Palenque* nennen, »umwallte Stadt«. Jetzt aber ist Stille hier. Toten-Stille.

Ein Netz aus Vogelnestern spannt sich über die grüne Hülle. Türkisfarbene Käfer krabbeln über Zweige. Eidechsen huschen durch Tunnel aus Blättern. Fledermäuse flattern nachts in höhlenartigen Nischen. Die kalkhaltigen Bäche, die aus den Bergen heruntersprudeln, haben Laub und abgefallene Äste mit perlweiß schimmernden Ablagerungen überzogen, sie sehen aus wie Schmuckgeflechte aus Kristall. Der Bach Otolum aber läuft nicht durch ein natürliches Bett, sondern durch einen überdachten Kanal, der gemacht ist von Menschenhand.

Zwei Maya im Urwald von Palenque. Zeichnung in einem Buch aus dem Jahr 1865. Alle Städte des südlichen Tieflandes waren nach dem Zusammenbruch der klassischen Kultur aufgegeben, von Pflanzen und Bäumen überwuchert. Die Ruinen von Palenque wurden 1784 entdeckt.

Unter dem Dschungelteppich, zu beiden Seiten des Flusses, sind Tempel begraben. In einem von ihnen ist ein Stuckrelief erhalten. Es zeigt eine Figur auf einem Thron, der von Jaguarklauen gestützt und mit Jaguarköpfen dekoriert ist. In anderen Tempeln sind die Pfeiler übersät von Schriftsymbolen. Die Baumeister kannten noch keine Tonnengewölbe. Sie behalfen sich, indem sie Steine auf Mörtel so übereinander setzten, daß der jeweils obere den unteren ein Stück überragte. So wuchsen zwei Seiten nach oben hin aufeinander zu, und der letzte Stein, den sie in die Mitte klemmten, verhinderte, daß die Konstruktion zusammenfiel. Die Hieroglyphen im Stein verraten den Namen des Bauherrn. Es ist der Maya-Fürst *Pacal*. Sie verraten auch das Datum des Tempelbaus. Einmal taucht, umgerechnet, das Jahr 647 auf, ein andermal 659. Der Herrscher hat in den Schriften das Wirken der Architekten protokollieren lassen. So wollte er sich der Nachwelt überliefern.

Die höchste der Pyramiden, die hier allmählich verfallen, zieht sich in neun gewaltigen Stufen am Fuß eines Berges hoch. Auf einer Plattform oben steht das Mausoleum, das das schöpferische Wirken von *Pacal* krönte. Fünf Eingänge nebeneinander führen ins Innere, die zwei äußeren Pfeiler tragen Hieroglyphen, die vier inneren Figurenschmuck. Auf drei riesigen Steinplatten gravierten *Pacals* Hofschreiber 620 Schriftzeichen ein, alle wichtigen Ereignisse seiner Regierungszeit. Die letzte Spalte blieb für den Tod des Herrschers reserviert. Hier wollte er begraben werden – und sich für alle Zeiten ein Denkmal setzen.

Der »Tempel der Inschriften« in Palenque. Von der Plattform führt im Innern ein 22 Meter langer Treppenschacht zur Grabkammer des Maya-Fürsten *Pacal* hinunter, der 683 starb. Mit dem Bauwerk ließ sich der Herrscher ein Monument für die Nachwelt setzen.

Die Totenmaske des Herrschers *Pacal* von Palenque. Sie besteht aus Jade, Muscheln und Obsidian. Jahrhundertelang lag sie unversehrt in der Grabkammer.

Ein 22 Meter langer, überwölbter Treppenschacht führt im Innern der Pyramide nach unten. Er endet in einer zinnoberroten, vier mal neun Meter großen Krypta, deren Fundament noch eineinhalb Meter tiefer liegt als der Platz, auf dem die Pyramide errichtet wurde. Neun reichgeschmückte Figuren sind eingemeißelt in die Wände, sie tragen Zepter und Schilde mit der Maske des Jaguar-Gottes der Unterwelt in den Händen: die »neun Herren der Nacht«, die Wache halten. Hier steht *Pacals* Sarkophag. An den Außenwänden sind seine Vorfahren verewigt, in Reihenfolge von Süden nach Norden und von Osten nach Westen. Jeder von ihnen erhebt sich aus einer Erdspalte, zusammen mit einem Obstbaum, und gemeinsam bilden sie einen Obstgarten von vergöttlichten Ahnen. Auf der Deckplatte ist das Bild des Königs selbst. Er sinkt am Stamm des Weltenbaumes in den offenen Rachen der Unterwelt hinab. Ein halb skelettiertes Monsterhaupt trägt eine Opferschale mit einem symbolträchtigen Zeichen: die Sonne an der Grenze zur Unterwelt, im Übergang von Leben zu Tod. Fetzen eines roten Leichentuches liegen noch in dem steinernen Trog. Der Leib des großen *Pacal*, der im Jahr 683 starb, ist verwest. Sein Antlitz aber ist für immer geblieben, in der Totenmaske aus Jade und Muschelschale. Augen aus Obsidian starren unter grünschimmernden Lidern zum Himmel. Auf den Knochen seiner rechten Finger stecken noch fünf Ringe. Die linke Hand birgt eine Kugel aus Jade.

Hundert Fragen würde Ah Tzab sich stellen, hätte er je diesen Ort gesehen. Er kann nicht wissen, was Forscher in späteren Zeiten über diese Ruinen herausfinden werden. Palenque war nur eine, wenn auch vielleicht die eindrucksvollste, von Hunderten alter Städte, in denen drei Millionen Maya eine blühende Kultur entwickelt hatten. In den Jahren 300 bis 900 nach Christus – die Archäologen werden sie einmal die »Maya-Klassik«

Der Jaguar-Gott der Unterwelt. Über seinem Kopf türmen sich die Masken weiterer mythischer Wesen. Der Tonzylinder wurde im »Tempel des Blattkreuzes« von Palenque gefunden. Vermutlich diente er als Räuchergefäß.

nennen – gab es möglicherweise mehr als 50 Fürstentümer. Sie hatten ein ausgedehntes Netz von Kanälen, drei Meter breit und einen halben Meter tief, zur Entwässerung von Sumpfgebieten und Bewässerung von Ackerflächen. Sie hatten Städte, die Residenzplätze und zugleich Zermonialzentren waren. Sie hatten gebildete Adelige, die *ahau*, mächtige Priester und eine Schrift aus etwa 750 Zeichen. Sie war nicht gedacht für den einfachen Mann, sondern ein elitäres, sakrales Instrument. Sie sollte Geschichte und Rituale registrieren, die Ordnung des Universums abbilden, das Alltagsleben ins Übernatürliche erheben.

Am Ufer des Otolum steht ein weiterer verfallener Tempel mit zwei großen Hallen. Im Innern zeigt eine Steinplatte die Inthronisation von *Chan-Bahlum*, dem Sohn und Nachfolger von *Pacal.* Auf einem Schild kreuzen sich zwei Lanzen in dem maskierten »Jaguar-Gott der Unterwelt«. Zu beiden Seiten stehen, in einem Gewirr mythischer Zeichen, aufrecht zwei Personen, die einander Gaben überreichen. Die kleinere Gestalt, auf der linken Seite, stellt den verstorbenen Herrscher dar. Auf seinen Händen trägt er die Figur des Feuerstein-Gottes mit einem Schild, Symbol für die Übertragung von Kraft. Die größere Gestalt, auf der rechten Seite, ist der neue Regent. Auf seinen Händen ruht die Figur des Unterwelt-Gottes *K.* Die Maya-Regenten waren Kriegshelden und religiöse Führer zugleich. Sie waren Herrscher, die nach ihrem Tod selber zu Göttern wurden.

Der Palast, unter *Chan-Bahlum* umgestaltet, ist das größte Bauwerk in Palenque. Er ist gut 100 Meter lang, 80 Meter breit und 10 Meter hoch. Er umfaßt einen ganzen Komplex von Gebäuden mit einem östlichen und einem westlichen Hof, überragt von einem vierstöckigen Turm, der vermutlich ein Observatorium gewesen ist, von dem aus die Maya ins Weltall blickten. Eine Reliefplatte zeigt einen Herrscher auf seinem Thron, der die Form eines doppelköpfigen Jaguars hat. Eine Frau, sitzend auf dem Boden, reicht ihm die Jadekrone, die mit *quetzal*-Federn verziert ist. Die Gesichter der Figuren sind wie alle Gesichter auf den Steinen von Palenque: voll Heiterkeit und Harmonie, Klarheit und Gleichgewicht, Noblesse und Würde, Konzentration und Meditation. Es sind vielleicht die schönsten Gesichter, die je auf diesem Kontinent in Stein gemeißelt worden sind – Zeugen der einzigen Hochkultur in der Weltgeschichte, die in einem Urwald gewachsen ist.

Wie konnte so etwas untergehen? Die letzte Inschrift auf den Stelen von Palenque datiert aus dem Jahr 799. In den Ruinen von Yaxchilán ist das letzte Datum 808, in Calakmul 810, in Copán 820, in Tikal 869, in Seibal 889, in Uxmal 907. Das war das Ende, nur ein Jahrhundert nach dem Höhepunkt. Die Maya des südlichen Tieflands hörten auf, zu bauen und Steine zu behauen. Sie fielen zurück auf das Niveau von unbedeutenden Fürsten, brandrodenden Wald- und Dorfbauern. Sie hatten nur noch ärmliche Tempelberge, und keine Hieroglyphe kündete mehr von ihren Herrschern. Wie konnte das alles zusammenbrechen?

Rituelle Blutentnahme nach der Thronbesteigung des Maya-Fürsten *Schild-Jaguar*. Der neue Herrscher hält eine brennende Fackel über seine Hauptfrau *Xoc*, die sich für das feierliche Ritual eine Schnur mit Dornen durch ihre durchbohrte Zunge zieht. Die Darstellung ziert einen Türsturz in der Ruinenstadt Yaxchilán.

Die Alten am Usumacinta, die manchmal am Abend darüber sprechen, haben auch keine Erklärung. Es müssen fremde Völker gewesen sein, sagen die einen; sie überfielen unsere Vorfahren und machten sie am Ende zu Unterdrückten. Es müssen die Maya selber gewesen sein, sagen andere; irgendeiner hat mit Kriegszügen gegen einen Nachbarstaat begonnen und damit eine Kette von Katastrophen ausgelöst. Die Herrscher sind machtgierig geworden, sagen wieder andere; von feinsinnigen Ästheten wurden sie zu plumpen Diktatoren, bis das Volk gegen sie aufstand und alles in Schutt und Asche sank. Die Menschen waren zu viele geworden, sagt eine vierte Gruppe; die Maya konnten sich von ihren Böden nicht mehr ernähren und starben bei Hungerkatastrophen. Sicher ist, daß die Fürsten irgendwann versagten, daß ihr Bund mit den Göttern zerbrach. Es gab Anzeichen für eine wachsende Rivalität zwischen den Herrschern und dem niederen Adel. Vielleicht war es das, was beide Schichten in den Untergang riß – und mit ihnen die ganze Kultur.

Die Alten wissen, es gab eine Wiedergeburt, nicht hier am Usumacinta, sondern weiter im Norden, auf der Halbinsel Yucatán. Das Volk der *Itzá* gründete dort einen neuen Staat, dessen Hauptstadt Chichén Itzá, »Brunnen der Itzá«, genannt wurde. Die Herrscher dort waren weltoffene, reformfreudige Leute, sie hatten gute Kontakte zu Nachbarvölkern weiter im Westen. Ihre Regierung war nicht mehr eine dynastische Monarchie, sie war eine weltliche »kollegiale Herrschaft«. Die Hieroglyphen, die davon in der Stadt zeugen, zeigen Riten, in deren Mittelpunkt nicht eine Person stand, sondern mehrere. Die Regenten verzichteten auch darauf, ihre Geburtstage und Krönungen, Amtsjubiläen und Kriegstriumphe auf Steinen verewigen zu lassen. Die Pfeiler, Pfosten und Platten in Chichén Itzá, von denen Reisende ab und zu am

Usumacinta erzählen, stellen meist ganze Prozessionen dar. Und Gefangene, die früher im Süden nackt, gedemütigt, ja verstümmelt abgebildet wurden, tragen im Norden einen festlichen Ornat. Vermutlich war es diesen Herrschern gelungen, die unterworfenen Völker geschickt in einen Vielvölkerstaat einzubinden. So blühte dort noch einmal die Maya-Kultur, während Palenque und die anderen Zentren der Klassik verfielen und im Urwald den Blicken der Menschen entschwanden.

Chichén Itzá auf der Halbinsel Yucatán. Rekonstruktionszeichnung der Maya-Forscherin Tatiana Proskouriakoff. Nach dem Zusammenbruch der Städte im südlichen Tiefland zogen vermutlich zahlreiche Menschen nach Norden. Hier erlebte die Maya-Kultur im 11. und 12. Jahrhundert noch einmal eine Blüte.

Doch auch diese Blütezeiten sind schon lange vorbei. Der hochbetagte Ah Tok, der am weitesten herumgekommen ist von den Alten, erzählt, was er über den Niedergang weiß. Die *Itzá* verloren um 1200 ihre Macht an die Familie *Cocom* und die von ihr regierte Stadt Mayapán. Sie flohen aus ihrer Hauptstadt nach Süden ins Petén-Gebiet, wo sie sich um einen See und das Städtchen Tayasal scharten. Mayapán jedoch war nicht mehr eine Stadt der Künste, sondern der Verteidigungsanlagen. Ihre Herrscher lagen in ständiger Fehde mit unterworfenen Stämmen. 1440 wurde Mayapán von Rebellen zerstört. Nun zerfiel ganz Yucatán in rivalisierende Kleinstaaten, 16 an der Zahl. Die Maya der Sippe *Tutul Xiu*, soeben noch Anführer der Aufstandes, zogen sich ins Innere des Landes zurück. Dort gründeten sie ihre letzte Stadt, die sie resigniert *Maní* nannten. »Es ist alles vorbei«, bedeutet dieser Name. »Soweit ist es mit den Maya gekommen«, sagt Ah Tok, und alle, die ihm zugehört haben, verfallen in trauriges Schweigen.

Noch kennt man den Kalender, doch er hat längst seine Macht verloren. Noch gibt es Propheten, die die alten Schriften lesen können, doch sie sagen immer häufiger den endgültigen Zusammenbruch voraus. Und die Händler, die mit Kanus die Küste entlangfahren, verbreiten wilde Gerüchte über hellhäutige Menschen, die von Osten her gekommen und einmal schon an Land gegangen seien. Ix Mucuy und Ah Tzab fürchten sich, wenn sie das hören. Aber sie wissen auch nicht, was sie dagegen tun sollen. So gehen sie ihrer Arbeit nach. Sie warten auf das, was das Schicksal für sie bestimmt hat.

Sie wissen nicht, daß die fremden Männer zu dieser Zeit schon Inseln draußen auf dem Meer in ihren Besitz genommen haben. Der Herrscher dieser Seefahrer wird Ferdinand II., »der Katholische« genannt. Er hat 1478 in Spanien die Inquisition zu einer staatlichen Einrichtung gemacht, und er hat den Seefahrern ein Zeremoniell vorgeschrieben, mit dem sie Besitz zu ergreifen haben von den neuen, bislang unbekannten Ländern im Westen. Das Zeremoniell trägt den harmlosen Namen *requerimiento*, »Ersuchen« oder bestenfalls »Aufforderung«, und ist eine lange königliche Botschaft. Der Anführer der Eroberungstruppen entrollt sie, sobald sie irgendwo an Land gegangen sind, vor den versammelten Indianern. Ihr Text lautet*:

»Gott, unser Herr, der Einzige und Ewige, schuf Himmel und Erde, einen Mann und eine Frau, von denen wir und ihr, alle Menschen auf der Welt abstammen, wie auch alle, die künftig nach uns kommen werden. Aber wegen der Menge der Völker und Stämme, die aus ihnen seit Erschaffung der Welt vor 5000 Jahren hervorgingen, mußten sich die einen hier-, die anderen dorthin wenden und in viele Reiche und Provinzen verteilen, da sie in einem Lande sich nicht alle ernähren und erhalten konnten. Unter all diesen Menschen beauftragte Gott unser Herr einen, den heiligen Petrus, daß er über alle Menschen auf Erden Herr und Meister sei, dem alle zu gehorchen hätten, und machte ihn zum Oberhaupt des ganzen menschlichen Geschlechtes, wo immer Menschen leben und wohnen, welchem Gesetz, welcher Sekte und welchem Glauben sie auch angehören. Und er gab ihm die ganze Erde als sein Reich und Herrschaftsgebiet und befahl ihm, seinen Sitz in Rom aufzuschlagen, als einem Ort, der besonders geeignet ist, die Welt zu beherrschen, stellte es ihm aber auch frei, seinen Sitz an jedem anderen Ort der Erde zu nehmen und alle Völker zu lenken und zu richten, Christen, Mauren, Juden, Heiden und Angehörige jeglicher Sekten oder Glaubensbekenntnisse. Den haben sie Papst genannt, das heißt verehrungswürdigen höchsten Vater und Bewahrer, denn er ist Vater und Herrscher über alle Menschen. Diesem Sankt Petrus haben die Menschen gehorcht und ihn als Herrn, König und Oberen der ganzen Welt anerkannt, und so auch alle anderen, die nach ihm zum Pontifex gewählt wurden. So hat man es bis heute gehalten und wird es halten bis zum Ende der Welt. Einer der letzten Päpste, die an seiner Stelle zu dieser Würde und auf diesen Thron gekommen sind, hat kraft seiner Herrschaft über die Welt diese Inseln und dieses ozeanische Festland den Katholischen Königen von Spanien, Don Fernando und Doña Isabel, und ihren Nachfolgern in diesen Königreichen, unseren Herren, mit allem, was darin ist, zum Geschenk gegeben, wie es in gewissen, darüber ausgestellten Urkunden geschrieben steht, die ihr einsehen könnt, so ihr wollt …

Deswegen bitten und ersuchen wir euch nach bestem Vermögen, daß ihr auf unsere Rede hört und eine angemessene Weile darüber beratet, daß ihr die Kirche als Oberherrn der ganzen Welt und in ihrem Namen den Hohenpriester, Papst genannt, so wie an seiner Statt Seine Majestät als Herrn und König dieser Inseln und dieses Festlandes kraft der erwähnten Schenkung anerkennt und euch einverstanden erklärt, daß die hier anwesenden Ordensbrüder euch das Gesagte erklären und verkünden. Handelt ihr danach, dann tut ihr recht und erfüllt eure Pflicht; dann werden Seine Majestät und ich in Ihrem Namen euch mit Liebe und Güte behandeln, euch eure Frauen und Kinder frei und ohne Dienstbarkeit belassen, damit ihr über sie und über euch selbst nach eurem Belieben und Gutdünken verfügen könnt. Man wird euch in diesem Falle nicht zwingen, Christen zu werden; es sei denn, daß ihr, in der Wahrheit unterwiesen, selbst den Wunsch habt, euch zu unserem heiligen katholischen Glauben zu bekennen, wie es fast alle Bewohner der anderen Inseln getan haben. Darüber hinaus wird Seine Majestät euch viele Privilegien und Vergünstigungen geben und euch viele Gnaden erweisen.

Wenn ihr das aber nicht tut und böswillig zögert, dann werde ich, das versichern wir euch, mit Gottes Hilfe gewaltsam gegen euch vorgehen, euch überall und auf alle nur mögliche Art mit Krieg überziehen, euch unter das Joch und unter den Gehorsam der Kirche und Seiner Majestät beugen, eure Frauen und Kinder zu Sklaven machen, sie verkaufen und über sie nach dem Befehl Seiner Majestät verfügen. Wir werden euch euer Eigentum nehmen, euch schädigen und euch Übles antun, soviel wir nur können, und euch als Vasallen behandeln, die ihrem Herrn nicht gehorsam und ergeben, sondern widerspenstig und aufsässig sind. Wir bezeugen feierlich, daß das Blutvergießen und die Schäden, die daraus erwachsen, allein euch zur Last fallen, nicht Seiner Majestät, nicht mir und nicht diesen Rittern, die mit mir gekommen sind«.

Nach diesen Worten rammt der Anführer die königliche Fahne in den Boden. Er läßt erste hoheitliche Akte vornehmen, Bäume abschlagen, Erde aufnehmen, Wasser schöpfen. Die Vorschrift des Hofes in Madrid lautet, den Text des *requerimiento* nicht nur auf Spanisch, sondern auch in der Sprache der Eingeborenen zu verlesen. Der Hof des Königs aber ist fern. Meist sparen sich die Spanier den zweiten Teil. Was soll das Theater, wegen dieser Wilden? So lauschen die *indios* staunend, doch sie verstehen kein Wort, und verwirrt gehen sie nach Hause.

Auf den Stufen vor dem siegreichen Herrscher bekamen Gefangene ihre Fingernägel ausgerissen. Durch die Entdeckung der Wandgemälde von Bonampak mit ihren Schlachten- und Verstümmelungsszenen im Jahr 1946 wandelte sich das Bild der Maya. Sie waren nicht, wie die Forscher lange Zeit glaubten, rein friedfertige Völker gewesen. Auch bei ihnen gab es Machtkämpfe und blutige Kriege.

---

* Deutsche Übersetzung in »Der Aufbau der Kolonialreiche«, Dokumente zur Geschichte der europäischen Expansion, Verlag C.H. Beck, München 1987

Jetzt

Chan K'in, das lebende Denkmal

Der Weg der Lakandonen in die neue Zeit

»Lach doch nicht über mich.
Ich weiß nicht, was ich noch tun soll.
Ich weiß einfach nicht,
wie du mich siehst«

Lied der Lakandonen

Chan K'in kann nicht mehr zur Arbeit auf sein Maisfeld gehen. Er ist zu alt dafür geworden. Sein Radius ist geschrumpft auf etwa 200 Meter. So lang ist der Weg zwischen seiner Hütte und dem Götterhaus. Diesen Weg aber geht er noch jeden Tag. Beide Hände sind um einen Holzstock geklammert, mit ihm stemmt er sich voran auf dem schmalen Pfad zwischen Tabaksträuchern und Bananenstauden. Die Schritte sind schwer und schlurfend, Chan K'in muß an die hundert Jahre alt sein. Sein Gesicht aber, obwohl in Falten, scheint ewig jung zu bleiben. Seine Augen machen es hell, die Lippen umspielt ein verschmitztes Lächeln. Er ist der *tohil*, der geistliche Führer. »Chan« bedeutet »klein«, »K'in« so viel wie »Sonne, Prophet«. Er ist der letzte große Alte von Nahá.

Das Götterhaus ist zehn Meter lang, nach allen Seiten offen, ein luftiger Bau aus Holzpfählen mit einem Dach aus Palmwedeln. Ein paar hölzerne Sitzklötze stehen herum. Am Balkengerüst hängen Netze mit geschnitzten Kalebassenschalen. Tönerne Räucherpfännchen, mit schlanken Hälsen und bizarren Köpfen, stehen auf Brettern an der Wand. Ein sanfter Wind streicht durch den halbdunklen Innenraum. Hier saßen sie früher, die Männer des Dorfes, pafften Zigarren und erzählten sich abends stundenlange Geschichten über die Abenteuer des vergangenen Tages. Heute ist es stiller im Haus der Götter, nur der *tohil* kommt noch regelmäßig her, um Zwiesprache mit ihnen zu halten. Das ist sein Amt, das ist seine Pflicht, er wird sie erfüllen, solange er lebt.

Kurz bevor wir ankamen, ist eine Zeremonie zu Ende gegangen, die 67 Tage gedauert hat. Es ist die längste, die das Volk der *Lakandonen* kennt, alle acht Jahre findet sie statt. Ihr Zweck ist, die Räucherschalen zu erneuern, weil ein neuer Zeitabschnitt anfängt. Ihre Dauer hängt ab von dem Mond und dem Regen und vielen anderen Faktoren, die nur der *tohil* kennt. Die Teilnehmer – außer dem Alten waren es vier – schlafen getrennt von Frau und Kindern, hier oben im Götterhaus. Sie fasten und färben ihre weißen Tuniken mit roter *achiote*, dem Saft des *annatto*-Baumes. Sie beten und trinken große Mengen *balché*, ein bierfarbenes, alkoholschwaches, leicht säuerliches Gebräu. Es hat einen Tag lang in einem ausgehöhlten Baumstamm gegoren, ein Gemisch aus zerstampftem Zuckerrohr, Wasser und abgezogener Rinde vom Stamm des Baumes, der dem Getränk seinen Namen gegeben hat. Chan K'in war an diesen Tagen ein abwesender, verschlossener Mann. Die anderen vier *Lakandonen* durften keinem Fremden die Hand geben.

In drei mexikanischen Dörfern leben noch 400 Indianer vom Volk der *Lakandonen.* Im Gegensatz zu Lacanjá und Mensäbäk halten die Einwohner von Nahá an ihrem alten Götterglauben fest. Sie sind die letzten, nicht-christlichen Maya.

Chan K'in mit einer seiner drei Frauen und zwei seiner 16 Kinder. Der geistliche Führer der *Lakandonen* von Nahá ist um die hundert Jahre alt und braucht einen Stock zum Gehen. Er hat bis heute verhindert, daß Missionare die Einwohner seines Dorfes zum Christentum bekehren.

Heute morgen brennt wieder ein Feuer im Götterhaus. »Es ist der Beginn der Erntezeit«, sagt der Alte, »die Menschen essen jetzt den Mais, doch vorher müssen die Götter essen.« Die Frauen haben *atole* bereitet, einen dickflüssigen Trunk aus zermahlenen Maiskörnern, und nun werden sie nacheinander bewirtet: *Hachäkyum*, der Herr der Schöpfung, *Akinchob*, der Beschützer der Maisfelder, *Kanank'ax*, der Wächter des Waldes, *Itsanohk'uh*, der Herr des Hagels und der Kälte, der Seen und Alligatoren. Zehn Töpfe für zehn Götter stehen in einer Reihe. Mit den Fingern schnippt der *tohil* etwas von dem dünnen Brei auf die Erde.

Dann füllt er den Figuren mit einem Holzlöffel die Münder. Leise, gebetsmühlenartig, summt er dabei. Es klingt wie ein ewiges »Haa-hnn-heee, haa-hnn-heee ...« Er murmelt seine rituellen Sätze an *Hachäkyum*, den Höchsten. »Zuerst für dich, Herr, dann für uns. Seit alters her geben wir dir zuerst. Glaub es nicht, wenn andere Götter sagen, wir täten nicht so. Mir tut der Magen schon weh, er brennt, der ganze Magen, du weißt, wer mich so bestrafen will. Aber wir geben dir *atole*, erst dann trinken wir selber davon. Heile uns, Herr, schütze uns, Herr ...«

Zeremonie im Götterhaus von Nahá. Chan K'in murmelt Gebete, sein zehnjähriger Sohn entzündet Räuchergefäße, die verschiedenen Göttern gewidmet sind. Sie werden als erste vom Maisbier kosten, ehe die Menschen davon trinken.

Zwei aus dem Dorf helfen dem *tohil*. Der eine ist K'in Paco, einer seiner Schwiegersöhne. Der andere ist ein zehnjähriger Junge, er heißt Chan K'in wie sein Vater, der ihn, wie er sagt, noch im hohen Alter zeugte. Im Götterhaus qualmt das Feuer aus *copal*-Harz, und nun sitzen sie alle drei auf den Holzklötzen und trinken *atole* aus Kalebassenschalen. So haben es die Vorfahren getan, so soll es bleiben. »Nichts wird sich ändern, so lange ich lebe«, sagt Chan K'in.

Das Maya-Volk der *Lakandonen* zählt noch 400 Menschen, verteilt auf drei Orte im mexikanischen Urwald, nahe der Grenze zu Guatemala. Die Hälfte davon lebt in Nahá, was »großes Wasser« heißt. Es sind die letzten 200 Maya, die noch keine Christen geworden sind. In Lacanjá, 150 Kilometer weiter südöstlich, wurden die *Lakandonen* vor 35 Jahren bekehrt, als der letzte *tohil* starb und keiner mehr seine Nachfolge antrat. In Mensäbäk, 20 Kilometer weiter nördlich, ließen sie vor 15 Jahren von ihren Göttern ab und liefen über ins Lager nordamerikanischer Prediger. Hier in Nahá aber sind alle Missionare bisher gescheitert. Sie hatten in Chan K'in einen Gegner, den sie nicht besiegen konnten.

Niemand weiß genau, woher die *Lakandonen* kommen. Seit Jahrzehnten streiten sich Forscher darüber. Die einen sagen, der Ursprung dieser Maya liegt nördlich des Rio Usumacinta. Von dort seien sie vor den Spaniern in die Tiefe des Dschungels geflüchtet. Sie hätten nichts mit den *Lakandonen* von früher zu tun, die den Spaniern blutige Kämpfe lieferten und letztlich ausgerottet wurden. Sie hätten nur deren Namen angenommen, die spanische Version von *Lacam-Tun*, »großer Fels«, wie die Maya die ganze Region immer nannten.

Die anderen glauben, daß die *Lakandonen* seit mehr als tausend Jahren hier leben, daß sie die letzten Erben von Palenque sind. Sie haben die Hieroglyphen vergessen, den Kalender und die Kunst der Mathematik. Aber sie sprechen die gleiche Sprache, die in den Ruineninschriften erkennbar ist, und für den *tohil* ist die untergegangene alte Stadt noch heute der Ort der Schöpfung und der Nabel der Welt. Wissenschaftler haben Palenque einmal zusammen mit Chan K'in besucht. Es schien, als wandelte er an einer vertrauten Stätte. Er listete ihnen, Tempel für Tempel, die Götter als jeweilige »Eigentümer« auf.

Jedenfalls hat der Urwald die *Lakandonen* geschützt, jahrzehnte-, jahrhundertelang. Die Spanier hatten wenig Lust, ihn bis in den letzten Winkel zu durchdringen. Für sie war es wertloses Land, ohne Gold- und Silberschätze, dazu dermaßen heiß und feucht, daß auch das Schießpulver nicht trocken blieb. So lebten die *Lakandonen* bis in unser Jahrhundert arm und einsam in ihrer Dschungeloase, lebten zusammen mit Kletter- und Korallenschlangen, Brüll- und Spinnenaffen, winzigen Singvögeln und riesigen Raubvögeln. Stets achteten sie darauf, den Boden mit seiner dünnen Humusschicht nicht zu überfordern. Nach zwei Jahren Ackerbau ließen sie ihn fünf Jahre lang in Ruhe, damit er sich wieder erholen konnte. Nie kamen sie auf die Idee, großflächigen Kahlschlag in ihrem Wald zu betreiben. Sie fällten einen hohen Stamm nur dann, wenn sie ihn für den Bootsbau brauchten. Sie lebten in Gemeinschaft mit ihren Bäumen, die Götter hätten sie auch sicher bestraft für mutwilliges Roden. »Die Wurzeln aller lebenden Dinge sind miteinander verbunden«, pflegt der alte Chan K'in zu sagen. »Wenn ein mächtiger Baum gefällt wird, dann fällt ein Stern vom Himmel. Wer das tun will, hat um Erlaubnis zu fragen, beim Hüter des Waldes und beim Hüter der *Sterne. Hachäkyum* ist es, der beides gemacht hat.«

Dann aber kamen Menschen, die andere Götter hatten als sie. Es waren hungernde mexikanische Bauern auf der Suche nach neuem Land, Kautschuksammler auf der Suche nach Geld, Kroko-

diljäger auf der Suche nach Häuten, Holzfäller auf der Suche nach edlem Mahagoni. Die *Tzeltal* fielen in den Wald ein, Maya-sprachig wie die *Lakandonen*, aber Farmer und Viehzüchter von völlig anderem Schlag. Keiner von ihnen fragte um Erlaubnis, als sie begannen, den Urwald zu zerschlagen, abzubrennen, kleinzuhacken. Straßenbauer rissen Schneisen in den Wald, und plötzlich waren sie nicht mehr allein, die 200 von Nahá. Sie mußten, ob sie es wollten oder nicht, sich einstellen auf eine neue Welt. Sie wurden von nun an nicht mehr in Ruhe gelassen.

Einer von Chan K'ins Söhnen hat im Urwald Holz gesammelt. Mit den Zähnen hat er ein Stück Rinde abgebissen und damit die Äste zu einem Bündel geschnürt. Ein zweites Stück Rinde ist zum Tragen um die Stirn gelegt. So schleppt er täglich Brennmaterial nach Hause.

Der See von Nahá wirkt, als sei nichts geschehen. Klar und glatt liegt er da, ein schimmerndes Auge. Er ist umrahmt von dichtem Dschungel, einem großen, grünen Wattebausch, dem letzten Ring, der ihn schützt. Der Tag ist noch jung, die Sonne leuchtet von unten. Weiße Nebelschwaden schweben über dem Ufer. Chan K'in V stößt ab mit dem Mahagoni-Kanu, in langen, ruhigen Zügen drückt er das Paddel ins Wasser. Aufrecht steht er in dem schmalen Einbaum, ein Gesicht mit strahlenden Augen; er zeigt uns die Algen und Seerosen, Gräser und Kräuter, Reiher, Schnepfen und Sumpfhühner. Er ist 26, der fünfte Sohn des alten Chan K'in, dessen Namen er trägt, er hat eine Frau, aber noch keine K'inder. Als wir am anderen Ufer angekommen sind, hackt er ein kleines Stück *acote*-Holz für uns ab. Wir sollen es an die Nase halten. Es riecht nach Eukalyptus und Pfefferminz zugleich, eine herrliche Erfrischung, Chan K'in V genießt unser gieriges Schnüffeln. »Nie werden wir den Wald hier verkaufen«, sagt er. »Unsere Söhne, unsere Töchter – was würden sie dann noch haben?«

Der See von Nahá wirkt wie die letzte Idylle. Chan K'in V gleitet mit einem Mahagoni-Einbaum durch das kristallklare Wasser. Er ist der fünfte Sohn gleichen Namens, den der alte Chan K'in hat.

Von der Technik eingekeilt: ein *Lakandone* zwischen den Ketten zweier Planierraupen. Weil die Staatsfirma »Pemex« in der Nähe von Nahá nach Erdöl bohrt, wurden neue oder bessere Straßen angelegt. Das Leben im Dorf hat sich dadurch drastisch verändert.

Er zeigt uns das Feld, das er und sein Schwiegervater gemeinsam bestellen, Mais und Yuca, Zukkerrohr- und Bananenstauden. Er knickt die Maispflanzen mit den reifen Kolben, damit der Wind es nicht tut, er würde sie sonst vielleicht gänzlich umreißen, und dann fressen die Tiere alles, was am Boden liegt. Zum Spaß turnt er wie Tarzan an einer Liane. Auf dem Pfad durch sein Feld sehen wir Knochenteile einer *nauyaca*, der Giftschlange mit dem tödlichen Biß. Vor zwei Monaten, sagt Chan K'in V, habe er sie erlegt, zum Glück hatte er ein Gewehr dabei. »Nein, mit der Machete geht es nicht, allenfalls mit einem Stock. Wenn man die Schlange in zwei Teile zerhaut, springt der eine Teil immer noch hoch und beißt.« Er spricht so darüber, wie er über den Ackerbau spricht, sanft und gemächlich und unaufgeregt. Alles ist schließlich Natur, das Gute wie das Böse. Chan K'in V lächelt, eine aussterbende Spezies Mensch. »Hört mal, ein Tukan«, sagt er und hebt den Finger. Gebannt gleiten unsere Augen über die Wipfel, in der Hoffnung, das bunte Prachtstück zu erheischen. »Viele Vögel kommen jetzt zu uns«, sagt er. »Hier finden sie noch ihre Bäume.«

Tote Bäume, nur zwei Kilometer von Nahá entfernt. Viehzüchter haben den Urwald gerodet, um dort Rinder weiden zu lassen. Die Wildnis des mexikanischen Bundesstaates Chiapas, früher ein Tierparadies, ist durch den wachsenden Siedlungsdruck größtenteils verschwunden.

Keine zwei Kilometer von hier ragen nur noch verkohlte Stümpfe aus der Erde. Allein das Zirpen der Grillen ist geblieben, kein Zwitschern, kein Pfeifen mehr. Dafür ein neues Geräusch, das Rupfen und knirschende Kauen von Rindern. Hier sind überall Viehweiden, so nahe sind die Farmer den *Lakandonen* gekommen. »Alles Neuankömmlinge«, sagt Chan K'in V. »Sie sagen, daß sie viel Geld machen mit den Tieren. Aber was machen sie in ein paar Jahren, wenn der Boden nichts mehr taugt? Sie ziehen weiter, noch tiefer in den Wald, und brennen ihn nieder. Merken sie nicht, daß sie sich irgendwann selber umbringen?«

Sein Vater kennt eine Geschichte darüber, wie das Geld erfunden wurde: Der Gott *Äkyantho*, der Herr der Machete, ist gleichzeitig Beschützer des weißen Mannes. Zuerst gab er die Machete an beide, an den Weißen und den *Lakandonen*. Der *Lakandone* lernte schnell, wie man dieses Haumesser benutzt; er holte die Ernte damit ein und schlug sich Pfade in den Wald. Der weiße Mann, der in der Stadt lebte, bekam Blasen an seinen weichen Händen. Da hatte *Äkyantho* Mitleid mit ihm, gab ihm statt dessen Geld in die Hände, damit er sie nicht weiter schinde. Es ist eine Geschichte aus Zeiten, als der weiße Mann und das Geld noch fern waren von Nahá. Nun aber ist er gekommen, und mit ihm das Geld, und nun müssen die *Lakandonen* lernen, daß es ohne Geld nicht mehr geht.

Eine halbwegs gute Erdstraße verbindet bereits ihr Dorf mit Ocosingo, dem nächsten größeren Ort, knapp drei Autostunden entfernt. Die Regierung will sie nun auch die 100 Kilometer bis Palenque bauen. So müssen sie nicht mehr tagelang laufen, um etwas zu kaufen oder zu verkaufen. Busse knattern schon bis Nahá, fahrende Händler stoppen oberhalb der Siedlung und plärren per Megaphon ihre Angebote bis in die letzte Hütte. Die *Lakandonen* freuen sich über die Straße. Zugleich aber merken sie, daß sie meist gar nichts kaufen können. Es fehlt ihnen das nötige Geld.

Die Regierung hat ihnen Wellblech geschenkt, damit sie sich neue, bessere Häuser mit stabileren Dächern bauen können. Die *Lakandonen* sagen, die traditionellen Palmwedeldächer müßten alle fünf bis sechs Jahre erneuert werden, eine langwierige Arbeit, mit dem Wellblech sei es viel leichter, und außerdem halte es länger. Viele holten sich einen *Tzeltal*, der ihnen Baumstämme zu Bauholz schnitt, nur *Tzeltal* haben die dafür nötige Kreissäge. Die meisten *Lakandonen* freuten sich über die Modernisierung. Aber einige, darunter Chan K'in V, konnten sich niemand zum Sägen holen. Es fehlte ihnen dafür das nötige Geld.

Eine Stromleitung hat Nahá auch bekommen. Nun glimmen abends Glühbirnen statt Kienspanhölzer in ihren Wohnungen. Die *Lakandonen* freuen sich darüber, daß auch dieser Fortschritt zu ihnen gekommen ist. Aber sechs Familien, darunter die von Chan K'in V, konnten die anteiligen Leitungskosten nicht bezahlen. Sie sitzen nach wie vor ohne Strom in ihren Hütten. So hat das Geld begonnen, die Dorfgemeinschaft zu teilen.

Wir erfüllen Chan K'in V einen Wunsch. Einmal möchte er die große Bohrstelle sehen, 15 Kilometer von hier, von der er schon so viel gehört hat. Sie ist eine von sechs, die es derzeit im Rest-Urwald des Bundesstaates Chiapas gibt. Die Staatsfirma »Pemex« wühlt sich dort in den Boden, es werden große Ölvorkommen vermutet. Wir fahren hin mit unserem Auto, auf einer soeben verbreiterten Straße, vorbei an Raupen, Baumaschinen und Baracken. Chan K'in V ist aufgeregt, gespannt. Dann sehen wir das Denkmal der neuen Zeit.

Er steht staunend vor einem Turm, der noch 20 Meter höher ist als die höchsten Baumriesen rundherum. Der Bohrer, sagen die Techniker, hat 36 Zentimeter Durchmesser und frißt sich jeden Tag 20 bis 25 Meter in die Erde. Er soll bis in 7 000 Meter Tiefe gelangen, das sind 300 Tage Arbeit, wenn alles gutgeht, wenn es keine Zwischenfälle gibt. Chan K'in V starrt mit offenem Mund in die Höhe. Es ist ein unablässiges Kreischen und Dröhnen, 24 Stunden am Tag, ab und zu schreit es noch aus dem Funkgerät in das Getöse. Zögernd geht der *Lakandone* auf das mächtige Eisengerüst zu, traut sich anfangs nicht, die Treppe hochzusteigen, die zu einer Plattform führt. Lorenzo Vargas García, seit 30 Jahren im Ölgeschäft, packt ihn am Arm, gibt ihm einen ermunternden Schubs. Dann steht er oben, mitten im Eisengedärm, in seiner weißen Tunika und den schwarzen, löcherigen Gummischuhen, in denen seine nackten Beine stecken. »Welch eine schöne Maschine!« sagt er, halb bewundernd, halb beklommen. »Welch ein schöner Urwald!« sagt der »Pemex«-Mann, der seine Augen in die Umgebung schweifen läßt. So haben sie beide, kurz und treffend, die Lage beschrieben. Wir fahren zurück, und Chan K'in V sagt kein einziges Wort mehr über diese Begegnung.

Wir haben uns zum Fernsehen verabredet. Das TV-Gerät steht im »Pemex«-Camp Ocotal, nur wenige Kilometer von Nahá. Hier sind die Wohn- und Schlafcontainer der Schichtarbeiter, und nachmittags um drei gibt es Filme, die auf Video aufgezeichnet sind. Die *Lakandonen* dürfen hier gucken, wenn sie wollen. Vor dem Bildschirm sitzen der 15jährige K'ayum, der davon träumt, eines Tages in Palenque ein Restaurant und einen Kleiderladen zu eröffnen, und der 16jährige K'ayum Mario, der eine Musikband gründen will. Der Film heißt »Tarzan in Indien« und könnte auch hier im Urwald spielen. Ein Staudamm wird in der Wildnis gebaut, und Tarzan rettet in letzter Minute Tiere vor dem Ertrinken. Die *Lakandonen* aber begreifen nichts, denn der Streifen läuft in englischer Sprache, und die spanischen Untertitel können sie nicht lesen. Doch weg von der Mattscheibe wollen sie nicht, lieber danach gleich noch einen Film; sie sind irritiert und amüsiert zugleich, die TV-Welt läßt sie nicht mehr los. In eingestreuten Werbespots flitzt ein Sportwagen aus den USA über den Asphalt, und elegante Damen sprechen mit ihren Verehrern via tragbare Telefone. Wir fahren zurück ins Dorf und fragen uns, wie lange die beiden wohl noch in Nahá bleiben werden.

Der 33jährige Juan sitzt vor seinem Haus und schnitzt Pfeile. Sie werden nicht mehr zum Jagen benutzt, sondern in der Stadt verkauft. Das bringt das einzige bißchen Geld, das sie in Nahá verdienen können, wenn sie den Wald, ihr Kapital, nicht hergeben wollen. Die Pfeile sind kleiner als früher, damit sie in die Koffer der Touristen passen. Sie haben immer noch feine Holzspitzen, das war für Fische, oder dicke Holzspitzen, die waren für Vögel, oder Steinspitzen, die waren für Wild. Juan bindet Schmuckfedern ans hintere Ende. Die Pfeile sind wie Erinnerungsstücke für ihn selbst, und so kommt er häufig ins Nachdenken darüber, wie das Leben sich hier verändert hat. Sie würzten mit Palmasche, jetzt kaufen sie Salz. Sie rieben sich mit Kräutern gegen Moskitos ein, jetzt kaufen sie Spray. Sie machten Speiseöl aus Tierfett, jetzt erstehen sie es beim Händler. Sie machten Feuer, indem sie Hölzer aneinander rieben und in die entstehende Glut bliesen, jetzt kaufen sie Streichhölzer. »Es ist traurig, daß das alles zu Ende geht«, sagt Juan. »Wir hatten einmal alles selbst, was wir brauchten. Wir waren im Grunde zufrieden. Jetzt sehen wir, wie wenig es war, und nun will keiner mehr wie die Vorfahren leben.«

Er kramt in einem kleinen Beutel, holt zwei durchbohrte Steine hervor, Figuren mit Krokodilskopf und Flügeln, Teile einer alten Halskette. »Ich habe sie im Wald gefunden«, sagt er. »Die meisten werfen solche Sachen weg. Ich aber hebe all das Zeug auf.« Manchmal mahnt er andere im Dorf, sie sollten nicht alles vergessen, was einmal ihre Eigenart ausmachte, »da aber erklären sich mich gleich für verrückt«. Dabei merkt er selber, wie schwer es ist, dem Neuen zu widerstehen. Auch er setzt sich öfter vor den Fernseher, drüben im »Pemex«-Camp. Danach hat er, so sagt er, immer eine Art schlechtes Gewissen. Das Gefühl beschreibt er mit den Worten: »Sie zurren dir eine Schnur um den ganzen Kopf – am Ende hörst du auf zu denken.«

Zwei Maya-Welten am Cola-Stand: Chan K'in V, der *Lakandone*, und der Verkäufer, ein *Tzeltal*. Während die *Lakandonen* ihren Lebensraum so weit wie möglich schützen, gelten die *Tzeltal* als Waldzerstörer.

Coca-Cola

K'ayum Ma'ax, ein Sohn des alten Chan K'in, malt Palenque. Oft sind in seinen Werken auch Legenden dargestellt, die ihm sein Vater erzählt hat. Er verkauft die Bilder meist an Touristen und verdient damit gutes Geld.

Noch lebt ein Stück Maya-Kultur in Nahá, Forscher und Schwärmer pilgern hierher. Niemand wagt es, die Autorität des Alten anzutasten. Aber was wird sein, wenn Chan K'in nicht mehr ist? Manchmal ist uns, als warten einige im Dorf nur darauf. Der Alte hüllt sich in Schweigen, wer nach seinem Tod der *tohil* sein wird. Sein ältester Sohn, heißt es, soll Nachfolger werden. Wird es noch jemand geben, der Nahá zusammenhält?

Aus einem neuen, schicken Mahagoni-Haus, das fast schon aussieht wie ein Schweizer Chalet, erklingen wunderliche Melodien. Verdis »Aida«, Straußens »Fledermaus«, Wagners »Walküre«. Es spielen, mitten in Nahá, die Berliner Philharmoniker unter Leitung von Herbert von Karajan. »Das ist die Musik, die mich inspiriert«, sagt K'ayum Ma'ax, eines der 16 Kinder des Alten, und legt eine neue Kassette ein. Er ist 33 und schlägt eine elegante Brücke zwischen Tradition und Zukunft. Er malt seine Träume, die er als Junge hatte, und das Leben der *Lakandonen*, wie es war, und die Geschichten, die sein Vater ihm erzählte, Legenden vom Maulwurffänger und vom Drachen im Wasserloch, vom Gott der Trunkenheit und von der Königsgeierfrau. Touristen, die in Nahá die Exotik suchen, kaufen ihm seine Bilder ab und zahlen Dollars dafür. Das spanische Fernsehen hat ihm gar schon eine Reise auf die iberische Halbinsel bezahlt. Einen Monat lang besuchte er Madrid und Valencia, Sevilla, Salamanca und Saragossa. Eine TV-Crew drehte einen Film, wie der *Lakandone* das Land der Kolonisatoren entdeckte – verdrehte Welt, 500 Jahre danach.

Wir hören ein Brummen aus der Luft. Kinder rennen auf die Erdstraße von Nahá, die gleichzeitig Landebahn für Kleinflugzeuge ist. In kurzen Abständen landen vier Maschinen, spucken ihre Ladung US-Touristen aus. Sie sammeln sich mit ihren Fotoapparaten zu zehn Minuten Einführungsrede. Edelhölzer von hier, sagt die Reiseführerin, finde man sogar im Buckingham-Palast. Das größte Geschäft im Urwald aber sei das mit Drogen und mit Tieren, und das größte Problem die Bevölkerungsexplosion, man müsse traditionelle Denkweisen ändern, um die Wildnis zu retten. »Nahá aber ist noch am wenigsten geschädigt«, hören die Besucher und beginnen zu knipsen.

»Gehen wir hoch, zum Haus des Patriarchen«, sagt die Leiterin und treibt ihre Gruppe zur Hütte von Chan K'in. Der Alte sitzt im Feuerrauch, pafft eine Zigarre, sieht die Besucher mit großen Augen an. Ein Blitzlichtgewitter bricht über ihn herein. Der *tohil* schweigt, die Touristen ebenfalls, so stehen sich stumm die zwei Welten gegenüber. Ein Gast stolpert über die Hängematte, in der Chan K'in zu schlafen pflegt, andere beginnen zu hüsteln wegen des Rauchs. Nuk, die Frau des Alten, pickt Körner von einem Maiskolben und reicht sie den ungewöhnlichen Gästen, die alle zur Sicherheit eine Nummer tragen. Der Mann mit Nummer 17 holt eine Plastikperle aus der Hosentasche und schenkt sie dem sechsjährigen K'in. »Das ist aber nicht zum Essen«, sagt er und schmunzelt. Nach 40 Minuten ist alles vorbei. »Wir müssen weiter«, mahnt die Reiseführerin, ein paar Banknoten bleiben in Nahá als Honorar, dann rollen die Flugzeuge zum Start. »Wir sind ein großer Zoo geworden«, hat Juan uns am Tag zuvor gesagt.

Aber wenn Chan K'in stirbt, wird Nahá kein Zoo mehr sein. Die meisten Legenden und Weisheiten wird er mit ins Grab nehmen, und im Götterhaus wird es noch stiller sein. Irgendwann werden auch die Männer von Nahá die weiße Tunika abstreifen und sie durch Blue-Jeans ersetzen, wie die Frauen es heute schon tun. Dann werden sie aussehen wie alle anderen, die Regierung wird ihnen nichts mehr schenken, auch für die Touristen gibt es dann nichts mehr zu sehen. Dann ist der Fortschritt endgültig da, und die Welt wieder um einen Farbtupfer ärmer. Nur ein paar Träumer und Völkerkundler werden darüber jammern.

Inka
Einst–Jetzt

CHINITO

Einst

Die Jagd auf das Böse

Das Reinigungsfest von Cusco

»Du, Fluß, empfange meine Sünden
und trage sie zum Meer.
Dort sollen sie verschwinden.«

Inka-Spruch bei einer
rituellen Waschung

Gesichter aus Metall. Starr und stumm blicken sie in die Runde. Der Schöpfergott und der Donnergott, beide aus glänzendem Gold. Mutter Mond, die nackte, kauernde Frau, aus Blech gehämmert. Und Gesichter aus Stein. Der Regenbogen, der Morgenstern und *Inti*, die Sonne, in Fels gehauene Symbole. Auch ein Stein gewordener Bruder des ersten, legendären *Inka* ist zu dieser Versammlung gekommen. In einer Sänfte haben Leute aus der Stadt den spindelförmigen Klotz vom Berg *Wanacawri* heruntergetragen, eine fünf Kilometer lange Strecke. Behängt mit kostbaren Roben und gekrönt mit einem Federdiadem, steht er nun neben den anderen im *Qurikancha*, dem größten aller Inka-Tempel.

Acht Mumien sitzen auf ihren Plätzen, die ihnen zustehen bei dem Zeremoniell. Es sind die einbalsamierten Leichen von verstorbenen Königen, die alle den Titel *Inka* trugen. *Inka* ist der Name der herrschenden Sippe. Später wird nach ihr und ihren Führern einmal ein ganzes Volk, eine ganze Epoche benannt werden. Nur *Manqu Qhapaq*, der sagenhafte Gründer von Cusco, fehlt in der Ahnengalerie. Seine Nachfolger aber, deren letzte das

Reich über große Teile der Anden ausgedehnt haben, sind vollständig versammelt: *Sinchi Ruqa, Lluqi Yupanki, Mayta Qhapaq, Qhapaq Yupanki, Inka Ruqa, Yawar Waqaq, Wiraqucha Inka, Pachakutiq Inka Yupanki.* Sie alle, die Götter und die Könige, sind in diesen Saal getragen worden, um dem Himmel und der Erde und der Hauptstadt Cusco neuen Glanz zu verleihen.

Die anderen Teilnehmer der Versammlung haben sie erwartet. *Thupaq Yupanki*, der zehnte Inka, hohe Beamte seines Hofes, berühmte Lehrer und Baumeister, sämtlich Mitglieder der Adelskaste. Nun sitzen sie zusammen, eine Synode der Lebenden und Toten. Es ist das Jahr 1492. Am nächsten Tag ist Neumond, der Tag, um alles Schlimme aus der Stadt zu verbannen: Krankheiten und Unglücksfälle, Zweifel und Intrigen, Hintergedanken und Hexerei. Einmal im Jahr wird das große Fest *sitwa* gefeiert. Es soll den Bund des Herrschers und des Herrschervolkes mit den Göttern erneuern. Es soll die Ängste aus den Herzen verscheuchen. Zwei Tage lang haben sie dafür gefastet, Regierende und Regierte. Nur rohen Mais und Wasser haben sie zu sich genommen.

In der Nacht vor dem Fest bereiten die Menschen von Cusco den Teig für ein ganz besonderes Brot. Das Brot, *sanqu* genannt, wird in offenen Töpfen nur halbgar gebacken. Es bleibt eine cremige, teigige Masse. Im *Qurikancha*-Palast wacht der älteste Onkel des Herrschers über diese Arbeit. Cusco wartet darauf, daß die Sonne aufgeht.

Kein Fremder darf sich jetzt noch in der Stadt befinden. Kein Händler und kein Durchreisender, nicht einmal die Gesandten der benachbarten Reiche. Aber auch keine Buckligen, Behinderten und sonstwie Mißgestalteten, deren Anblick das Fest stören könnte. Der Inka hat angeordnet, daß sie sich zu entfernen haben bis auf zehn Kilometer Distanz. Alle Hunde haben ebenfalls die Stadt zu verlassen, damit ihr Gebell die *sitwa* nicht entweiht. Nichts darf Cusco verunstalten in diesen feierlichen Stunden.

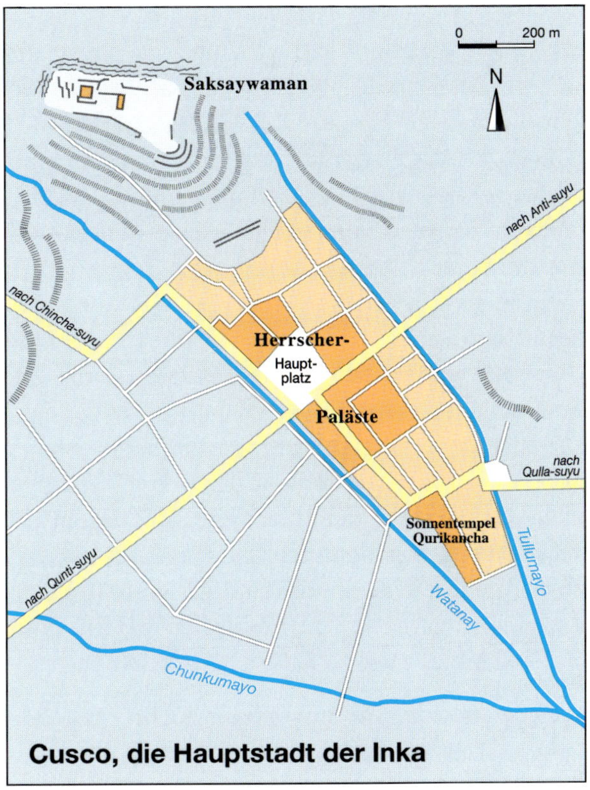

Cusco liegt in den peruanischen Anden. Zur Inka-Zeit liefen hier die Straßen aus den vier Reichsteilen *suyu* zusammen. Der Herrscher *Pachakutiq* soll angeordnet haben, Cusco in Gestalt eines Puma zu errichten – mit der gewaltigen Festung *Saksaywaman* als Kopf.

Als der Tag anbricht, säumen vierhundert Krieger, prächtig bemalt und federgeschmückt, den *usnu*, eine leicht erhöhte Plattform im Zentrum des Hauptplatzes. Je hundert stehen auf jeder Seite des Areals. Sie warten darauf, den unsichtbaren Feind zu vertreiben, dem die Menschen immer wieder erliegen. Er wird vor vier Tribunale gezerrt, auf jeder der vier Seiten eines. Ankläger treten vor die Richter, Repräsentanten des geistlichen und des weltlichen Lebens, und lesen ein Sündenregister vor – alle Verbrechen und Verfehlungen, die das Volk der Inka im verflossenen Jahr begangen hat. Die Richter verkünden Strafen und Freisprüche in diesem symbolischen Ritual. Besonders schwere Fälle reichen sie an den Inka weiter, der mitten auf dem *usnu* Platz genommen hat. Das Volk hat den unsichtbaren Feind an den Pranger gestellt. Es ist das Böse, das nach jedem einzelnen greift. Nun muß es verjagt werden, für ein ganzes Jahr.

Von der Festung *Saksaywaman*, hoch oben über Cusco, kommt ein Bote in die Stadt heruntergerannt. Er schwingt eine Lanze mit einer Fahne aus bunten Federn, wie sie im Krieg getragen wird. Vier Adlige, die ihn am Hauptplatz empfangen, berührt er sanft mit seiner Waffe. »Ich bin der Bote der Sonne«, ruft er ihnen zu. »Das ist das Gebot, das ich euch bringe: Ihr sollt die Krankheiten aus der Stadt verbannen, und sämtliche anderen Übel auch!« Alle Menschen in Cusco haben auf diesen Augenblick gewartet.

Phantasiedarstellung von Cusco, veröffentlicht 1572 von dem Kupferstecher Theodorus de Bry. Die Hauptstadt der Inka, im 12. Jahrhundert gegründet, lag auf 3 400 Metern Höhe. Zur Feier des Reinigungsfestes mußten alle Fremden sie verlassen.

Cvsco urbis nobilissima
& opulentissima Peruani regni
in occidentali parte sita, in qua ha-
bitabat magnus ille Rex Atabali-
ba quo tempore Hispani regnum
illud armis sibi
vindicarunt.
per Theodorum de Bry Leod.

Männer, Frauen und Kinder strömen aus den Häusern nach draußen. Tausende schütten ihre Decken, Röcke und Umhänge aus, rubbeln sich die Arme und Beine, als schrubbten sie sich sauber. »Weg mit euch, ihr Übel, macht euch davon!« schreien sie. Alles Böse wird so auf die Straße gekippt. »*Achallay! Achallay!*« rufen die Menschen. »Wie schön ist das!« Die vier Hundertschaften laufen hinaus aufs Land, jede in eine andere Himmelsrichtung, und tragen die Sünde in Staffetten weit weg: im Westen bis zum Fluß Kusipampa, im Osten bis zum Yunka, im Norden bis zum Apurimaq, im Süden bis zum Kikihana. An den Ufern bohren die Krieger ihre Lanzen und Speere in die Erde, als wollten sie den Übeln sagen: bis hierher und nicht weiter. Sie reinigen die Waffen im Wasser, dann reinigen sie sich selbst. Die Flüsse tragen den Schmutz des Jahres mit fort.

Als es dunkel wird, entbrennt in der Stadt die rituelle Schlacht, die den Namen *pankunku* hat. Brennende Brocken fliegen durch die Straßen, es sind Steine, umwickelt mit Stroh. Männer, Frauen und Kinder kämpfen mit flammenden Bündeln aus *ichu*-Gras gegen den unsichtbaren Feind. Bis Mitternacht dauert das fröhliche Inferno, und immer wieder hallen Rufe durch Cusco: »Wie schön ist diese Zeremonie! Wie prächtig! Oh, möge es der Herr uns bescheren, daß wir in einem Jahr wieder dieses Fest erleben!« In den ersten Stunden des neuen Tages ziehen Abordnungen zu Quellen in den Bergen. Sie tragen die Mumien und Götterfiguren, die tags zuvor im *Qurikancha*-Palast versammelt waren. Sie schöpfen Wasser mit den Händen und begießen sie damit. Nach ihnen waschen sich die Menschen. So werden auch hier die Bande erneuert zwischen den lebenden Familien, den Vorfahren und den himmlischen Wesen.

Am Morgen des nächsten Tages beginnt das große gemeinsame Mahl. Die Männer erscheinen mit roten und weißen Blumen, die sie in ihre Stirnbänder gesteckt haben, mit Silberplättchen an den Brauen und goldenen Medaillen, die ihnen für Tapferkeit im Kampf verliehen worden sind. Die Frauen haben ihre Gesichter rot bemalt, tragen Gewänder in Regenbogenfarben und silberne Broschen auf der Brust. Niemand darf arm aussehen an diesem Tag. Kein Streit darf herrschen, kein bitteres Wort gesprochen werden. Auch die Mumien der acht verstorbenen Inka und die Figuren aus Stein und Metall begeben sich jetzt auf den *usnu*, jede in einer feierlichen Prozession, die von dem zuständigen Priester angeführt wird. *Wiraqucha*, der Schöpfer, *Inti*, die Sonne, all die anderen Wächter und Beschützer der Menschen, dazu *Thupaq Yupanki*, der regierende Inka mit seinen Hofdienern und Hofdamen.

Indianer schleudern brennende, mit Steinen beschwerte Grasballen, um das Böse aus der Stadt zu vertreiben – eine nächtliche, rituelle Jagd. Der indianische Chronist Waman Puma de Ayala hat sein Werk über die Inka-Kultur mit 397 solcher Zeichnungen illustriert.

Vier weiße Lamas werden getötet, der *sanqu*-Teig mit ihrem Blut besprengt. Die Figuren nehmen Platz auf niedrigen, hölzernen Hockern und werden am Mund mit dem Teig bestrichen. Der höchste Priester kostet von der Masse und stößt Verwünschungen aus gegen alle, die hierhergekommen sind »mit zwei Willen und zwei Herzen«. Jeder Priester nimmt nun mit drei Fingern etwas von dem Brot, schluckt es und kehrt zurück zu seinem Sitz. Alle im Rund tun es ihnen gleich, viele nehmen etwas mit nach Hause, für Angehörige, die nicht kommen konnten. Alle essen sie von dieser heiligen Nahrung. Wenn sie einmal im Körper ist, glauben die Indianer, wird sie sich aufbäumen, den Leib peinigen und krümmen, falls dieser Mensch es wagen sollte, böse Pläne gegen die Götter oder deren Statthalter, den Inka, zu hegen. *Sanqu* soll schützen vor Aufruhr und Intrigen – und den verraten, der solche Gedanken in sich trägt.

Nun werden Hunderte von Lamas geschlachtet. Das Fleisch wird gebraten, jeder erhält ein kleines Stück. Tänzer, gekleidet in rote Mäntel, beginnen zu springen. Trommeln wirbeln, Flöten und Trompeten erklingen, Muschelschalen an den Beinen rasseln im Rhythmus. Das Lied, nach dem sie tanzen, preist die Schönheit des neuen Jahres. Sein Name ist: »Das Feld der Blumen«.

Drei Tage werden die Menschen nun beten, jeden Tag zu mehreren Göttern. »Wo bist du?« fragen die Indianer jeden Gott. »Drinnen? Draußen? In den Wolken? In den Schatten? Höre mich, antworte, gib deinen Segen!« Sie bitten um Glück und gute Ernte und darum, daß der Inka beschützt werde. »Halte deine Hand über den, den du geschaffen hast! Gib ihm Frieden und Sicherheit! Mach, daß er all seine Feinde besiegt!«

Sie tanzen den *wayaya*, ihren wichtigsten Tanz. Mit ihm erreicht das Fest seinen Höhepunkt. Voran werden die Standarte und die Zeremonienaxt des regierenden Inka getragen. Dann bringt ein Diener auf dem Rücken eine große Trommel herbei; sie wird von einer Frau geschlagen, die zur Inka-Familie gehört. Die Tänzer bilden einen Reigen, fassen sich an den Händen. Sie ziehen den Kreis immer enger, indem sie immer einen Schritt rückwärts und zwei Schritte vorwärts gehen. Nun haben sie den *usnu* erreicht, auf dem der Herrscher sitzt.

Der Gemeinschaftstanz *wayaya* war Höhepunkt eines jeden Inka-Festes. Dieser Ausschnitt ist in der Bilderdokumentation »Trujillo del Perú« enthalten, die der Bischof Baltasar Jaime Martínez Compañón im 18. Jahrhundert mit Hilfe indianischer Maler zusammenstellte.

Ein riesiges, bunt geflochtenes, wollenes Tau wird aus dem *Qurikancha*-Palast hierher getragen. Es sieht aus wie eine gigantische Anakonda-Schlange. Das Tau ist mit goldenem Schmuck verziert und hat am vorderen Ende ein dickes Knäuel, als sei es der Kopf. Adlige flankieren es zu beiden Seiten. Die Schritte der Tänzer auf dem Hauptplatz werden langsam, gemessen, feierlich. Stützgabeln werden aufgestellt. Als der Tanz zu Ende ist, legen sie das Tau in sie hinein. Nun umschließt es fast die Hälfte des Platzes, und die goldenen Anhänger klimpern im Wind. Es liegt zu Füßen des Herrschers, der über der Menge thront. Das Tau ist die starke Seele, die der Inka und sein Volk haben. Die *sitwa* hat sie neu gestärkt. Nun hat sie unbesiegbare Kraft.

Vor der Kulisse des 6 271 Meter hohen Sallcantay breitet sich ein künstlerisches »Wappenfeld« aus. Es wurde von einem Pflug geschaffen und läßt die Totemzeichen für Puma und Kondor erkennen – die zwei wichtigsten Tiere in der Inka-Mythologie.

Jetzt

Der Heiler vom »Heiligen Tal«

Don Lucio und die Mächte der Berge

»Jetzt gehe ich zu dem Berg,
deine Seele zu holen.
Wenn sie wieder zu deinem
Körper zurückkehrt,
wirst du gesunden,
wirst wie früher sein.«

Worte des Medizinmannes

Ollantaytambo. Die Mächte, die den Ort regieren, sind aus Felsen. Sie recken sie sich ungestüm zum Himmel, kesseln die kleinen Häuschen im Tal des Vilcanota-Flusses ein. Die Gipfel über dem Dorf heißen Pinkulluna und Tawasaywa. Weiter hinten türmen sich der Buena Vista, der Verónica mit seinem riesigen, schneeweißen Rücken, und der Arequipa, dessen Spitze wie der Finger Gottes ist. Das »Heilige Tal« verengt sich hier zu einer Pforte. Die Asphaltstraße, die von Cusco kommt, wird an einer Kurve zur Schotterstrecke. Nur das schmale Band der Eisenbahn, die täglich die Touristen zu den Ruinen von Machu Picchu bringt, schlängelt sich unverändert weiter.

Die Inka-Herrscher hatten in dem fruchtbaren Tal eine Sommerresidenz, mit prächtigen Bädern und Gärten. An den steilen Hängen über dem Dorf kleben Reste von Terrassen und einer Festung, die

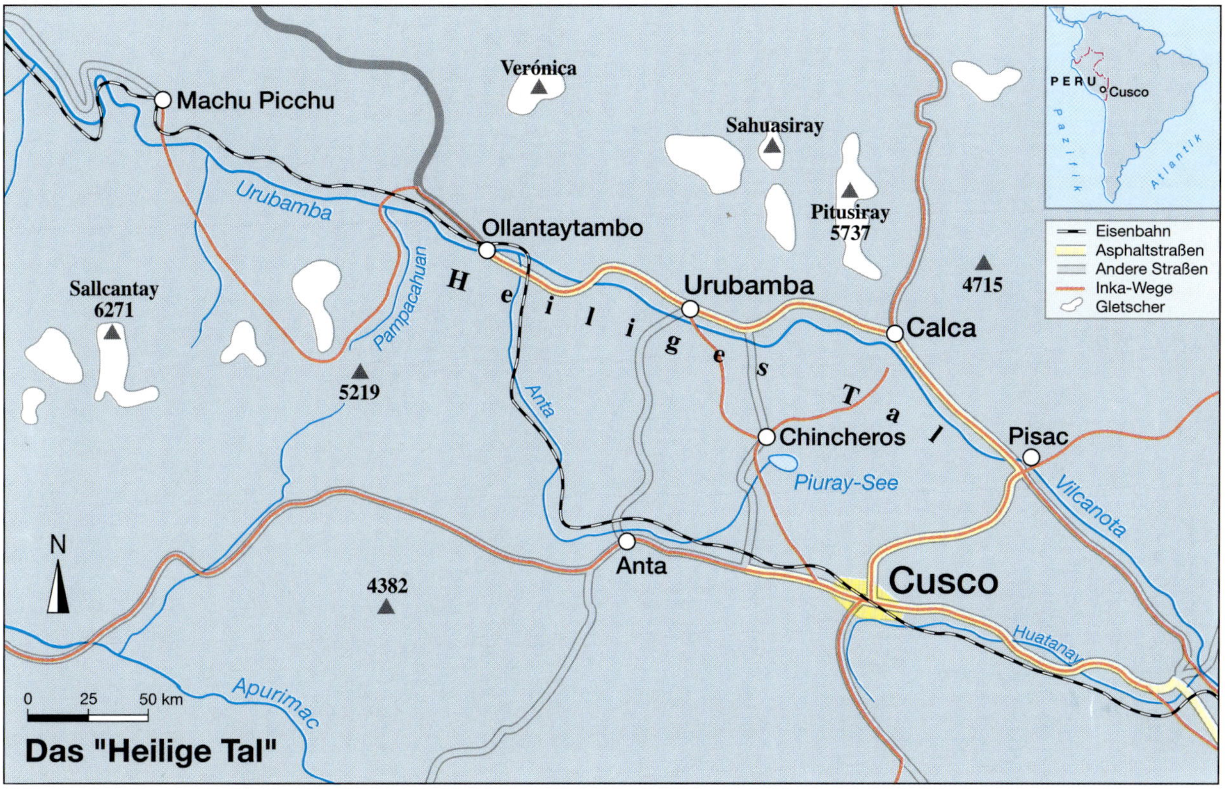

Im »Heiligen Tal« bei Cusco sind noch heute viele Traditionen aus der Inka-Zeit lebendig. Medizinmänner genießen bei der einheimischen Bevölkerung großes Ansehen. Eine Bahnlinie, für Touristen gebaut, führt zu den Ruinen der Stadt Machu Picchu, deren Ursprung nach wie vor rätselhaft ist.

nicht zu Ende gebaut wurde. Gewaltige Platten aus rötlichem Stein, eineinhalb Meter breit, dreieinhalb Meter hoch, jede 30 Tonnen schwer, liegen noch herum. Unvorstellbar, daß sie aus einem Steinbruch, sechs Kilometer entfernt, mit Seilen hierhergeschleppt wurden. Denn hier herrschen die Steine über die Menschen, nicht umgekehrt.

Das Haus von Lucio Carbajal liegt etwas abseits vom Dorfplatz. Ein kleiner Bach an der Ecke, ein paar grunzende Schweine. Nichts deutet auf Besonderes hin. Das kleine, leere Fläschchen und den Plastikfuchs, die vor Hexerei schützen sollen, haben auch viele Nachbarn auf dem Dach. Wir sehen Katzen, die sich balgen, und Hunde, die ihre Beinchen heben. Eine Mauerfront aus braunem Lehm, die sich in nichts von anderen Mauern unterscheidet. Und doch wohnt dahinter der Mann, von dem die Leute sagen, er sei mächtiger als der Bürgermeister, der Pfarrer oder die Polizei. Don Lucio kann mit den wahren Mächten sprechen – denen, die auf und in den Bergen sind.

Der schummrige, schmucklose Raum, den wir betreten, verrät so wenig darüber wie alles andere. Nackter Boden, kein elektrisches Licht. Ein Bett, auf das sich Don Lucio setzt. Seine Kunden lassen sich neben ihm nieder oder hocken auf einem kleinen Schemel. Hier wirkt der *curandero*, der Heiler, der Medizinmann. Sie kauen Kokablätter zusammen mit ihm, Ausdruck des gemeinsamen Erlebens. Sie glauben an die Kräfte, mit denen er im Bunde ist.

Ein Kreuz, ein Plastikfuchs, eine Flasche – das soll das Haus des Heilers Lucio Carbajal in Ollantaytambo vor Unbill schützen. Ohne Respekt vor der Macht der Berge, glaubt der 48jährige, wäre der Mensch aber dennoch verloren.

Eine Frau ist mit einer Colaflasche gekommen, in dem sich Urin ihres Mannes befindet. Don Lucio hält sie ins Sonnenlicht – dann stellt er die Diagnose.

Eine Frau bringt eine Limonadenflasche voll Urin. Ihr Mann ist 50, sagt sie, hat Fieber und Pickel an den Händen. Don Lucio tritt ins Freie, hält die Flasche ins Sonnenlicht, prüft die Farbe und sagt: »Es ist die Leber.« Einen Saft soll sie bereiten, sagt er, jeden Tag vor dem Frühstück, sie soll ihn mischen aus Kräutern, die sie an den Hängen findet, *mullaka, pili-pili, yampu llana*, wie sie in der *Ketschua*-Sprache der Andenvölker heißen. Sie soll ihn schütten in einen Tee, der aus der Rinde des Drachenbaums gekocht wird. »Tu es ab morgen, jeden Tag«, sagt er zu ihr. »Du wirst sehen, deinem Mann wird es bessergehen.«

Der 48jährige hat Rezepte, die moderne Mediziner nicht kennen. Er weiß um die heilenden Kräfte, die in den Kräutern sind, und oft ist es nur dieses Wissen, weswegen die Menschen zu ihm kommen. 50 Pflanzen gehören zu seinem Arsenal, er zermahlt sie und preßt sie zu Säften, für jede der »normalen« Krankheiten hat er eine eigene Mischung. Sein Rezept gegen Husten lautet rote Bohnen, Zucker und ein geschlagenes Ei, dazu Veilchen und Borretsch und Pflanzen, die im *Ketschua* folgende Namen haben: *panti, yawar chunqa, chitu-chitu, waka qallu, chiri-chiri.* Alles mischen mit lauwarmem Wasser, sagt er, dann essen, dreimal pro Tag, drei Tage hintereinander. Gegen Kopfweh kocht er Akaziendornen, *qhamastu, cabra-cabra*

Don Lucio kennt die heilende Kraft der Kräuter. Für seine Rezepte benutzt er 50 verschiedene Pflanzenarten, die in der Umgebung wachsen.

und *cacho de chivo, inka ruda, inka wakatay.* Frühmorgens den Kopf damit waschen, sagt er, und ihn dabei immer nach hinten geneigt halten. Gegen Herzbeschwerden bereitet er einen Tee aus Nelken- und Sonnenblumenblüten, dazu wird Wasser gegossen, in dem eine Zeitlang Blumen gelegen haben. Jeden Tag eine Tasse, sagt er, bis du dich besser fühlst.

Das Wissen um die Kräuter allein ist es nicht, was einen *curandero* ausmacht. Die helfen gegen Krankheiten, die ihre Ursachen im Körper haben. Es gibt aber auch Krankheiten, deren Ursachen woanders liegen. Der *susto*, der traumatische Schock, ist die häufigste. Er tritt ein, wenn die Erde dem Körper die Seele raubt. Nur Leute wie Don Lucio haben Zugang zu diesen Bereichen. Nur sie können die Seele zurückholen.

Warum tut die Natur das den Menschen an? Warum werden sie mit Schwermut und Schreckhaftigkeit geschlagen, mit Depressionen und Schwäche? »Weil sie nicht an die Macht der Berge glauben«, sagt Don Lucio. »Viele kennen nicht mal mehr ihre Namen. Wie sollen sie da imstande sein, sie mit Respekt zu grüßen?« Die Berge, sagt er, wachen über die Menschen wie Eltern über ihre Kinder. Nichts, was im Tal geschieht, kann ihnen entgehen. Sie haben eine Seele wie die Bäume und das Wasser. Und die Geister, die aus ihnen sprechen, können Glück aussenden oder Leid, können beistehen oder vernichten – je nachdem, wie sie von den Menschen behandelt werden.

Sie heißen *awki*, die wahren Herren der Welt. Der höchste und mächtigste unter ihnen ist der Ausangate und hat eine Höhe von 6 830 Metern. Ihm folgen der Qanaqway und der Doppelgipfel Sahuasiray-Pitusiray; dann kommen die höchsten einer Region, dann die höchsten eines jeden Ortes. Kein Andendorf in der Gegend von Cusco ist ohne *awki*. Und doch gibt es immer wieder Menschen, die glauben, sie könnten die Mächte mißachten.

Jeden Tag beginnt Don Lucio mit einem Gruß an die Berge seines Dorfes und an die Muttergottes. »Pinkulluna, Ave María«, oder »Buena Vista, Ave María«. Er blickt erst nach unten, auf die Erde, dann nach oben, zu den Gipfeln; es sind die Pole, zwischen denen sein Leben abgesteckt ist. Wenn er Wasser trinkt oder Tee oder Schnaps, wiederholt sich immer dieses Ritual: Blick nach unten, Blick nach oben, dann der Schluck. »Wer das tut«, sagt er, »den beschützen die *awki*. Wer es nicht tut, den bestrafen sie.« So einer wird ausrutschen, stürzen oder erkranken, er wird Geld verlieren oder bei Geschäften betrogen. Oder der *susto* wird über ihn kommen, Zeichen seiner Ohnmacht gegenüber der Natur.

Don Lucio, der *curandero*, muß herausfinden, welche Stellen des Körpers befallen sind. Er nimmt ein Meerschweinchen, passend zu Geschlecht und Alter des jeweiligen Patienten. Ein *indio* in Peru lebt durchschnittlich 50 Jahre, ein Meerschweinchen vier Jahre, das ist die Proportion. Der Heiler schlägt mit dem Tier ein Kreuz in der Luft und ruft: »Im Namen des Herrn!« Dann berührt er mit der Hand die Stirn des Leidenden und sagt: »Gott, hilf, das Übel zu beseitigen!« Dann reibt er den nackten Körper mit dem Tier, beginnend am Kopf, bis hinunter zu den Füßen, erst die Vorder-, dann die Rückseite. Gleiche Körperteile müssen sich berühren, Kopf zu Kopf, Fuß zu Fuß. Don Lucio betet das Vaterunser und das Glaubensbekenntnis, läßt den Kranken dem Meerschweinchen ins geöffnete Maul hauchen. Stirbt das Tier während dieser Prozedur, ist die Krankheit schon soweit fortgeschritten, daß keine Hoffnung mehr besteht. »In einem oder eineinhalb Monaten«, sagt Don Lucio, »ist der Patient mit Sicherheit tot.« Meist aber bleibt das Meerschweinchen am Leben, holt die Krankheit aus dem Leib heraus, nimmt sie in den eigenen Körper auf. In diesem Fall wird es vom *curandero* getötet. Er öffnet ihm Brust und Bauch. Der Zustand von Blut und Gedärmen ermöglicht dem Heiler die Diagnose. »Es ist«, sagt uns Don Lucio, »wie bei einer Röntgenaufnahme.«

Jeden Dienstag und Freitag bereitet seine Frau Regina ein Wasser, das gegen Krankheiten helfen soll. Sie kocht die Rinde des *kina-kina*-Baumes, zusammen mit Maisbier, dann fügt sie die Kräuter mit Namen *ruqi, haraqchana* und *maycha* hinzu. Sie gießt die Brühe in einen Zuber, läßt es abkühlen. Die Leute wissen, ab Mittag können sie kommen, um sich damit zu waschen.

Eine Frau mit Familienproblemen sucht Rat bei Lucio Carbajal – diesmal mit Hilfe von Kartenlegen. Oft gehen die Menschen stundenlange Wege, um den Heiler von Ollantaytambo um Beistand zu bitten.

Eine Mutter besucht den *curandero* mit ihrer Tochter. Drei Stunden lang haben sie gebraucht, um aus dem Dorf Yanowara herunterzusteigen, fünf Stunden wird der Rückweg dauern. »Fast immer sind es Frauen, die zu mir kommen«, sagt Don Lucio. »Männer wollen nur meine Hilfe, wenn ihnen Tiere fehlen. Frauen können leichter über ihre Sorgen sprechen.« Sie erzählen ihm, was sie sonst niemandem erzählen: daß die Söhne nicht nach Hause gehen, wenn der Vater da ist, daß der Vater nicht nach Hause geht, wenn die Söhne da sind, daß sie alle zu trinken begonnen haben. Jetzt ist ihr Mann, sagt die Frau aus Yanowara, in einem Wutanfall auf einen der Jungen mit der Axt losgegangen. »Sag mir, was ich tun soll«, bittet die Frau. »Ich halte dieses Leben nicht länger aus. Soll ich ihn verlassen und alle Tiere verkaufen?« Don Lucio antwortet: »Du darfst nicht nur mit deiner Tochter kommen. Du mußt auch deinen Mann mitbringen.« Sie sagt: Er will nicht. Er sagt, es kostet zuviel Geld.« Don Lucio sagt: »Es hilft nichts, ihr müßt beide kommen. Nur dann kann ich euch helfen.« Mutter und Tochter nicken, gehen zu Regina in die Küche, stärken sich mit einer Suppe für den Weg zurück, den steilen Aufstieg ins Gebirge.

»Die Familie ist verhext«, sagt Don Lucio zu uns. »Ein *brujo* hat sie mit Unglück überzogen.« Der *brujo* sei der Gegenspieler des *curandero*, er wolle Menschen nicht helfen, sondern nur schaden. Immer wieder liefen die Leute zu solchen Hexern, wenn sie sich rächen wollen an anderen, wenn sie bestrafen oder vernichten wollen. »Auch die *brujos*«, sagt Don Lucio, »versuchen, die Geister für sich zu gewinnen.«

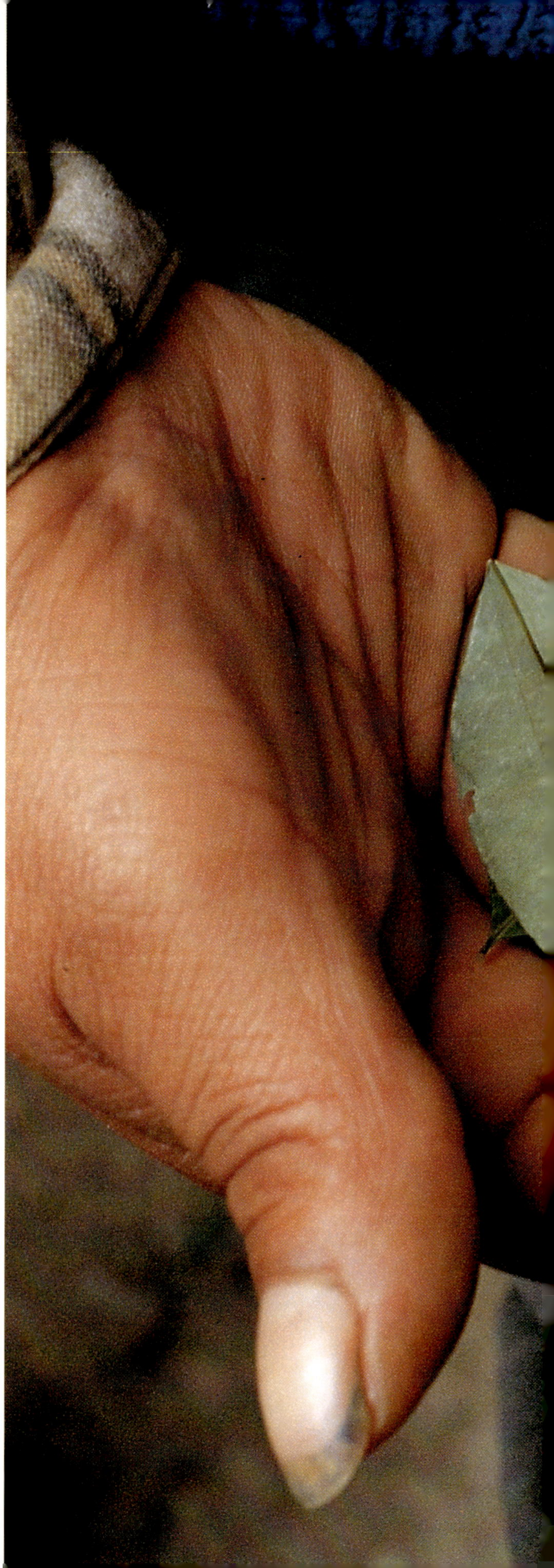

Koka ist für die Indianer in den Anden eine Pflanze mit überirdischen Kräften. Don Lucio verraten ihre Blätter Dinge aus dem Leben seiner Kunden – je nachdem, wie sie aus der Hand zu Boden fallen.

Jeder von ihnen hat seine eigenen, scheußlichen Rezepte, um ein Übel auf eine Person zu übertragen. Die einen nehmen eine Puppe aus Lumpen, die das Opfer darstellen soll, bemalen sie mit wilden Farben, um ihr einen Ausdruck des Schrekkens zu geben, durchstechen sie mit Nadeln oder Kaktusstacheln. Andere setzen Kröten in einen Tonbehälter, der mit Mehl gefüllt ist, und stellen ihn einen Monat lang in eine dunkle Ecke. Dann wird das Mehl, verunreinigt durch Urin und Kot, zu einem Pulver gesiebt und einem Essen oder Getränk beigemischt. »Die *brujos*«, sagt Don Lucio, »haben vor nichts Respekt. Sie können nicht lesen, nicht schreiben und nicht beten, aber sie können viel Böses tun. Sie werden einmal, am Jüngsten Tag, vor dem Richter stehen für ihre Untaten.« Der Machtkampf *curandero* gegen *brujo* kann wochenlang, monatelang dauern. »Der *brujo* versucht, einen Gegner mit bösen Gedanken zu töten«, sagt Don Lucio. »Der *curandero* versucht, böse Gedanken mit Gebeten die Kraft zu nehmen.«

Eine 22jährige Frau, im siebten Monat schwanger, ist zu Don Lucio gekommen. Er fühlt ihren Puls und sagt, es werde ein Mädchen. Der Mann, sagt sie, hat sie verlassen, will jetzt mit einer anderen leben. Sie möchte, daß der *curandero* ihr den Vater des Kindes zurückbringt. »Du mußt etwas von seinen Haaren und Fingernägeln abschneiden, heimlich, im Schlaf, so daß er es nicht bemerkt«, sagt Don Lucio. Sie hat es sicherheitshalber schon getan, als er noch mit ihr zusammen war. »Steck die Sachen in einen Beutel und paß gut auf ihn auf. Trage ihn immer bei dir oder vergrabe ihn irgendwo im Bett. Dann kommst du wieder, und zwar am Dienstag, dann werden wir ein *despacho* machen.« Das *despacho* ist das Opfer für die *awki*, damit sie den Mann wieder dorthin zwingen, wo er hingehört: zu seinem Kind und zu der Frau, mit der er es zeugte.

Die 22jährige kauft bei einer Marktfrau ein Päckchen. Es enthält Kokablätter, Lamatalg, Süßigkeiten, Rosinen, Feigen und Muschelschalen. Sie fügt den Beutel hinzu und ein Foto von ihr und ihm und zwei Zinnfiguren, die Mann und Frau darstellen. Mit diesen Sachen kommt sie zu Don Lucio zurück. Er gießt ein wenig Wermut in einem Kreis auf den Boden, breitet ein Tuch aus Schafwolle auf dem Bett aus, steckt die Kokablätter zu Dreierbündeln zusammen, hält sie hoch und bläst durch sie zu den Bergen hin. Dann sortiert er alles auf dem Tuch, betet und packt alles wieder zusammen.

Er kann nicht mehr, wie die *curanderos* in anderen Dörfern, hochsteigen auf einen seiner Berge. Als er 18 war und bei der Koka-Ernte half, stürzte er in einen Fluß bei Ojobamba, den er, an einem Drahtseil hangelnd, überqueren wollte. Sein Hüftgelenk wurde beim Aufschlag auf einen Felsen zerschmettert, seitdem geht Don Lucio nur noch mühsam, mit der Krücke. Sein Sohn Donato, 19 Jahre, trägt das *despacho* auf die Höhe. Auf dem Weg raucht er Zigaretten, um »böse Luft« von dem Päckchen fernzuhalten. Oben angekommen, entzündet er ein Feuer, gießt Anisschnaps hinein, um die *awki* zu bewirten; die Glut muß richtig hochsprühen dabei. Dann legt er das Päckchen in die Flammen. »Die *awki*«, sagt Don Lucio, »riechen das. Sie werden das Opfer akzeptieren. Sie werden ihre Hilfe nicht versagen.«

Ein Heiler, sagt Don Lucio, verdient nicht schlecht. Bei ihm sind es im Durchschnitt 150 Soles pro Monat, das Zweieinhalbfache eines Polizisten- oder Lehrergehaltes. Heiler haben viel zu tun, wenn ein Land in Armut versinkt. »Ein *curandero* kann viele Neider haben. Je mehr Leute zu ihm kommen, um so größer ist der Neid. Ich aber beneide niemanden. Ich will nur Gutes tun. Und ich weiß, daß die *awki* mich beschützen.« Es gibt auch reisende Medizinmänner, von Dorf zu Dorf ziehen sie, um ihre Dienste anzubieten. »Ein guter Heiler aber muß nicht zu den Leuten gehen«, sagt Don Lucio. »Er wird von ihnen aufgesucht. Das ist der Beweis, daß er etwas kann.«

Lucio Carbajal und seine Familie vor ihrem Haus in Ollantaytambo. Der Heiler gilt als mächtigster Mann des Dorfes.

Wieder ist eine Frau zu ihm gekommen. Sie hat zwei Stück Vieh, ihren ganzen Besitz, oben an den Hängen des Verónica weiden. Sie hat Angst, daß Diebe ihr den Ochsen und die Kuh stehlen. »Sag mir, ob die Tiere noch da sind«, bittet sie Don Lucio. Sie hat einen Beutel Kokablätter mitgebracht. Die Pflanze wächst weiter unten im Tal, bei Quillabamba, wo es wärmer ist, und viermal im Jahr kann man von ihr ernten. Schon die Inka opferten sie ihren Göttern, zusammen mit Gold und Silber, Muscheln, Maisbier und geschlachteten Lamas. An der Koka scheiden sich die Menschen in Peru: die *runa-kuna,* die Erben der Inka, für die das Kauen der Blätter ein Lebenselixier ist, und die *misti-kuna,* die verwestlichten Mestizen, die die Blätter weder kauen noch an deren Kräfte glauben. Kein *indio* will ohne Koka leben. Sie ist für ihn mehr als eine Pflanze. Ihre Blätter können Botschaften zu den *awki* senden. Sie können dem Menschen aber auch Botschaften bringen.

Don Lucio nimmt eine Handvoll aus dem Beutel, läßt die Blätter langsam durch seine Finger rieseln. Sie fallen auf ein Tuch, das auf dem Bett ausgebreitet ist. Schweigend, regungslos, sieht die Frau zu, wie die Koka ihre Antwort formt. Die Blätter fallen so, daß der Rücken nach unten zeigt. Das ist ein gutes Zeichen, die Tiere sind da. Wären sie mit dem Rücken nach oben gefallen, so hieße das, die Tiere sind weg. Die Richtung, in der die Blätter liegen, würde die Richtung des Weges angeben, auf dem sich der Dieb davongemacht hat.

»Die Koka«, sagt Don Lucio, »ist von Gott erschaffen worden.« Die Pflanze habe schon der Heiligen Maria geholfen, die Flucht mit dem Jesuskind vor den Häschern des Herodes durchzustehen. »Gott wollte etwas schaffen, was den armen Bauern hilft, was das Leben leichter macht. Wo Koka ist, da ist kein Hunger, kein Durst, keine Sorge.« Behutsam nimmt er die Blätter vom Bett und packt sie sorgsam wieder in den Beutel.

Lucio Carbajal bläst sein Anliegen durch Kokablätter zu den Geistern der Berge. Viele Indianer haben zu dem Heiler mehr Vertrauen als zu einem Arzt. Sie wollen seine Hilfe nicht nur bei Krankheiten, sondern auch bei persönlichen Konflikten.

Einst

Das Preußen der Anden

Der Staat der Sonnenkönige

»Hier drehen wir das Seil:
hier die Faser,
hier der Eifer,
hier der Schweiß.«

Lied der Inka beim Brückenbau

Ein kleiner Punkt wandelt unten im Tal, soeben hat Hanq'u ihn entdeckt. Er scheint auf dem steinigen Weg zu hüpfen, der sich zu ihm hochwindet. Der Punkt kommt näher, wird jede Minute größer. Allmählich kann er eine menschliche Gestalt erkennen. Sie trägt, wie er selbst, ein Band aus Wurzelfasern um den Kopf, aus dem ein kleiner Federbusch ragt. Sie eilt in kurzen, gleichmäßigen Schritten bergan, läuft behende über Brücken, unter denen Wildbäche rauschen, verschwindet hinter vorspringenden Felsen, taucht Sekunden später wieder auf. Hanq'u hört Rufe, er legt eine Hand ans Ohr, aber noch kann er die Worte nicht verstehen. Die Gestalt wiederholt ihre Rufe, bleibt aber keinen Moment stehen, hastet unablässig weiter. Hanq'u verharrt ungeduldig auf seinem Ausguck.

Der Mann, der da naht, ist außer Atem. Seine Stimme ist durch das Keuchen entstellt, deswegen waren seine Rufe nicht zu verstehen. Hanq'u rennt dem königlichen Boten ein Stück entgegen, dann Seite an Seite mit ihm, um so zu hören, was der *chaski* mitzuteilen hat. Im fliegenden Wechsel, damit keine Zeit verloren wird, geht die Nachricht von einem Meldeläufer zum anderen. »Der Inka kommt! Er wird Curahuasi besuchen, in drei Tagen von heute an. Sag den Autoritäten, daß sie den Empfang vorbereiten!« Hanq'u rennt los, hinunter ins nächste Tal. Die Botschaft, die er weiterzutragen hat, muß so schnell wie möglich nach Curahuasi. Er läuft drei Kilometer, so schnell er kann, eine Pause ist ihm streng untersagt. Niemandem außer dem nächsten *chaski* darf er seine Botschaft verraten. Und niemand soll sagen, er sei faul, denn in diesem Fall drohen ihm 50 Knüppelschläge.

Seit 12 Jahren tut Hanq'u hier oben in den Anden seinen Dienst, auf der Straße, die die Hauptstadt Cusco mit dem Norden des Reiches verbindet. Er hat schon Kriege und Rebellionen gemeldet, Befehle und Gerichtsurteile, aber auch die freudige Nachricht, daß *Wayna Qhapaq* der neue Inka geworden ist. Oft rennt der *chaski* mit zwei Dutzend *khipu*-Schnüren in den Händen, die an einer Hauptkordel aufgehängt sind. Sie haben große und kleine Knoten, das sind Meldungen für Beamte, die sie entschlüsseln können, Statistiken über Tiere oder Steuern, Arbeitskräfte oder Heeresstärken. Jetzt aber hat er nur eine Meldung, sie geht per Staffette von Mund zu Mund, und so beginnt auch er laut zu rufen, als er sich dem nächsten Posten nähert, einem Rundhäuschen aus Stein und Lehm. »Der Inka kommt! Er wird Curahuasi besuchen, in drei Tagen von heute an. Sag den Autoritäten, daß sie den Empfang vorbereiten!« Der wartende Bote hat verstanden und rennt los. Erschöpft streckt Hanq'u sich aus auf einer kleinen Terrasse. Er ruht eine halbe Stunde, dann läuft er zurück zu seinem Posten, wo ein zweiter inzwischen die Stellung hält. Hanq'u ist müde am Ende dieses Tages. Doch er schläft nur wenig in der Nacht. Zu groß ist die Erregung, in die ihn der Gedanke versetzt, daß er den Inka sehen wird.

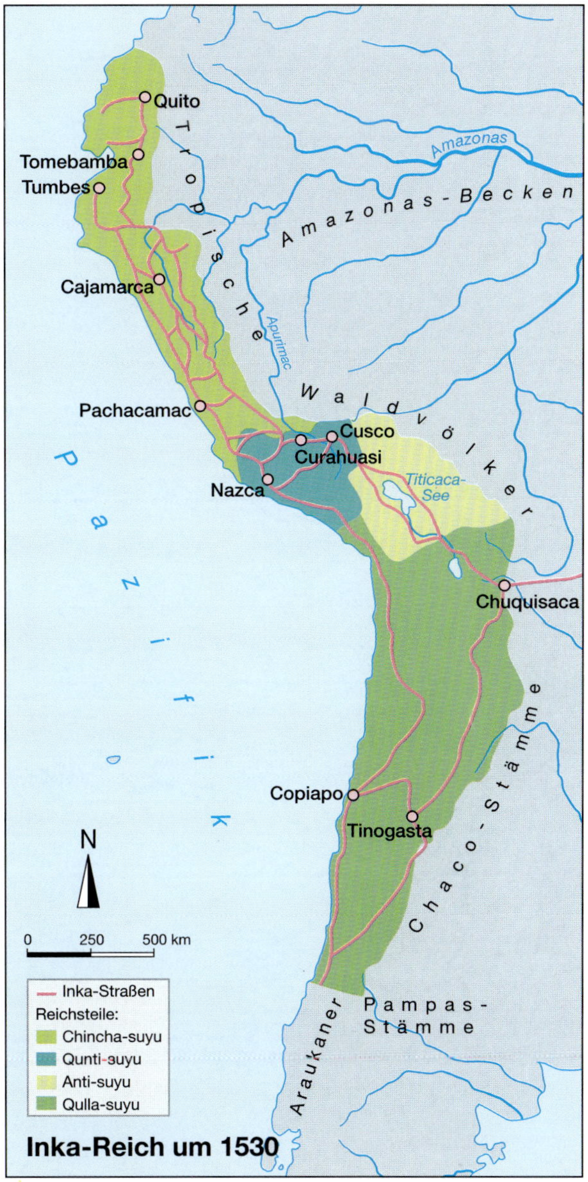

Vor Ankunft der Spanier erstreckte sich das Inka-Reich über eine Länge von 4 000 Kilometern. Es war in vier Teile *suyu* gegliedert. Ein weitverzweigtes Straßennetz verband alle wichtigen Gebiete miteinander.

Die Inka-Wege in den Anden, die zum Teil noch heute benutzt werden, überwinden Höhen von bis zu 5 000 Metern. An steilen Stellen wurden Steinstufen gebaut.

Dreireihige Mauern aus Felsblöcken, die bis zu 300 Tonnen schwer waren, schützten die Festung *Saksaywaman* hoch über Cusco. Hier saß der Inka-Herrscher bei Truppenappellen auf einem steinernen Thron.

Das Inka-Straßennetz ist an vielen Stellen aus der Luft gut erkennbar. Es verband alle Teile des Reiches und war 15 000 Kilometer lang. Hauptbenutzer der Wege waren Meldeläufer und Truppenverbände.

Die Straße ist die längste und beste auf dem ganzen Kontinent. Hunderttausende haben sie durch die wilde Landschaft schlagen müssen, Dorfbewohner, die an der Trasse lebten. Auf Hochebenen haben sie den Weg bis zu 12 Metern Breite mit Platten ausgelegt. Mal ist er zu beiden Seiten von Mauern begrenzt, mal von schattenspendenden Bäumen, oft läuft ein Kanal mit frischem Wasser nebenher, und alle acht Kilometer steht ein Markierungsstein. In sumpfigen Gebieten haben sie für die Straße Dämme aufgeschüttet, auf Gefällstrecken Stützmauern gebaut, an den steilsten Stellen Treppenstufen, keine mehr als zehn Zentimeter hoch. An manchen Stellen haben sie Felsen mit Feuern erhitzt, dann kaltes Wasser darübergegossen, damit sie barsten, und sie mit Werkzeugen aus Stein solange bearbeitet, bis sie ein Loch durch den Berg gebahnt hatten. An anderen Stellen haben sie Holzpflöcke in natürliche Risse getrieben und naß gemacht. Die Keile quollen auf, spalteten den Fels, so konnten sie ihn mit Stangen heraushebeln. Es ist eine Straße zum Ruhm des Herrschers. Die *Qhapaq Ñan*, die »Straße des Königs«. Sie verläuft über Hochflächen, Berge und Pässe – 5 200 Kilometer lang.

Ein feierlicher Zug bewegt sich jetzt auf ihr. Zuerst ein Truppenverband von 5 000 Mann, bewaffnet mit Lanzen und Schleudern. Dahinter noch einmal 2 000 Mann, die Leibwache. Dann eine Schar von Indianern, die den Weg mit Palmwedeln sauberfegen; kein Unkraut und kein loser Stein darf zu sehen sein. Über ihren Köpfen schwankt eine Sänfte, die vier Männer auf den Schultern tragen. Sie ist mit Gold und Silber beschlagen und mit Stoffen zugehängt, damit die stechende Sonne nicht stört. Der Inka, der Herrscher über alles. Ein paar Löcher machen es ihm möglich, nach draußen zu sehen. Der Zug marschiert in tiefem Schweigen. Auf den Hügeln ringsum stehen Tausende von Untertanen, begierig, den Regenten zu sehen. »Hoher und mächtiger Herr«, rufen sie, »Sohn der Sonne, du allein bist der Herr, wahrhaftig, die ganze Welt möge auf dich hören!«

Inka-Herrscher in einer Sänfte. Das Aquarell von Pater Martín de Murúa zeigt fälschlicherweise einen Sonnenschirm. Auf die Tragestangen schrieb der Maler die Namen der vier Reichsteile.

Wayna Qhapaq inspiziert sein Reich, das den Namen *Tawantin-suyu* trägt, »Reich der vier Richtungen«. Es ist aufgeteilt in *Chincha-suyu* im Norden, *Qulla-suyu* im Süden, *Anti-suyu* im Osten, *Qunti-suyu* im Westen, und Straßen aus allen vier Teilen treffen sich auf dem Hauptplatz von Cusco. Zehn Jahre zuvor, 1493, hat *Wayna Qhapaq* die Macht angetreten, als elfter in der Reihe der Inka. Sein Name bedeutet »erhabener Jüngling«. Er hat das Herrschaftsgebiet noch einmal vergrößert. Es ist jetzt 4 000 Kilometer lang, umfaßt den größten Teil der Anden, eine wüstenartige Küste und regenreiche, fruchtbare Täler, deren Flüsse sich in das Amazonasbecken ergießen. Das Straßennetz ist auf insgesamt 15 000 Kilometer gewachsen. Die Inka stehen auf dem Höhepunkt ihrer Macht. *Wayna Qhapaq* zieht die Stoffvorhänge beiseite und badet im Jubel der Menge.

Der Tag geht zu Ende. Der Zug macht halt an einer Herberge, rüstet sich für die Nacht. Die Soldaten schlafen unter freiem Himmel, der Herrscher in einem besonderen Haus. Alle 20 bis 25 Kilometer, eine Tagesreise, stehen solche *tampu* an der Straße. Sie haben Nachtlager für Reisende und Proviantlager für Truppen. So hat es der Inka angeordnet. Nun zieht er durchs Land und prüft die Arbeit seiner Verwalter. Er wird die guten reich beschenken und die schlechten schwer bestrafen, mit Kerker oder mit dem Tod.

Tags darauf steht der Zug vor einer gähnenden Tiefe. Unter ihnen, in einem schwarzen Schlund, rauschen die Wasser des Apurimaq. Keiner könnte ihn an dieser Stelle überqueren, wäre da nicht die Hängebrücke, die sich wie ein Spinnenfaden über ihn zieht. Es gibt Hunderte davon im Inka-Reich, sie aber ist die schwierigste, kühnste, gefährlichste von allen. *Waka chaka,* »heilige Brükke«, nennen sie die Indianer; viele glauben, daß sie eine Seele hat. *Apu rimaq* bedeutet »Fürst Orakel«, daher haben sie ihre berühmteste Orakelstätte hier, wo die Götter durch das Brausen des Flusses zu den Menschen reden.

Wayna Qhapaq, der letzte unumstrittene Herrscher der Inka-Dynastie. Gemälde aus dem Peru des 17. Jahrhunderts. Unter seiner Regierung (1493 – 1527) hatte das Reich die größte Ausdehnung.

Die Straße verengt sich zu einem Zickzackweg, nur noch ein bis zwei Meter breit, der bis zur Brückenplattform führt. Von hier fällt die Schlucht 60 Meter senkrecht zum Fluß hinab. *Wayna Qhapaq* läßt seine Träger anhalten. Er will sehen, wie die 7 000 Menschen über die tosenden Fluten gehen. Drüben liegt, zwei Marschstunden entfernt, das Dorf Curahuasi, das zuständig ist für den Erhalt der Brücke. Alle, denen diese Aufgabe obliegt, zittern. Eine Schwachstelle nur, und es ist um sie geschehen. Der Inka duldet nicht die geringste Schlamperei.

Seine Untertanen sind unübertroffen in der Kunst, solche Brücken zu bauen. Sie drehen an Ort und Stelle Taue aus starken Fasern der Agavenpflanze, deren fleischige, blaugraue Blätter zwei Meter lang sind. Drei Fasern bilden einen Strang, drei Stränge einen Strick, drei Stricke zusammengeflochten ein Seil, am Ende wird daraus ein Tau, so dick wie ein Oberschenkel. Es muß 50 Meter Flußbreite überspannen, ist aber doppelt so lang. Denn es hängt in der Mitte durch, muß zu beiden Seiten über einen Steinturm gelegt und um fünf stufenförmig verlegte Balken gewickelt werden, die tief in die Plattform eingegraben sind. Zwei Taue, jedes zweieinhalb Tonnen schwer, sind für die Aufhängung der Brücke, drei weitere tragen den Laufsteg aus querliegenden Holzbalken und daraufgeschichteten Ästen. Ein Netz von Seilen, die V-förmig gezogen sind, bildet die schützenden seitlichen Wände.

Schon das Spannen des Taues über den Fluß ist ein waghalsiges Unternehmen. Etwas abseits der Stelle, wo das Wasser ruhiger ist, überqueren Männer den Apurimaq mit einem Floß. Einer von ihnen hat das dünne, vordere Ende einer Kette von Seilen in der Hand, die immer dicker wird und am hinteren Ende um das Tau geknüpft ist. Die anderen rudern hinüber. Dort wartet eine Armada von Arbeitern, die das Tau nach oben ziehen, über den Steinturm legen und im Boden verankern. Damit die Brücke im Wind weniger schwankt, wird sie mit seitlichen Tauen an den Felswänden befestigt.

Mit Stolz verfolgt *Wayna Qhapaq*, wie sein Gefolge vorsichtig über dieses Meisterwerk schreitet. Der riesige Menschenwurm ringelt sich am anderen Ufer in einer Spirale nach oben, taucht in einen Stollen ein, drei Meter hoch und knapp zwei Meter breit, mit Luftlöchern im Abstand von zehn Metern. 300 Höhenmeter muß der Zug in ihm überwinden, ehe die Menschen wieder das Tageslicht erblicken. Der Inka wird nicht geizen mit Lob und Ehre für die Erbauer, für die Wächter, die den Brückenzoll erheben, für den Aufseher und die Leute, die sie alle zwei, drei Jahre erneuern. Es wird ein großer Tag für Curahuasi.

Seit Stunden schon tanzen die Menschen im Dorf, begleitet von Trommeln und vielerlei Flöten. Die einen führen einen Bauerntanz auf, die Männer mit ihren Grabestöcken, die Frauen mit keulenartigen Hölzern, die das Klopfen nachahmen, durch das sie die Ackerschollen zerkleinern. Andere imitieren den Flug des Kondors, sie haben sich Schwingen um die Arme gebunden und ziehen Kreise auf der Erde, so wie er, das Tier der Tiere, in der Luft. Wieder andere springen wie Rehe, sie tragen deren Gehörn auf den Köpfen. Ihnen folgen Leute, die Lamas darstellen, sie sind eingehüllt in das wollige Fell, der vordere geht aufrecht, der hintere gebückt, und zum Vergnügen der Zuschauer versteht dieses Tier aus Menschen sogar zu spukken wie das echte. Die Musikanten verwenden ein ganz besonderes Instrument: den Unterkiefer eines Lamas. Sie haben ihn in der Sonne getrocknet, die Zähne wurden locker dadurch, und wenn sie jetzt mit einem Stab daran schlagen, erzeugen sie ein lustiges Klappern.

Eine Inka-Hängebrücke. Die schweren Taue aus Agavenfasern wurden über Steintürme gelegt und um Holzbalken gewickelt, die in einer Plattform versenkt waren. Einige dieser Brücken sind bis heute erhalten.

Jetzt hält er Einzug ins Dorf, der »Sohn der Sonne«. Die Menschen glauben, daß ihr Schicksal irgendwie mit dem seinen zusammenhängt; sein Wohl ist auch ihr Wohl, sein Unglück auch das ihre. Sie fürchten ihn, doch es ist nicht die Furcht vor einem Menschen, sondern vor einem halbgöttlichen Wesen. Sie möchten ihn sehen und wagen doch kaum, den Blick auf ihn zu richten. Sie heben Köpfe und Hände zur Sonne, dann zum Inka und rufen: »Du bist der Gute, der Freund der Armen.« Ihr Dorfvorsteher, der *kurakaq*, hat sein Amtsgewand abgelegt und einen schlichten Umhang übergeworfen. Er hat seine Sandalen ausgezogen und geht barfuß auf den Herrscher zu. Auf den Schultern trägt er, eingewickelt in Stoff, eine Last, die seine Bürde symbolisiert.

Ein System von Insignien, ausgetüftelt bis ins letzte Detail, weist jedem im Reich seinen Rang zu. Ein Privileg, das der Inka vergibt, hebt den Empfänger über das Volk hinaus und hält ihn gleichzeitig auf Distanz zum Herrscher. Der Dorfvorsteher hat drei Jahre zuvor in Cusco schon den *llawt'u* erhalten, eine fingerbreite, geflochtene Schnur, fünffach um den Kopf gewunden. Es ist das gleiche Band, das der Inka trägt, nur mit einem kleinen Unterschied: Es ist schwarz, das des Herrschers aber bunt. Nun erlaubt ihm der Inka, das Haar zu scheren, freilich nicht so kurz, wie der »Sohn der Sonne« es trägt. Er darf es tragen bis zur halben Ohrhöhe, von nun an wird er es jede Woche schneiden, damit es nicht darüber hinauswächst und dadurch die Unterschiede zu anderen verwischt. Er darf ferner von nun an bei offiziellen Feiern auf einem Schemel sitzen und Geschirr aus Gold oder Silber benutzen. Der *kurakaq* errötet, verbeugt sich tief vor dem Herrscher.

Wieder spielen die Musikanten, wieder tanzen die Menschen. Der Inka lädt zu einem Fest mit Kokatee, Maisbier und großen Mengen Lamafleisch. Dann erweist er dem Dorf die größte aller Ehren. Er nimmt acht Mädchen als *ñust'a*, »auserwählte Frauen«, in seine Umgebung auf. Seine Inspektoren haben sie ausgesucht. Ein paar von ihnen werden vielleicht Konkubinen sein für ihn und seine adligen Vasallen. Die meisten aber werden die Zeremoniengewänder der Priester weben und den rituellen Maistrunk *aqha* bereiten, oder sie werden die Mumie eines verstorbenen Inka zu schützen haben. Sie werden leben in tabuisierten Räumen; jeder andere, der die Gemächer zu betreten versucht, ist des Todes. Die Freude ist groß in Curahuasi. Noch einmal heben die Menschen die Hände zum Himmel. »Sohn der Sonne, unser Herr, Freund und Beschützer der Armen ...« Der Zug setzt sich wieder in Bewegung, weiter nach Norden, hinauf zum nächsten Paß, hinunter zum nächsten Tal.

Wayna Qhapaq will sehen, wie das Land bebaut ist. Es ist dreigeteilt nach der Inka-Tradition. Ein Teil des Bodens ist für die Sonne, ernährt die Priester und liefert Nahrungsmittel für alle religiösen Rituale. Ein anderer Teil ist für den Inka, ernährt das Herrscherhaus und die Regierungsbeamten. Der dritte Teil ist für das Volk; ihn vergeben die *kurakaq* an die Familien ihres Dorfes, pro Kopf jeweils die gleiche Fläche. Es gibt kein Geld und keinen Markt, und doch muß niemand Hunger leiden. Der Inka will gehorsame, aber auch zufriedene Untertanen.

Die Straße führt durch ein Tal mit Terrassen. Sie werden von zwei bis drei Meter hohen Mauern gestützt, alle ein wenig nach innen geneigt, um dem Druck der aufgehäuften Erde standzuhalten. Die Terrassen ziehen sich die steilen Hänge hinauf bis in schwindelnde, scheinbar unerreichbare Höhen. Immer enger schmiegen sie sich an den Berg, die Ackerfläche auf ihnen wird kleiner und kleiner, je weiter oben sie liegt. Das Bergvolk der Inka nutzt jeden Zentimeter, so wie es schon andere Andenvölker seit Jahrhunderten tun. *Wayna Qhapaq* sieht Schlangen von Menschen, die Körbe auf ihren Rücken tragen. Sie schleppen Humus hoch zu ihren Terrassen, schütten ihn auf eine Schicht aus Kies und Sand, die den Abfluß des Regenwassers ermöglichen soll.

Sie haben weder Zugtiere noch Pflugschare aus Eisen. Jeder sticht mit seinem Grabestock in die Erde und wendet die Schollen um. Der Stock hat, 30 Zentimeter oberhalb der Spitze, einen kleinen, angebundenen Querbalken. Darauf setzt einer seinen Fuß und drückt mit beiden Händen nach, so bohrt sich das Werkzeug in den Boden. Sechs, acht, zehn Männer stehen in einer Reihe, alle rammen das Gerät im selben Rhythmus hinein. Junge Frauen folgen ihnen und zerstoßen die Schollen. Einige singen bei der Arbeit, andere rasten bei einer Schale Maisbier, das die alten Frauen auf die Felder gebracht haben.

Sie kennen viele Dinge nicht, die in Europa die Entwicklung bestimmen. Keine Pferde haben sie, keine Rinder, keine Schweine, kein Rad, kein Eisen und kein Glas. Doch sie verfügen über Pflanzen, die in Europa noch völlig unbekannt sind. Sie bauen Paprika an, vor allem aber die Kartoffel. Sie haben herausgefunden, wie man sie haltbar macht durch Trocknen und Gefrieren. Sie breiten sie nach der Ernte auf den Berghöhen aus und befeuchten sie. Nachts, bei Temperaturen unter Null, erstarren die Knollen. Tags darauf, im Schein der Sonne, tauen sie wieder auf. Die Bauern trampeln auf ihnen herum, um den Wassergehalt herauszupressen. Diese Prozedur wiederholen sie mehrere Male, bis die Kartoffeln sich in *chuño*, kleine, federleichte, graubraune bis schwarze Scheiben verwandelt haben. So bleiben sie genießbar über fünf bis sechs Jahre und werden schnell wieder zu einem Mahl, wenn sie in kochendem Wasser eingeweicht werden.

Sie haben an der Küste einen hervorragenden Dünger, den sie *wanu* nennen. Er besteht aus Fäkalien der Seevögel und liegt in riesigen Haufen auf Inseln vor der Küste. Der *wanu*, reich an Stickstoff und Phosphaten, wird später in Europa den modernen Ackerbau einleiten. Sie haben einen Baum mit einer Borke, die sie *kina-kina*, »Rinde der Rinden«, nennen. Sie hat einen bitteren Geschmack, hilft aber bei Krämpfen, Erkältungen und Herzrhythmusstörungen. Zwei Millionen Menschen werden auf der ganzen Welt an Malaria gestorben sein, bis Forscher das Chinin entdecken, das in dieser Rinde enthalten ist. Adlige und Priester der Inka kochen die Koka zu Tee und kauen sie in geselliger Runde, wohlwissend um die stimulierende Wirkung, ohne freilich zu ahnen, wie die Blätter dieser Pflanze die Welt noch verändern werden. Deutsche Chemiker werden Jahrhunderte später die Substanz Kokain isolieren. Sie wird der Ausgangsstoff für moderne Anästhesie werden – und für ein kriminelles Geschäft mit Drogen, denen immer mehr Menschen zum Opfer fallen werden.

Wayna Qhapaq besichtigt die Bewässerungsanlagen. Lange Kanäle – der längste mißt 150 Kilometer – durchziehen die Landschaft. Sie sind nach dem gleichen System in die Felsen geschlagen wie die »Straße des Königs«. Sie werden gespeist von den Flüssen, von natürlichen Seen oder von künstlich angelegten Teichen; deren Wasser wird zugeleitet aus Flüssen und abgeleitet, je nach Bedarf, durch Wehre. Tiefe Taleinschnitte werden mit Dämmen und Brücken überwunden, auf denen die Kanäle verlaufen. Hügel, die schwer zu umgehen sind, werden durchtunnelt. So fließt das Wasser auch bei stark gebrochenem Gelände in einem gleichmäßigen, sanften Gefälle.

Wayna Qhapaq besichtigt die *kolka*, die staatlichen Silos. In ihnen lagern die Ernten der Ländereien, die für die Sonne und den Inka bestimmt sind. Auch in den entlegensten Winkeln des Reiches müssen sie stets gefüllt sein. Der Hofstaat wird aus ihnen versorgt, der Klerus und die Truppen. Die *kolka* sind zugleich Reserven für Notzeiten. Nach schlechten Ernten werden sie auch für die Dörfer geöffnet, die normalerweise Selbstversorger sind. Die gelagerten Vorräte werden in die Reichsteile dirigiert, die dringenden Bedarf gemeldet haben. Im Inka-Staat ist an alles gedacht, für alles gesorgt. Nichts soll dem Zufall überlassen bleiben. *Wayna Qhapaq* ist zufrieden mit dem, was er auf dieser Reise sieht.

Kein Reich auf dem Kontinent ist so penibel organisiert. Das Volk ist in zwölf Gruppen aufgeteilt, die Statistik einer jeden Provinz findet sich auf den *khipu*-Schnüren. Die Einteilung richtete sich nach der körperlichen Verfassung entsprechend dem Alter: Neugeborene, Kinder bis zwei, bis vier, bis fünf, bis sechs, bis acht, bis sechzehn Jahre, Jugendliche bis 20 Jahre. Die Altersgruppe bis 25 muß Lasten schleppen, Eltern und Brüdern bei der Arbeit helfen. Männer von 25 bis 50 müssen die Felder der Sonne und des Inka kultivieren, Tribute nach Cusco bringen und als Soldaten in den Krieg ziehen. Die elfte Gruppe, die zwischen 50 und 60, ist von der Arbeit befreit. Die zwölfte schließlich ist die der Ältesten, die großes Ansehen genießen und von den Dorfvorstehern um Rat gefragt werden.

Terrassen über dem Vilcanota-Tal bei Pisac. Die Inka nutzten selbst steile Berghänge als Ackerbauflächen. Sie pflanzten, lange vor den Europäern, die Kartoffel – und praktizierten als erste die Gefriertrocknung.

Auch die politische Gliederung folgt einem strengen Zahlensystem. Der *ayllu*, die Sippe, ist die Basiseinheit, die Steuern in Form von Produkten zu entrichten hat: gewebte und gestickte Stoffe, Kleider, Schuhe und Schnüre. Zehn Steuerpflichtige eines *ayllu* haben einen Aufseher; er ist der Beamte, der dem Volk am nächsten steht. Er hat die Arbeit der Familien zu überwachen, für ausreichend Nahrung und Kleidung, Saatgut und Werkzeuge zu sorgen. Kleine Vergehen kann er selber bestrafen, größere hat er nach oben zu melden. Seinem Vorgesetzten, dem 50 Steuerpflichtige unterstehen, hat er monatlich statistische Berichte zu liefern. Der nächsthöhere Beamte hat 100, der folgende 1000 Steuerpflichtige unter sich. Der *hunu kurakaq* regiert 10 000 Steuerpflichtige; er wiederum ist dem *apu* untergeordnet, dem Regenten einer der vier Reichsteile, der stets Mitglied der Inka-Familie ist. Diese vier »Vizekönige« bilden einen Viererrat, mit Vertretern aller vier Reichsteile. Über ihm steht nur noch einer: der Herrscher selbst.

Wayna Qhapaq hat viele Reisen unternommen, und meist ist er am Ende zufrieden gewesen. Doch eines Tages im Jahr 1515, während eines Feldzugs im Süden des Reiches, legt sich ein Schatten auf sein Regime. Innerhalb von zwei Tagen ist schon der dritte Meldeläufer gekommen, mit schlechten Nachrichten aus dem Norden. Dort haben sich die *Caranqui* und andere Völker erhoben. Sie haben Straßen, die in ihr Gebiet führen, an den Pässen abgeriegelt. *Wayna Qhapaq* ist entschlossen, mit allen Mitteln für Ordnung zu sorgen. Die Strategie der Unterwerfung ist präzise und brutal.

Stets haben die Inka dafür gesorgt, daß neu eroberte Gebiete eng ans Reich angebunden werden. Die örtlichen Herrscher dürfen nur in ihren Ämtern bleiben, wenn sie sich rechtzeitig auf die »richtige« Seite geschlagen haben. Ihre erbberechtigten Söhne werden zur Erziehung nach Cusco gebracht, die Töchter an adlige Männer verheiratet, freilich nur als Nebenfrauen, da die Hauptfrauen der Noblen immer aus der Inka-Sippe stammen müssen. Nur das *Ketschua*, die Inka-Sprache, gilt bei den Behörden. Die offizielle Religion wird auf die bestehende aufgepfropft; staatliche Tempel, oft »Sonnentempel« genannt, werden demonstrativ errichtet. Von ihrem Landbesitz dürfen die Unterworfenen nur ein Drittel behalten; die zwei anderen Drittel gehen, wie im Kerngebiet, an den Regenten und an die Priester. Aus politisch unzuverlässigen Gebieten werden 6 000 bis 7 000 Familien ins Innere des Reiches zwangsumgesiedelt. Sie werden ersetzt durch die gleiche Zahl von Familien aus dem Kerngebiet, *mitma* genannt, die als besonders loyal gelten. Durch diese Taktik will der Hof in Cusco ständige Kontrolle über alles haben, was in neu einverleibten Gebieten geschieht.

Nun aber herrscht dennoch Aufruhr. *Wayna Qhapaq* muß Truppenverstärkung aus dem Süden schicken. Er läßt sich in seiner Sänfte quer durch das Reich nach Norden tragen, um dort selber das Kommando zu übernehmen. Seine Strafe für die Rebellen soll grausam sein. Nicht nur die aufständischen Kämpfer, sondern auch deren Frauen und Kinder sollen niedergemetzelt werden. Die Haut von Pinta, ihrem Anführer, der berühmt ist für seine Tapferkeit, soll nach seiner Gefangennahme abgezogen und über eine Kriegstrommel gespannt werden – damit seine Kraft auf das Inka-Heer übergeht. Die »Straße des Königs« wird nicht mehr von Jubel erschallen, sondern nur von den Tritten der marschierenden Krieger. Noch hat der Inka die Macht, sein riesiges Reich zusammenzuhalten. Doch je größer es wird, umso schwerer fällt es, die auseinanderstrebenden Kräfte zu bändigen.

Wayna Qhapaq ist der letzte mächtige Inka. Bis 1527 wird er noch regieren. Nach seinem Tod wird das Reich von einem Bruderkrieg zwischen seinen Söhnen *Waskar* und *Atawalpa* erschüttert werden. Und nur wenige Jahre später wird es von neuen Herren im Sturm genommen werden, die mit Schiffen an der Küste landen. Auf dem Pflaster der »Straße des Königs« werden erstmals Pferdehufe klappern. Und die Spanier werden sich freuen, daß die Inka ihnen sogar den Weg gebaut haben, der sie über die Berge bis in die Hauptstadt Cusco führt.

Machu Picchu, die geheimnisvolle Ruinenstadt, liegt auf einem Bergsattel 500 Meter über dem Tal des Urubamba. Sie wurde 1911 von dem Amerikaner Hiram Bingham entdeckt. Die Anlage zählt 216 Gebäude – Paläste, Tempel, Wohnstätten und Wachposten. Möglicherweise war sie eine militärische Festung.

Jetzt

Wo die Mythen ewig leben

Die Suche nach dem versunkenen Reich Paititi

»Ich kehre zurück zur Sonne.
Sie ist mein Vater.«

Letzte Worte eines
Inka-Herrschers

Ein Rätsel ist diese Mauer. Sinnlos ragt sie in unsere Zeit. Ein grauer, menschenleerer Platz zieht sich an ihr entlang. Nur dienstags und samstags, wenn fahrende Händler hier heraufholpern, füllt er sich für ein paar Stunden mit Menschen: schwatzende Frauen, neugierige Kinder, Bananen und Ananas, Schmierseife und Salz. Die Mauer ist 65 Meter lang. Sie hat 14 trapezförmige Nischen, unten 90, oben 75 Zentimeter breit, genau zwei Meter hoch. 14 Menschen könnte man in sie stellen, oder 14 Statuen von Menschengröße. 14 Könige etwa? 14 Inka-Herrscher? Wozu dienten diese Nischen? Wozu diese Mauer? Wolken schweben hoch aus dem Tal, wie jeden Nachmittag in diesem einsamen Andenhorst, der sich Choquecancha nennt. Die Frauen sitzen stumm vor ihren Webstühlen im Hof. Die Männer hacken draußen auf den Äckern am Hang. Dieses peruanische Dorf ist kein Platz, an dem es zweifelsfreie Antworten gibt. Hier gibt es nur Geschichten, Geheimnisse, Gerüchte.

Der Namensteil *cancha* ist unumstritten. Er bedeutet auf *Ketschua* wie auf Spanisch so viel wie »Hof, Platz, Gehege«. Vom Namensteil *choque* behaupten die einen, er sei der Name eines Inka,

Das *Ketschua*, ursprünglich nur um Cusco herum gesprochen, wurde von den Inka als Amtssprache über große Teile der Anden verbreitet. Heute sprechen es etwa zehn Millionen Indianer. Unter ihnen halten sich Legenden über ein sagenhaftes Reich namens *Paititi.* Die Inka sollen dort auf der Flucht vor den Spaniern Zuflucht gefunden haben.

der hier einmal regiert habe. Andere meinen, es bedeute »geschmiedetes Gold«. Das Dorf döst auf mehr als 3 000 Meter Höhe, unten rauscht der Rio Lares, er gräbt sich durch enge, waldige Schluchten, dem Amazonas entgegen. Cusco ist fünf Autostunden entfernt, kein Omnibus kommt hier vorbei. Kaum zu glauben, daß das mal ein Knotenpunkt war. Und doch sollen sich hier Wege gekreuzt haben, die schicksalhaft wurden. Damals, vor fast 500 Jahren.

Wir sehen sie noch heute, feine Linien im Gebirge. Sie klettern über Felder und Grate und an kleinen Bächen entlang, ziehen sich hoch zu Paßübergängen, viereinhalb- oder fünftausend Meter hoch. An einigen Stellen beginnt das Auge zu irren, die Spur ist unterbrochen, der Pfad von Wassern weggeschwemmt. Doch noch immer benutzen sie diese Wege, die Erben der Inka, wenn sie aus ihren gottverlassenen Hütten hinuntersteigen ins Tal. 20 000 Lamas, so heißt es, zogen hier einmal durch. Sie trugen angeblich die Götter auf ihren Rücken, in Gold und Silber gegossen, und sie wurden getrieben von Indianern, die wußten, daß alles verloren war. Es sollen adlige, gebildete Leute gewesen sein, hohe Beamte und Priester. Sie blieben eine Zeit lang in Choquecancha, gehen die Sagen. Dann liefen sie weiter, auf der Flucht vor den Spaniern, Tage und Wochen, bis sie die Andenkette überwunden hatten. Sie verschwanden im Urwald, so heißt es, in einem unbekannten Refugium, das bis heute niemand gefunden hat.

Die Menschen hier möchten der Armut entrinnen und bleiben doch ständig in ihr gefangen. »Schon die Kinder laufen Gefahr zu verblöden«, sagt Nicomedor Jiménez, der den sogenannten Sanitätsposten leitet. »Ihre Eltern kaufen das billigste Salz, das es gibt, so leiden sie alle an Jodmangel, das merkt man dann in der Schule. Die Jungen können am Ende wenigstens ein bißchen lesen oder schreiben. Die Mädchen gehen meist schon vor der vierten Klasse ab.« Das Schiefergestein im Boden, sagt Nico, speichere das Wasser nicht; so sei die Ernte immer eine Zitterpartie, für neue Techniken fehlten das Wissen und das Geld. Die Regierung von Präsident Alan García habe einmal, während des Wahlkampfes, dem Dorf einen Traktor geschenkt. Das Gelände aber, sagt er, sei viel zu steil dafür, sie hätten ihn noch kein einziges Mal eingesetzt. So rostet er unbenutzt auf dem Dorfplatz vor sich hin, am Eingang zur Kirche, gegenüber der Mauer mit ihren 14 Nischen. Wellblechverkleidungen entziehen ihn peinlichen Blicken.

Eine Mauer am Dorfplatz von Choquecancha hat 14 geheimnisvolle Nischen. Möglicherweise, mutmaßen Forscher, haben darin Statuen der 14 Herrscher gestanden, die das Inka-Reich bis zur Ankunft der Spanier regierten.

Kinderspeisung in Choquecancha:
Ab und zu bringt die »Caritas« Pulvermilch in das abgelegene Dorf.

Das Dorf Choquecancha klebt einsam an einem Berg. Hier sollen sich die Wege der flüchtenden Indianer getroffen haben. Vor allem unter den alten Einwohnern halten sich Legenden über einen Zufluchtsort namens *Paititi*, wo die Inka angeblich noch heute leben.

Es gibt noch andere Reste aus der Inka-Zeit in Choquecancha: *ayni*, die gegenseitige Hilfe bei der Feldarbeit, und *pututu*, ein altes Instrument aus der Schale einer Meeresschnecke, das zu Versammlungen ruft. Manchmal knien sie auch noch nieder vor dem Säen und Ernten, küssen die Erde und grüßen die Berge, singen das Lied vom goldenen Pflug und silbernen Strick. Wir suchen die Spur, die weiterführt von hier. Ihr Anfang ist ein einziges Wort. Die wenigen, denen es etwas bedeutet, benutzen es wie eine Zauberformel. Ihre Stimme wird weich, ihre Augen glänzen, alles um sie herum scheint sich plötzlich zu verändern. *Paititi*. Drei Silben, die den Himmel bedeuten.

Wir suchen die Alten im Dorf. Die Alten wissen am meisten, nur fragen die Jungen sie nicht mehr danach. Im Finstern ihres Hauses sitzt Ramosa Quispe Vargas. Verwandte sagen, sie sei 109 Jahre alt, sie selbst spricht von 130, was soll's, hier zählen sowieso keine Jahre, höchstens Jahrzehnte. Mit einem Holzstab scharrt die Frau im Feuer, die Flammen beleuchten ihr Gesicht, Furchen durchschneiden es wie Schluchten diese Gegend. »Ja, die Inka kamen nach Choquecancha«, sagt sie, »weil sie nicht mehr an eine Zukunft glaubten. Sie hatten ihren ganzen Hausrat dabei. Das Gold, das sie besaßen, vergruben sie hier, Jahrhunderte lag es unter einem steinernen Turm. Ich habe ihn noch gesehen, Señor, vor 60 Jahren aber schlug ein Blitz hinein, und alles ging in Flammen auf. Der Turm

Ramosa Quispe Vargas ist 109 Jahre alt. Sie sagt, die flüchtenden Inka hätten in Choquecancha viel Gold vergraben.

Manuel Tito Quispe ist 103 Jahre alt. Er sagt, die flüchtenden Inka hätten den Großteil ihrer Schätze nach *Paititi* geschafft.

stand nur so lange, weil das Gold hier lag, Señor. Als er zerstört war, verschwand das Gold, wohin, das weiß ich nicht.« Die Flüchtenden seien von hier das Lares-Tal hinuntergezogen. »Bei Matinga aber wurde ein Lama von einer Giftschlange gebissen. Das nahmen die Inka als böses Omen, und so änderten sie ihre Richtung. Von nun an zogen sie nach Osten, hinüber ins Lacco-Tal, zwölf Stunden Fußweg von hier.« Dann seien sie in den Urwald eingetaucht, bis sie schließlich nach *Paititi* gekommen seien. »Dort leben sie noch heute«, beendet sie die Erzählung. »Aber das ist alles, was ich weiß. Meine Großeltern haben es mir so berichtet.«

Manuel Tito Quispe gibt sein Alter mit 103 Jahren an. Seine rechte Backe ist stark geschwollen, er hat Zahnschmerzen, sagt er, ein eitriger Kiefer, aber niemand kann ihm helfen. »Als die Inka flüchteten«, berichtet er, »fegten Regen und Sturm über Teile ihrer Wege, zerstörten sie, machten sie unsichtbar. Die Natur half ihnen, das fühlten sie, wenigstens etwas, das sie glücklich machte. Einige von ihnen, die Magier, konnten sich in Felsen und Wasser verwandeln. Sie taten es, um den Weg für die Spanier zu blockieren.« Einen Teil ihrer Schätze hätten sie bei Choquecancha vergraben, sie lägen bis heute versteckt in der Erde. Den größten Teil aber hätten sie nach *Paititi* gebracht. »Wissen Sie, wo *Paititi* ist?« fragen wir ihn. »Niemand weiß es, niemand wird es je erfahren«, ist seine Antwort. »*Paititi* kann man nicht entdecken, sonst hätten die Menschen es längst getan. Es liegt an einem riesigen See, vielleicht an einem Meer, wo die Erde aufhört. Alles ist dort aus Gold, Señor, der Mais, die Kartoffeln, sogar der Urin. Aber niemand wird es je sehen können. Denn die Stadt wird von großen Kettenhunden bewacht. Wenn du ihnen nur einen Moment in die Augen siehst, bist du des Todes.«

Wir steigen drei Stunden die Berge hoch, um Santiago Quispe Vargas zu finden. Der Name »Quispe«, so scheint es, ist allgegenwärtig hier. Der Alte wohnt im Dorfteil Puncucasa, auf 4000 Meter Höhe. Herden von Alpaka, Lieferanten der geschmeidigen Wolle, weiden an den spärlich bewachsenen Hängen. Wieder tappen wir in eine schwarze Höhle, Don Santiagos Haus, erst allmählich gewöhnen sich die Augen an das Dunkel. Der Alte sitzt auf einem hölzernen Stuhl, einen braunen Poncho über den Schultern, einen braunen Hut in die Stirn gedrückt, die Füße in Schafsfelle eingewickelt. Ein fünfjähriger Junge, sein Urenkel, schläft am Boden, eingehüllt in Felle und einen roten Poncho. Katzen und Meerschweinchen huschen durch die Hütte. Das Tageslicht fällt durch zwei schmale Ritzen in der Wand. Das Feuer knistert, draußen heult der Wind. Hier oben können Mythen nicht sterben.

Paititi, sagt Don Santiago, sei wie das Paradies. »Es ist eine Stadt voller Gold, bewacht bis heute von Tiger und Puma und giftigen Schlangen. Wenn jemand sich ihr nähert, verwandelt sie sich in Wasser. Das ist der Grund, weshalb niemand sie findet. Glauben Sie mir, Señor, die Inka sind glücklich dort, so glücklich, daß sie nicht mehr zurückkehren wollen. Hier wurden sie immer nur verfolgt und umgebracht. Hier sind die Kühe teuer und dürr, dort aber sind sie billig und fett.« *Paititi* ist die Flucht aus dem Jammertal. Je größer das Elend, um so größer die Verklärung. Don Santiago sagt mit brüchiger Stimme: »Erst wenn das letzte Gericht gekommen ist, werden die Menschen *Paititi* entdecken – nicht eher, nicht einen Tag eher.«

Die alten Inka kamen vom »Heiligen Tal«, ein Teil aus Richtung Calca, ein anderer Teil aus Richtung Ollantaytambo. Hier in Choquecancha, so sagt man, müssen sie zusammengefunden und sich dann aufs neue geteilt haben. Die einen zogen sich hoch in die Anden zurück, in das schwer zugängliche Gebiet von Vilcabamba, wo sie noch knapp 40 Jahre aushielten, ehe die Spanier 1572 ihren letzten Herrscher Tupac Amaru gefangennahmen, nach Cusco brachten und auf dem Marktplatz vor Zehntausenden von Indianern hinrichteten. Zum letzten Mal hob er die Hand, schreiben die Chronisten, es wurde totenstill, so groß war noch immer der Respekt vor dem Inka. Als sein Kopf Minuten später vom Schaffott rollte, weinte und schrie die Menge vor Schmerz und Verzweiflung, denn nun hatte sie den allerletzten Halt verloren.

Der andere Teil der Flüchtenden, so heißt es, glaubte schon vorher nicht mehr an Widerstand. Von Choquecancha aus suchten sie angeblich nach dem zweiten Cusco, das die Priester ihnen versprachen – eine Stadt des ewigen Friedens und Glücks. Das war *Paititi.* Viele Schatzsucher haben es später mit *El Dorado* gleichgesetzt. Beide sind bis heute nicht gefunden worden, und das hält die Mythen erst recht am Leben.

Immerhin gibt es rätselhafte Spuren. An einen Felsen bei Mant'u, unweit von Choquecancha, sind zwölf Lamas gezeichnet, weiße Farbe auf rotem Grund. Es gibt Leute, die auch noch zwei Kreise zu erkennen glauben, die angeblich die Sonne, das Symbol des Inka, repräsentieren. Vermutlich, sagen sie, war es ein Wegzeichen für nachkommende Flüchtlinge. Ein zweites dieser Art gibt es in Cochayacuc, ein paar Täler weiter in Richtung Urwald. Noch ein Stück weiter ist eine seltsame Skizze auf einen Felsen gemalt. Sie hat Linien und Löcher, sieht aus wie ein Stadtplan oder eine Landkarte. Es gibt Leute, die darin die Topographie des ganzen Gebietes erkennen; Berge und Täler stimmten genau mit den Kompaßdaten überein. Ein Plan des Reiches von *Paititi*?

Der Name taucht bei mehreren Geschichtsschreibern der spanischen Kolonialzeit auf. Garcilaso de la Vega lokalisierte es »60 Legua von Cusco, in Richtung Sonnenaufgang«, also 300 Kilometer östlich der Inka-Hauptstadt. Drei Padres erwähnten es nach ihm ebenfalls. Julián Bobo de Revello schrieb von einem »majestätischen Fluß«, der durch »ausgedehnte Pampa« fließe und sich am Ende, zwischen »fürchterlichen Felsen«, als Wasserfall in den »Wunder-See von Paytiti« stürze. Juan Meléndez berichtet von einem Missionar namens Tomás de Chávez, der sich Mitte des 17. Jahrhunderts »elf Monate am Hof von Paytiti aufhielt«. Domingo Alvarez de Toledo behauptete 40 Jahre später, er habe ein Dorf namens Toromonas besucht, »zwölf Legua von der großen Stadt Paytiti entfernt«, dann sei er der Stadt noch etwas näher gekommen und habe »unzählige Nationalitäten, sehr groß und von gehorsamen Leuten« gesehen. »Der Inka, der dort regiert«, schrieb er, »ist der Nachfolger dessen, der sich aus Cusco zurückzog.«

Paititi strahlt in Peru wie ein Stern. Es gibt ja so wenige Dinge, die heute leuchten in diesem heruntergekommenen Land. Noch 1975 hat ein gewisser Rubén Iwaki Ordoñez für Aufregung gesorgt mit Berichten über Leute, die alle in irgendeiner Weise Kontakt mit *Paititi* gehabt haben sollen. In seinen Erzählungen reiht sich eine wilde Geschichte an die andere: Zwei Arbeiter einer *hacienda*, die sich im Urwald verliefen, fanden sich plötzlich in einer von Vegetation überwucherten Stadt; eine Treppe führte sie zu Figuren aus Gold,

Lama-Figuren, auf einen Felsen gemalt, nahe der Stelle, wo die Flüsse Lares und Amparaes sich vereinigen. Die Einheimischen sagen, dies seien Hinweiszeichen für Flüchtende gewesen. Sie hätten den Weg nach *Paititi* gewiesen.

am Ende erschlug einer den anderen, weil er alles haben wollte. Und: Ein Rinderhirte geriet durch Zufall in eine schmale, gepflasterte Straße, sah Wände mit Nischen, in denen Menschen aus Metall gestanden hätten, so schwer, daß er sich damit begnügte, einen Maiskolben aus Metall mitzunehmen. Und: Ein Juan Gómez Sánchez, Teilnehmer einer Jesuitenexpedition, geriet 1925 in die heiligen Hallen, nachdem die Sechsergruppe von Indianern in die Flucht geschlagen worden war. Auch er sah die gelbfarbenen Statuen, schlug einer von ihnen mit seiner Machete einen Finger ab, den er bis zum Ende seines Lebens aufbewahrte. Nie freilich hat irgend jemand anders als der Buchschreiber Iwaki Ordoñez mit diesen angeblichen Zeugen sprechen können. Sie blieben immer, wie *Paititi*, verschwunden.

Iwaki Ordoñez rief sich selbst zum Zeugen an. Er, ein Viehfarmer-Kind aus jener Gegend, sei mit einem Indianer namens Eliseo auf den Berg Pantiacolla gestiegen. Vom Gipfel aus habe er die Silhouette von *Paititi* erkannt, doch als er absteigen wollte zu dieser Stadt, habe Eliseo sein Gewehr auf ihn gerichtet und gedroht, ihn zu erschießen, wenn er nur einen Meter weiterginge. So sei die Stadt geblieben, was sie immer war – tabu.

Mysteriöse Zeichnung auf einem Felsen am Rande des Urwalds. Manche Forscher halten sie für einen Plan des Reiches von *Paititi*.

Dutzende von Expeditionen sind schon in den Urwald aufgebrochen, um das Geheimnis zu lüften. Sie kamen in Kanus über reißende Flüsse, schlugen sich mit Haumessern durch den Dschungel. Manchmal, lauten Abenteuergeschichten, war er so dicht von Moos überdeckt, daß sie auf 15 Meter hohen Baumwipfeln liefen, ohne es anfangs zu bemerken. Sie kamen in Buschmaschinen geflogen, die abstürzten und bis heute im Geäst hängen, und in Hubschraubern der peruanischen Militärs, die hofften, ihren Ruf aufzupolieren durch eine große Entdeckung zum Ruhme der Nation. Auf Fotos aus Flugzeugen und Satelliten erschienen eigenartige Formationen im Wald, wie zugewachsene Pyramiden. Waren diese Konturen von der Natur gezogen – oder doch von Menschenhand?

In Choquecancha erzählen uns die Leute von einem unheimlichen Ort. Jeden Tag, sagen sie, stürme es dort, alles sei in Wolken gehüllt, wer da weitergehe, werde von Kondoren aus der Luft angegriffen. »Es ist ein langer, gefährlicher Bergrükken«, sagen sie. »Niemand von uns wagt ihn zu gehen. An seinem Ende stürzt ein Hang fast senkrecht in die Tiefe. Unten ist eine verborgene Höhle, dort sind einmal Inka-Kleider gefunden worden.« Wir suchen einen mutigen Führer, bieten ein gutes Trinkgeld. Da erklärt sich der 20jährige Paulino Quispe Verónica bereit. Am nächsten Tag, morgens um sechs, werden wir aufbrechen.

Wir stapfen den Inka-Weg hoch, der angeblich nach *Paititi* führt, dann biegen wir links ab. Wir blicken über ein Labyrinth von Tälern. Auf den Gipfeln blinken Schneefelder in der Sonne, doch wenn es regnet, versinkt hier alles in einem finsteren, drohenden Grau. Nach zwei Stunden treffen wir zwei einsame Frauen, die im Gras sitzen und Umhängetücher weben. Wir gehen weiter, einen Bergrücken entlang, der immer schmaler wird. Zu beiden Seiten stürzt die Landschaft in die Tiefe, 500, 600, 700 Meter. Zur Linken sehen wir den Pfad, der hinunter nach Matinga führt, wo angeblich die Schlange das Lama biß. Zur Rechten windet sich, auf der gegenüberliegenden Seite des Tales, ein Pfad zum Bergsee Pomacocha hoch. Dort sollen die Inka einen Teil ihrer Schätze versenkt haben, doch kein Taucher hat bisher etwas gefunden.

Die ersten Wolken bauen sich um uns herum auf, der Wind beginnt stärker zu werden. »Dort drüben«, sagt Paulino, »ist ein Wasserfall. Die Kondore baden dort. Meine Großeltern haben mir erzählt, dahinter befinde sich ein geheimer Raum zum Goldschmieden.« Der Pfad verliert sich in verkohltem Gelände, Reste von runden und ovalen Häusern tauchen auf, offenbar Vorratslager aus der Inka-Zeit. Llucumarca heißt dieser Ort. Überall haben Menschen in der Erde gebuddelt, kleine Schlünde zeugen von der gierigen Suche nach Schätzen. Wir steigen über brüchige Felsen und durch stacheliges Gestrüpp. Die Hände und Kleider werden schwarz von Asche. Paulino, unser Führer, ist stumm geworden, seine Worte würden ohnehin vom Wind zerrissen. Die Wolken beginnen uns einzunebeln, und dann sehen wir einen Kondor – er zieht einsam einen Kreis über uns und fliegt von dannen.

Mehr als fünf Stunden sind wir schon gelaufen, doch noch immer fehlt ein Stück bis zu der Stelle, wo die Höhle sein soll. Vom Weg ist nur noch ein nadelspitzer Grat geblieben. Wir müssen wieder ein Stück absteigen zu einer engen Scharte, auf der anderen Seite ziehen wir uns an Bäumen und Wurzeln den kirchdachsteilen Hang hoch. Dann stehen wir vor undurchdringlichem Dschungel. So kehren wir um, während der Wind immer wütender an uns zerrt. In eine Felsenbucht brandet er so heftig, daß es sich anhört wie ein Donnerschlag oder eine Explosion von Dynamit. Paulino sagt, noch nie sei er hier so weit gegangen, es sei nun wirklich besser, schnell nach Hause zu gehen, in zwei Stunden seien wir nicht mehr in der Lage, dem Sturm standzuhalten. Eine Schlange raschelt vor uns im Gras. Paulino erstarrt, wird blaß im Gesicht. Am Ende des Tages, als wir wieder in Choquecancha sind, sagt er uns, daß das ein böses Zeichen gewesen sei.

Paititi. Phantasie ohne Grenzen. Mysterium, von Misere genährt. Wir haben in Cusco mit einem Geologen an der Universität gesprochen. Professor Jorge de Olarte schritt aufgeregt in seinem Zimmer auf und ab. Für ihn hat es existiert, aber vor Tausenden von Jahren. »In jedem Mythos«, sagte er, »ist ein Körnchen Wahrheit.« Dieses Reich sei durch Überschwemmungen untergegangen, in einer epochalen, jahrhundertelangen Regenzeit, die Flüsse hätten 30- bis 40mal mehr Wasser geführt, das sei der Grund, weshalb die Indianer in die Andenhöhen geflüchtet seien. Doch weiterhin hätten sie das Gold für ihre Zeremonien aus dem Urwald geholt. Vielleicht habe es auch eine Stadt der Goldschürfer gegeben, und so habe sich die Legende erhalten von einem Reich, in dem alles golden sei. *Paititi*, das letzte Inka-Asyl? Vielleicht ja, sagte Olarte, doch es war wohl eher ein Flüchtlingscamp. Die Spanier hätten später diese Legende übernommen.

Wir haben mit Juan Carlos Polentini gesprochen, dem Pfarrer des Dorfes Pilcopata. Er ist Tausende von Kilometern über alle Inka-Pfade gewandert, die es in dieser Region gibt, und hat alles zusammengetragen, was in der mündlichen Überlieferung der Indianer existiert. Er ist überzeugt, daß es ein Reich namens *Paititi* noch gab, als in den Anden die Tage des Inka schon gezählt waren. Die Hauptstadt dieses Reiches habe aber den Namen Awisqa getragen. Ein Neffe von *Wayna Qhapaq* habe sich dort als Herrscher etabliert, eine Generation vor Ankunft der Eroberer, und 40 000 Indianer hätten am Ende versucht, das letzte, das allerletzte Inka-Reich zu verteidigen. »Es war«, sagte Polentini, »der verzweifelte Versuch, das Imperium noch einmal aufleben zu lassen.« Die Spanier hätten es in der Tat nie erobert. Doch es sei von innen her zusammengebrochen. Denn der Urwald sei nicht die Welt der Inka gewesen. Krankheiten hätten sie hinweggerafft, und 200 Jahre nach dem Fall von Cusco sei auch dieses Kapitel zu Ende gegangen.

In Choquecancha aber, wie in anderen Dörfern, lebt *Paititi* noch immer. Es lebt als schöner, ewig unerfüllter Traum. Ohne Legenden wäre nichts zu erklären, was an Unerklärlichem geschieht. Drei Kondore, sagen uns Leute, sind vor ein paar Tagen über die Häuser geflogen. Das bedeute nichts Gutes für das Dorf. »Wenn Kondore über Felder fliegen, heißt das, es werden Tiere sterben. Wenn sie über die Dächer fliegen, heißt das, es werden Menschen sterben.« Die Nachmittagswolken sind da. Sie ziehen mitten über den Platz, als erwiesen sie der Mauer mit den 14 Nischen ihre Reverenz. Sie hüllen wieder alles ein in dichten, grauen Nebel.

Wolkentürme über hohen Bergen und tiefen Tälern. In den öden, einsamen Andengebieten wuchern Gerüchte und Mythen.

Einst

Zur Hölle mit den Göttern

Die Zerstörung der alten Religion

*»Der Indio ist ohne Vernunft, ein Esel.
Man muß ihn zum Glauben
am Halfter des Wortes führen.«*

*José de Acosta,
Jesuitenpater, 1576*

Ist das die Strafe des Christengottes? Todgeweiht liegt die junge Priesterin am Boden, schwach und blaß und aus der Nase blutend. Nachbarn haben sie aus dem Haus auf den Hof getragen, ihre Mutter sitzt hilflos neben ihr. Ist die Krankheit die Strafe, großer Gott? Die Priesterin hat immer gesagt, wenn der fremde Prediger bleibe, würden Fröste, Hunger und Seuchen kommen. Sie müßten ihn töten, hat sie gesagt, oder ihn zumindest verjagen. Ihre Mutter hat Schlimmeres verhüten wollen, hat ihr das steinerne Bildnis des Gottes *Maqawisa* weggenommen und es vor drei Tagen dem Prediger gebracht, der hier eine Kirche errichten ließ. Seitdem hat die 18jährige nichts mehr gegessen, und nun liegt sie, kaum erwachsen, im Sterben. Die *indios* von San Damián rufen den Mann, der ihr Feind gewesen ist, damit er der röchelnden Frau das Sakrament der Letzten Ölung spende.

Schon bald nach der Unterwerfung der Indianer begannen Missionare aus Europa, die »heidnischen« Religionen zu bekämpfen. Innerhalb weniger Jahrzehnte waren fast alle Ureinwohner dem Namen nach Christen. Doch heimlich lebten viele alte Kulte weiter – einige bis auf den heutigen Tag.

Ein Kontinent wird christlich

Das ist der Wink des wahren Gottes, denkt Francisco de Avila. Als der Tag dämmerte, haben sie an sein Pfarrhaus geklopft, am Morgen nach dem Sonntag *Trinitatis*, und haben ihn zu der Sterbenden gerufen. Er eilt in den Hof, wo die Menschen einen Kreis um sie bilden, und hört in ihrer letzten Stunde die Beichte. »Ich bereue, daß ich deinen Gott beleidigt habe«, sagt die erschöpfte Priesterin, die Umstehenden hören es mit Schaudern. Der Missionar erteilt ihr die Absolution. Am nächsten Morgen ist die 18jährige tot.

Welch ein Wunder, welch ein Geschenk des Himmels, denkt Francisco de Avila. Er steht neben der Leiche, das halbe Dorf ist schon um ihn versammelt, und nun läßt er die Glocke läuten, damit die andere Hälfte sich auch noch einfinde. Er hebt die Hand, die Totenklagen verstummen, und er hält eine gewaltige Predigt, als sei der Heilige Geist in ihn gefahren. »Ihre Mutter hat sie befreien wollen aus ihrer Ehe mit dem Teufel«, ruft er. »Sie aber wollte sich nicht freuen darüber. Sie weinte, weigerte sich zu essen. Nun seht ihr, weshalb Gott ihr das Leben genommen hat.« Voll Entsetzen sind die Augen, die auf seine Lippen starren. Francisco de Avila nutzt die Gunst der Stunde. »Sagt euch los von dem Teufel, kehrt zurück zu Gott! Seht, ich gehe jetzt zu meinem Haus. Geht ihr zu dem euren, bringt alle Götzenbilder, die ihr habt, reißt euch los von ihnen! Oder wollt ihr, daß Gott euch den Tod ebenso schickt wie dieser Bedauernswerten?« Bis zum Mittag bringen sie ihm 200 Figuren aus Holz oder Stein, bis zum Abend noch einmal 200. Es ist ein großer Tag für Gott und seinen Diener Francisco de Avila.

Seit 1597 führt der Jesuit hier seinen Glaubenskrieg. Selbst Siege wie der von heute, das weiß er, können täuschen. Wer ahnt schon, was die *indios* wirklich denken? Noch hat er den schwärzesten aller Tage in Erinnerung, ein knappes Jahr erst ist seitdem vergangen. Es war der 15. August 1608, an dem das Fest Mariä Himmelfahrt gefeiert wurde. Der Pfarrer des Nachbardorfes Huarochirí hatte ihn eingeladen, weil es ein besonders glanzvolles Fest werden sollte; Gläubige aus acht Orten hätten sich angesagt. Dann aber verriet ihm einer seiner Vertrauten, die er unter den *indios* hatte, den wahren Grund dieser Wallfahrt: Sie nutzten das christliche Datum, um heimlich das Fest der zwei höchsten Götter dieser Region zu begehen. Zwar gingen sie brav zur Messe, um den Pfarrer zufriedenzustellen. Dann aber feierten sie fünf Tage fern der Kirche, nicht zu Ehren von Jesus und Maria, sondern von *Pariakaka* und *Chawpiñamuq*.

Es ist sein Recht, diesen Götzendienst auszurotten, nie hat Avila daran gezweifelt. Männer wie er – sind sie nicht dazu ausersehen, die *indios* vor der Verdammnis zu retten? Seit mehr als einem halben Jahrhundert schon haben die Spanier ihnen das Evangelium gebracht. »Der *indio*, der Gottes Gesetz nicht lernt«, haben die Missionare gepredigt, »ist wie ein Tier, das nur Fressen und Saufen im Sinn hat.« Ja, ja, Padre, haben die Eingeborenen gesagt – doch in ihre Herzen ist dieser seltsame Gott aus Europa nie richtig vorgedrungen.

Christus mit ausgebreiteten Armen – eine Statue auf einem Berg über Cusco. Hohe Gipfel hatten nach dem Glauben der Inka besondere Macht. Die Kirchenmänner setzten Kreuze darauf.

Nachts gehen ihre Priester noch immer weiß gekleidet zu Felsenhöhlen, die sie *waka* nennen. Sie fallen dort auf die Knie vor Statuen, die sie als ihre Beschützer betrachten. Sie bringen aus den Dörfern Geschenke und Nachbildungen von Dingen, die sie sich von den Göttern wünschen. Stundenlang hallen ihre Gebete durch den Wald. Nach und nach hat Francisco de Avila erfahren, was *waka* für das Volk der Inka noch alles bedeutet. Es meint nicht nur den Altar, sondern auch die Figuren, die dort stehen, darüber hinaus aber alles, was irgendwie ungewöhnlich ist: ein Berg, dessen Spitze wie ein Kopf aussieht, eine Quelle, aus der viel Wasser sprudelt, eine Schlange, die besonders groß ist, ein Ei, das zwei Dotter hat, Blumen und Früchte, die hervorstechen durch ihr Aussehen oder Aroma, Mütter, die Zwillinge gebären, und Kinder, die mißgebildet zur Welt kommen. Jesus Christus, so sehen sie es, hat seinen Platz in der Kirche. Die *waka* sind überall.

Francisco de Avila hat in seiner Pfarrei San Damián befohlen, daß die Toten unter die Erde kommen. Einen Friedhof hat er hinter der Kirche anlegen lassen, dort müssen sie jetzt die Leichen begraben. Jeder, der dagegen verstößt, wird vom Pfarrer drei Tage eingesperrt und erhält 50 Peitschenhiebe als Strafe. Wenn ein Sterbender geäußert hat, daß er woanders bestattet werden wolle, so muß der Tote, wenn Avila davon erfährt, herbeigeholt und öffentlich verbrannt werden.

Aber nachts, wenn der Christenprediger schläft, schleichen sich immer wieder *indios* an ein frisch zugeschaufeltes Grab, holen die Leiche heraus und tragen sie dorthin, wo sie in den Anden seit Jahrtausenden ihren Platz hat: in Höhlen und Nischen aus Stein. Sie brauchen den Körper nicht einzubalsamieren, weil er durch die Luft austrocknet. Sie legen die wichtigsten Gegenstände hinzu, die im Leben des Verstorbenen eine Rolle spielten: die Baumwollspindel einer Frau, den Holzpflug eines Mannes, die Waffe eines Kriegers, dazu Sandalen, Kopfschmuck und Taschen. Sie kleiden die Mumie, die sie *mallki* nennen, in kostbare Stoffe, bewirten sie mit Maisbier und Speisen, wachen die ganze Nacht bei ihr in einem ausschweifenden Trinkgelage. Nur wenn sie gepflegt und verehrt wird, kann sie eines Tages wiederkehren, nicht aber, wenn sie im Boden erstickt und verfault. So sitzt die Leiche, die Francisco de Avila tags zuvor gesegnet hat, jetzt geschmückt, den Kopf zwischen den Knien, in einem heidnischen Felsenloch.

Eine Todsünde sei dieser Kult, das predigt Avila seit Jahren, und er droht jedem einzelnen mit der fürchterlichsten aller Strafen. »Sag mir, wie fühltest du dich, wenn dich Leute einen Tag lang ins Feuer setzten? Wie fühltest du dich, wenn sie dich zehn Tage brennen ließen? Wie wäre es, wenn du ein Jahr lang in der Hölle brennst? Und zehn Jahre? Und 100 Jahre? Und 1000 Jahre, Leib und Seele, für immer und ewig, ohne Ende?«

Trotzdem opfern sie heimlich der *pacha-mama*, der Mutter Erde, die alle Pflanzen und Früchte geschaffen hat; sie läßt wachsen, was die Menschen säen, wenn sie reich beschenkt wird, und straft mit Leiden oder anderem Unglück, wenn sie vergessen wird. Sie glauben, wie ihre Vorfahren, an die Macht von Blitz und Donner, Hagel und Sturm. Sie beichten ihre Sünden in der Kirche, aber heimlich auch bei ihren Priestern, die häufig dem Geständnis dadurch nachhelfen, daß sie mit einem Stein leichte Schläge auf den Rücken verabreichen. Die *indios* haben sich dem König von Spanien unterworfen. Warum wollen sie sich dem König aller Könige nicht unterwerfen?

Vielleicht liegt es an denen, die seine Botschaft verkünden. Sie sprechen nur Spanisch, kaum *Ketschua*, tragen vornehme Kleider aus Seide und halten sich *indios* ohne Bezahlung als Hausdiener.

Die Mumie eines etwa neunjährigen Inka-Prinzen, der als Sühneopfer dem Sonnengott dargebracht wurde. Heute ist sie im Museo de Santiago, Chile. Gefiederte Amulette sowie Opfergaben aus Gold und Silber sind beigefügt. Die Inka brachten ihre Toten nicht unter die Erde, sondern setzten sie in Felsnischen.

Sie zahlen nie etwas für Essen und Trinken, und ihr Salär müssen die Untertanen mit ihrem Tribut begleichen. Sie lassen *indios* für sich arbeiten, vor allem an Webstühlen, und verkaufen die Produkte auf eigene Rechnung. So läßt sich gut leben, auch mit den Götzen, und viele Missionare haben gar keine Lust, sich Scherereien zu bereiten wie Francisco de Avila.

Sie donnern von ihren Kanzeln nur, wenn ihr eigenes, irdisches Heil gefährdet ist. Waman Puma de Ayala, Chronist mit indianischem Blut, schreibt Predigten auf, die ihm zu Ohren gekommen sind. Pater Loayza hat seine Zuhörer angefahren: »Säufer, Schwätzer, Kranke, Vielfraße, Ehebrecher, Huren, Diebe, Zauberer, Hexer! Weder Gold noch Silber wollt ihr dem Padre geben.« Den Pater Murúa, über den sich die *indios* höheren Ortes beschwerten, zitiert er mit den Worten: »Wer ist der Bischof, wer ist der König? Nichts werden sie dem Repräsentanten Gottes tun. Ich werde euch alle brennen lassen, als Sittenstrolche oder Hexer. Ihr werdet mich kennenlernen!« Und Pater Huarica hat gedroht: »Meine Söhne, macht mich nicht wütend! Wenn ich wütend werde, bin ich wie ein Puma!«

Anfangs schien es, als habe die Kirche leichtes Spiel. Wie Papageien plapperten die *indios* nach, was die Missionare ihnen aus dem Katechismus erzählten. Sie beteten das Vaterunser nach, das Ave Maria und die Rosenkranz-Litanei. Fast alle Schulen und Hospitäler wurden von Padres gegründet, von Franziskanern und Dominikanern, Augustinern und Barmherzigen Brüdern. Die jungen *indios* lernten im Religionsunterricht, Witze zu reißen über den Aberglauben, dem ihre Eltern verhaftet seien. Sie sind folgsame Schäfchen – doch nur, solange der Gottesmann in der Nähe ist. »So leicht sie den Glauben annehmen«, schreibt Pater Bernardo Cobo in seiner Chronik, »so leicht legen sie ihn auch wieder ab.«

Die Kirche hat versucht, sie mit Hilfe der staatlichen Macht zu bekehren. Seit 1579 wurden *indios* umgesiedelt, zusammengefaßt in »Reduktionen«, wie die neuen, aus dem Boden gestampften Dörfer heißen. Wer dort unter strenger Aufsicht lebt, kann sich weder vor dem Tribut drücken noch heimlich heidnische Feste feiern. Das Ergebnis aber ist das Gegenteil von dem, was die weißen Herren wollten: Die Indianer flüchten zurück in die Berge und halten sich dort versteckt. Neue Männer müssen her, neue Maßnahmen. Männer wie Francisco de Avila. Maßnahmen, die mehr Wirkung haben als Worte. Die Jesuiten sind der einzige Orden, der nicht im Rufe steht, sich selber zu bereichern, statt die *indios* ins Reich des Herrn zu führen.

Der 20. Dezember 1609 ist der Auftakt der ersten, großen Kampagne gegen die widerspenstigen Heiden. Bartolomé Lobo Guerrero, der Erzbischof von Lima, hat seinen Segen zu diesem Spektakel im Herzen der Hauptstadt des Vizekönigreiches Peru gegeben. Die spanischen Honoratioren der Stadt erscheinen hoch zu Roß. Tausende von *indios* sind aus einem Umkreis von 20 Kilometern herbeikommandiert worden. Francisco de Avila reitet auf einem Esel, gekleidet in seinen weit ärmeligen Chorrock, bis vor die Tore der Kathedrale. Mehr als eine halbe Tonne Götzenbilder liegen hier auf Tischen geschichtet, dazu Mumienteile, Hände und Köpfe, die meisten schon Jahrhunderte alt. Der Jesuit hat alles hierherbringen lassen, was er in den vergangenen Monaten konfisziert hat.

Dazu präsentiert er noch einen anderen Trumpf: Hernán Paucar, einen Inka-Priester aus San Pedro de Mama, den er in seiner Pfarrei mit Hilfe von Denunzianten hat gefangennehmen lassen. Mehrmals schon hat er ihn gefesselt zum Gottesdienst vor den Altar geschleppt, hat ihn öffentlich bereuen und andere Männer denunzieren lassen, die wie er die alten Zeremonien heimlich am Leben hielten. Jetzt wird Hernán Paucar an einen Holzpfahl

17 TO P E MARTIN DE AIALA
S. DE DIOS
p martin de ayala mestizo hermitaño fue zacerdote de misa
don martin ayala p de lautor
doña juana coya
don p ayala autor principe
en la ciudad de guamanga
euangelio ta sagrada escretura uillaycay que churicona uaca uil ca taca manam sermoy quicho chay taca naupa machoy q chi yacharca cam ca bautisacca nam cam churi
P E
MVI BRAVO I COLERI
co P contra los caciques principales y contra sus yndios porque defiende alas solteras y donzellas le mata a palos alos yndios

Die Taten und Untaten der Missionare – dargestellt in den Zeichnungen von Waman Puma de Ayala. Mit sanften und mit drohenden Worten versuchten die Padres, die Indianer zum Christentum zu bekehren. Die meisten *indios* ließen scheinbar widerstandslos von ihrem alten Glauben ab und sprachen nach, was die fremden Priester ihnen vom Evangelium erzählten. Wer sich und seine Kinder willig taufen ließ, wurde belohnt. Als die Missionare merkten, daß die Indianer heimlich ihre alten Rituale beibehielten, schickte die Kirche Inspektoren in die Dörfer – mit dem Auftrag, alle »heidnischen« Kultgegenstände zu vernichten. In vielen Fällen wurden die Einheimischen von den Priestern aber auch als billige Arbeitskräfte, zum Beispiel an Webstühlen, mißbraucht. Wer sich dem Regiment der Geistlichen widersetzte, bezog häufig Prügel.

gebunden. Ein Notar verliest das Urteil, und sogleich wird es vollstreckt. Erstens 200 Peitschenhiebe, zweitens Kahlscheren, drittens lebenslange Verbannung ins Jesuitenkolleg von Chile. Dann geht der Berg von Kultfiguren und Mumienteilen in Flammen auf.

Francisco de Avila wird 1610 der erste *visitador.* Seine Aufgabe besteht nur noch darin, durch die Lande zu reisen und die Reste der alten Kulte auszumerzen. Neue Strategien werden entwickelt, um die Macht der heidnischen Priester endgültig zu brechen. Ein Gefängnis mit Namen »Heiliges Kreuz« wird am Stadtrand von Lima errichtet. Alle »Hexer«, deren die Inspektoren habhaft werden, sollen dort ihr Leben lang schmachten. Alle Dorfvorsteher, die sie decken, sollen ihre Ämter verlieren. Die Söhne der *kurakaq* müssen Jesuitenschulen besuchen, die in Lima, Cusco und Chuquisaca für die junge Elite der *indios* eingerichtet werden. Und die christlichen Missionare werden verpflichtet, von nun an nicht mehr in Spanisch, sondern in *Ketschua* zu predigen.

Alles, was nur entfernt an die alten Kulte erinnert, ist von jetzt an verboten: das Blasen von Flöten, das Schlagen der Trommel, das Tragen zeremonieller Kleidung, das Singen von Liedern in *Ketschua,* das Tanzen. Jedem, der dagegen verstößt, drohen 100 Peitschenhiebe und das Kahlscheren. Wer aber das Credo auswendig kann, wird belohnt mit einem Rosenkranz oder einer kleinen Medaille. Wer die Katechismusprüfung besteht, erhält ein Zeugnis mit Namen »Versöhnung«. Nur mit diesem Dokument darf er beichten, um danach zugelassen zu werden zur Heiligen Kommunion. Allein von 1610 bis 1619 fallen der Schlacht für Jesus Christus, laut offizieller Statistik, 32 933 Kultgegenstände in Peru zum Opfer.

Hernando de Avendaño versteht sich auf die Macht des Wortes. Innerhalb von acht Monaten hat er die *Ketschua* -Sprache erlernt. Er will nicht, daß die *indios* nur nachplappern, was ihnen die Padres erzählen. Er will ihr Denken gewinnen, ihre Gefühle. Er beginnt, Predigten aufzuschreiben, faßt sie zusammen in einem Handbuch für seine Glaubensstreiter, die rhetorisch nicht so gewandt sind wie er. Es sind Predigten, die er selber hält, wenn er durch die Lande zieht, mit ein, zwei oder drei weiteren Jesuiten, einem Schreiber und einem Laienhelfer. Avendaño ist der *visitador,* der alle in Bann schlägt mit seinen Reden.

Glocken läuten, Schalmeien erklingen. Das ganze Dorf San Cristóbal de Rapaz hat auf den Beinen zu sein. In Reih und Glied empfangen sie ihn, ziehen in einer Prozession bis zum Kirchenportal. Der Pfarrer und der Kaplan treten heraus, das Kreuz und die Leuchter vom Altar in den Händen. Der *visitador* kniet nieder auf ein Kissen. Der Pfarrer küßt den Ärmel des Inspektors, besprenkelt ihn mit Weihwasser. Der Inspektor küßt ein kleines Kreuz, das man ihm reicht. Erst besprenkelt er den Pfarrer, dann die Menge mit Weihwasser, dann schwenkt er das Weihrauchfaß. So will es das Empfangsritual, das der Erzbischof vorgeschrieben hat. Nun ziehen die Würdenträger zum Altar, und der Pfarrer stimmt einen Wechselgesang in lateinischer Sprache an: »Fidelis servus et prudens, quem constituit Dominus super familiam suam...« Es bedeutet: »Treu und klug ist der Diener, den der Herr für seine Familie berufen hat.« Zehn Tage lang wird er bleiben, der *visitador,* wird Katechismusunterricht geben, Kenntnisse prüfen, Beichten hören und nach Aberglauben forschen. Seine Predigten rollen wie Donner über die Köpfe der Gläubigen, deren Glaubens man nie sicher sein kann.

»Dankt Gott dafür, daß ihr nicht in der Zeit der Inka geboren seid, sondern in der Zeit der Christen«, ruft er ihnen zu. »Sagt mir, meine Söhne, all die Menschen, die hier geboren wurden, bevor die Spanier das heilige Evangelium predigten – wie viele sind gerettet worden? Wie viele sind in den Himmel gekommen? Kein einziger! Wie viele Inka sind zur Hölle gegangen? Alle!«

Eine Madonna mit Federbusch. In der Kunst der Kolonialzeit mischten sich christliche Elemente mit indianischen Traditionen.

Er predigt gegen die Vorstellung, Mumien hätten Macht über den Menschen, und gegen den Brauch, sie mit Speise und Trank zu bewirten. »Seht her, meine Söhne, diese Sache ist ein Witz. Die Alten haben damals den Inka in die Irre geführt, und sie führen auch euch in die Irre. Wenn die *mallki* tot sind, und ihre Seelen in der Hölle – wieso müssen sie dann trinken?«

Er predigt gegen die Vorstellung, die *waka* hätten Macht über den Menschen. »Sie können weder eine Fliege züchten noch einen Toten aufwecken, sie können weder einen Blinden sehend noch einen Kranken gesund machen. Der Teufel hat euch mit Blindheit geschlagen, damit ihr die Wahrheit nicht erkennt. Die Inka haben keine Bücher gehabt, daher konnten sie diese alten Dinge seit dem Anfang der Welt nicht wissen. Nur wir Christen, die wir Bücher haben, wissen sie, weil die Propheten sie in Gottes Auftrag geschrieben haben.«

Er predigt gegen die Vorstellung, die Sonne und der Mond müßten von den Menschen ernährt werden. »Sie wachsen nicht wie die Bäume, sie fühlen nichts wie die Tiere, sie haben keinen Verstand wie die Menschen.« Ein Moskito, eine Füchsin zählten mehr als die Gestirne, denn beide hätten ein Leben. »Wenn die Sonne lebte und äße, wie viele Lamas würde sie verspeisen am Tag, denkt mal, bei ihrer Größe!« Sonne und Mond, sagt er, leuchteten doch auch für die Spanier, obwohl die ihnen noch nie geopfert hätten; noch nie hätten sie den Europäern deswegen das Land oder die Schafe weggenommen, im Gegenteil: »Die Spanier sind reicher als die *indios*, ihr wißt es gut, obwohl sie die Sonne nicht anbeten. Denn sie beten zu einem wahren Gott.«

Er predigt gegen die Vorstellung, daß es viele Götter gebe. »Als das vierteilige Inka-Reich bestand, wie viele Herrscher gab es da wohl? Einen, und der hat alles bestimmt.« Nur einmal, sagt er, habe es zwei gegeben, *Waskar* und *Atawalpa*, und schon habe es Krieg bedeutet, kurz vor Ankunft der Spanier. »Genauso kann es auch nur einen wahren Gott geben, den alle Menschen anzubeten haben. Wenn es zwei gäbe, dann gäbe es Krieg, ein Gott würde gegen den anderen kämpfen, um die Welt zu beherrschen – so wie ein Inka gegen den anderen kämpfte.« Wie sei es denn bei den Soldaten – hätten die vielleicht zwei Kommandanten zugleich? Wie sei es mit einem menschlichen Körper – habe der vielleicht zwei Köpfe? »Er hat zwar zwei Augen, zwei Ohren, zwei Hände, zwei Füße, aber er hat nur einen einzigen Kopf. Genauso ist es hier: Gott ist der Kopf der ganzen Welt.« Er predigt schließlich gegen die Macht der heidnischen Priester und Magier. »Nehmt euch in acht vor ihnen, sie sind Tiger und Wölfe, die töten und eure Seelen in Stücke reißen.«

Sie sinken auf die Knie und bitten Gott um Erbarmen. Furcht und Verwirrung stehen auf ihren Gesichtern. Wie sollen sie sich vorstellen, daß eine Jungfrau ein Kind gebären kann? Daß ein Gott zugleich in drei Personen erscheint? Warum sind die christlichen Heiligen stumm, während die alten Inka-Götter sprachen? Warum ist mit Christus der Hunger gekommen, während früher jeder genug zu essen hatte? Ist Christus vielleicht doch nur der Gott der Spanier, nicht aber des Inka-Volkes? So manches war früher auch nicht völlig eindeutig. In diesem Tal hatten sie diese Götter und in jenem Tal jene Götter, und die Zuständigkeiten überschnitten sich oft, und doch konnten alle mit ihren Zweifeln leben. Warum droht die Kirche jetzt mit Strafen, die niemals zu Ende gehen? Warum brennen alle Vorfahren in der Hölle?

Hernando de Avendaño liest ein Edikt des Erzbischofes vor, eine Liste, die in 36 Punkten alles abfragt, was irgendwie mit Götzendienst zu tun haben könnte. Zwei Tage, sagt er, haben sie Zeit, alle heidnischen Aktivitäten zu melden – bei sich selber zu Hause und bei anderen. Mann für Mann, Frau für Frau, Kind für Kind erscheinen einzeln vor dem *visitador*. Der Schreiber notiert auf seiner Liste die Namen der Götter, die genannt werden, und die Namen der Priester. Fußeisen werden ihnen angelegt werden. Den Rest ihres Lebens werden sie im Gefängnis Wolle spinnen.

Die Menschen von San Cristóbal de Rapaz bringen ihre *waka* zur Kirche, legen sie auf bereitstehende Tische. Eine Wegstunde vom Dorf entfernt, in einer Felsnische, sitzt die größte aller Mumien, die Leiche eines Häuptlings namens *Llipyakancharku*, geschmückt mit einem goldenen Diadem und sieben Hemden aus kostbaren Stoffen, Geschenke des Inka, wie die *indios* sagen. Hernando de Avendaño hat von dem Ort erfahren. Er geht hin zu der Stelle, läßt die Mumien von ihrem Sockel holen und nach Lima zum Erzbischof schicken. Seine Helfer bauen an gleicher Stelle ein Kreuz. Danach wird den *indios* befohlen, die zusammengetragenen Masken, Mumien und die Götzen, die aus Holz sind, selber anzuzünden. Lichterloh brennt nieder, was ihnen heilig war. Die Asche schütten Avendaño und seine Leute in den nächsten Fluß. Sein Wasser wird sie wegtragen hinunter ins Meer. Avendaño weiß von dem alten *indio*-Glauben, daß sie von dort nie mehr zurückkehren wird.

Es ist den *indios* verboten, sich mit Federn und Muschelschalen zu schmücken und die *khipu*-Schnüre ihrer Ahnen zu benutzen. Namen wie Curi und Chacpa, Manco und Micsa sind ihnen verboten, weil sie heidnischen Ursprung haben. Verkauf von Maisbier ist verboten, weil sie sich bei ihren Festen immer mit dieser *chicha* betrinken. Selbst die Heiler müssen, ehe sie behandeln, ihre Kräuter dem Pfarrer zur Genehmigung vorlegen – damit sie auch wirklich nur für Kranke und nicht für alte Kulte verwendet werden.

Die Glocken läuten, die Schalmeien erklingen. Hernando de Avendaño verläßt nach zehn Tagen das Dorf. Einige *indios* haben Tränen in den Augen. Sie sagen nicht, ob aus Glück oder Trauer. Sie sagen nur, was sie glauben, sagen zu müssen. »Von jetzt an werden wir gute Christen sein.«

Jetzt

Schnaps für die Geister

Der Tag der Toten in Pomacanchi

»Die Toten sind
viel näher bei Gott.
Sie haben mehr Macht
als die Lebenden.«

Ein Friedhofsbesucher in Peru

Es ist, als ob die Sintflut käme. Seit Stunden prasselt der Regen, schräg geblasen vom Wind. Die Abwassergräben, die Pomacanchi durchziehen, schwellen zu Wildbächen an. Die Pfützen auf den Straßen wachsen, verbinden sich untereinander mit Wasseradern, die immer breiter werden. Wir tappen an ihren Rändern entlang, schlittern durch Schlamm, dessen Tiefe wir nicht ahnen. Trübes Licht fällt von ein paar Lampenmasten, die vor kurzem aufgestellt wurden. Es erhellt erst recht die Armut des peruanischen Dorfes. Außer uns stapft niemand durch den Morast, die Menschen kuscheln sich um ihre Öfen. Es ist, als hätten die Toten dieses Wetter bestellt. Die Nacht zum 2. November ist da. Die Nacht, in der sie die Lebenden besuchen.

Wir schlüpfen ins Haus der Familie von Francisco Noalca Cahuaya. Vor ein paar Monaten ist er gestorben, so um die sechzig war er alt, einer von sechs Toten des verflossenen Jahres in dem 4 800-Seelen-Ort. Heute nacht ist er hierher zurückgekehrt, nicht als Leichnam, sondern als Geist, und es ist die Pflicht der Familie, ihn zu bewirten, so gut sie nur kann. Sie haben sich auf seinen Besuch vorbereitet, in einem schmalen, finsteren Raum, unter einem Dach aus Schilfrohr und Lehm. Er ist spärlich durch ein paar Kerzen erleuchtet. An der Frontseite steht ein Altar, der überquillt von Speisen, die sie dem Toten vorsetzen wollen. Teller mit Maismehl und gerösteten Bohnen stehen darauf, mit Äpfeln, Orangen und Ananas, dazu Vogel-, Maultier- und Puppenfiguren, alle aus Brotteig gebacken. Ein Teller ist gefüllt mit Franciscos Leibgericht, Meerschweinchen mit Reis, Nudeln und Kartoffeln. Sein Poncho hängt an der Wand. Die Leute kauen Koka und reichen uns einen heißen Punsch, der aus Bohnen, Wasser, Zucker, Eiern und Schnaps bereitet wird.

Eine Alte tritt vor den Altar, stellt eine neue Kerze auf, verharrt still im Gebet. Dann taucht sie wieder ab in die hintere Ecke, wo sich ein Dutzend Frauen zusammendrängen, geschart um große Krüge voll Maisbier, einige stumm und in sich gekehrt, andere murmelnd und leise zischelnd. Ein Nachbar, ein Freund des Hauses, rappelt sich leicht schwankend hoch, faltet die Hände, spricht ein paar Fürbitten mit schwerer Zunge, schluchzt am Ende und sinkt zurück auf seine Bank. Wieder kreisen die Getränke, so verrinnen die Stunden, hier wie in den anderen fünf Häusern, die in dieser Nacht Besuch aus den Gräbern erhalten. »Wir alle trinken heute«, sagen sie, »die Lebenden und die Toten.«

Drei vermummte Gestalten kommen durch die Tür, junge Burschen aus dem Dorf, die sich verkleidet haben. Sie sind in Sacktücher eingehüllt,

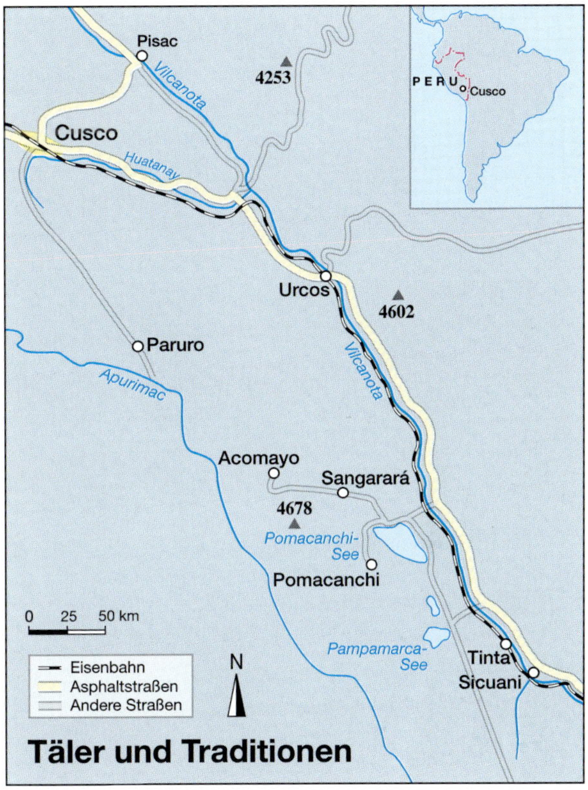

In den Andentälern rund um die ehemalige Inka-Hauptstadt Cusco haben sich Inka-Bräuche erhalten. Der »Tag der Toten« ist eines der Feste, die ihren inhaltlichen Ursprung in der Zeit vor Ankunft der spanischen Eroberer haben.

Warten auf Besuch aus dem Grab: In der Nacht zum 2. November, dem »Tag der Toten«, sind auf einem Hausaltar Gaben bereitet. Die Geister der Verstorbenen, glauben die Indianer, kehren einmal im Jahr zurück und möchten bewirtet werden.

Backwaren, Bohnen, Coca Cola unter einem Kruzifix: der Hausaltar der Familie Noalca in Pomacanchi. Am »Tag der Toten« fließen in den peruanischen Bergdörfern christliche und indianische Vorstellungen ineinander. In allen Ländern Lateinamerikas mit hohem Indianeranteil hat sich diese Tradition erhalten.

1
LITRO

Dorfjungen, mit Sack- oder Bettüchern als Ordensleute verkleidet, kommen nachts in die Häuser. Sie sprechen Gebete, singen Lieder, beginnen häufig zu tanzen, um die Versammelten aufzumuntern.

verschleierte Gesichter unter weiten Kapuzen. Sie wirken wie Wüstensöhne aus dem Orient. »Wir sind Ordensbrüder«, sagen sie, »wir kommen aus dem Kloster Santo Domingo in Cusco.« Sie knien nieder vor dem Altar, sprechen ein Vaterunser, ein Credo, ein Gegrüßet-seist-du-Maria. Dann holt einer von ihnen aus den Tiefen seines Umhangs eine *bandurria* hervor, eine Gitarre mit zwölf Saiten. Sie singen Lieder, die nichts von Traurigkeit haben; im Gegenteil, die Menschen beginnen zu schmunzeln und zu lachen und sich auf die Knie zu schlagen. Die Gesänge haben Liebe und Eifersucht zum Thema, die Schönheit der Frauen und die Treulosigkeit der Männer.

Die Stimmung steigert sich zu allgemeinem Gelächter, als das Lied von einem Mann erklingt, der nicht mehr ganz nüchtern zum Friedhof ging; er glaubte dort ein weibliches Wesen zu finden, küßte es und wollte tanzen mit ihm, bis er merkte, daß es ja schon zum Skelett abgemagert war. Die Totenfeier wird zu einem fröhlichen Fest, so will es das traditionelle Spiel. Die Burschen werden beschert mit Gaben vom Altar. Sie ziehen weiter zum nächsten der sechs Häuser, in denen die Geister der Verstorbenen weilen. Sie beten und heitern die Menschen auf.

Die Trinkbecher kreisen, immer wieder kommen Vermummte, viele haben sich ihre Kutten aus Betttüchern zurechtgewickelt. Sie versuchen, ihre Stimmen so zu verstellen, daß die Leute sie nicht erkennen. Manche fangen an, vor dem Altar zu tanzen, begleitet von rhythmischem Händeklatschen. So feiern sie ausgelassen, bis es wieder Tag ist, in Pomacanchi wie in all den anderen Andendörfern. Der »Tag der Toten«, der auf diese Nacht folgt, ist für alle *indios* einer der größten Feiertage im Jahr. Sie trinken und schwatzen und beten sich in diesen Tag: »Herr, mach aus uns gute Christen!«

Am Morgen läuten die Glocken zur Messe. Die *ofrendas*, wie die Gaben für die Toten heißen, sind jetzt auf schwarzen Tüchern zu Füßen der Kanzel ausgebreitet. Fotos der Verstorbenen werden vor ihnen aufgestellt. Hunderte von Kerzen flackern, Frauen sitzen versunken auf dem Boden, mit Kindern in Wickeltüchern auf dem Rücken. Eine rote Glühbirne brennt als ewiges Licht über der Dornenkrone des Gekreuzigten. Die Leute kommen barfuß in die Kirche, oder mit Schlammkrusten an den Schuhen. Ein Betrunkener ist auf seiner Bank sitzend eingeschlafen. Sein Kopf ist auf den Nebenmann gesunken, der ihn mit der Schulter stützt.

Pater Justo Yépez ist aus Cusco zur Meßfeier nach Pomacanchi gekommen, das keinen eigenen Pfarrer hat. Er lebt im Kloster der Barmherzigen Brüder, ist aber ein Sohn dieses Dorfes, kennt und liebt seine Menschen. Die Predigt hält er in Spanisch und in *Ketschua*, und er spricht über die zehn Gebote. »Eigentlich«, sagt er, »verlangt der Herr nur, diese Gebote zu halten. Schon das aber ist schwer für uns, weil wir Menschen so schwach sind.« Er spricht viel von der Würde, vom Wert des Körpers und des Lebens, über das niemand Macht haben dürfe, auch nicht der mächtigste Präsident der Welt. Er bittet die Männer, ihre Frauen nicht wie Papier zu behandeln, das irgendwann einmal schmutzig werde, denn die Frauen seien Geschöpfe Gottes wie sie selbst. Er weiß, die Totengaben vor ihm haben nichts mit der christlichen Botschaft zu tun. Sie sind ein Relikt des vorchristlichen Glaubens. Doch am Ende der Messe besprenkelt er sie mit Weihwasser. Er gibt ihnen, was soll er anderes tun, den kirchlichen Segen.

Im Haus seiner Eltern sitzen wir danach mit ihm zusammen. Auch hier ist Totenwache gewesen, die ganze Nacht. Hat er keine Probleme mit heidnischen Bräuchen? Justo Yépez sagt, es gebe zwei Strömungen in der Kirche. Die einen wollten diese Tradition bekämpfen, so wie die Missionare es damals taten. Die anderen, und zu ihnen zählt er sich, wollten sie dulden, weil sie inzwischen fast 500 Jahre überlebt habe und es außerdem Schlimmeres gebe. »Wir müssen die alten Bräuche nicht nur tolerieren, sondern sie begleiten«, sagt er. »Ich als Pfarrer will den Leuten nicht sagen: Das ist böse. Sie sollen selber darüber nachdenken.«

Wir sitzen im Hof vor dem Haus, essen Meerschweinchen mit Kartoffeln und Mais, trinken Zuckerrohrschnaps mit eingelegten Pflaumen. Justo Yépez sagt, die alte Kultur der Indianer habe immer den Zweifel erlaubt. Die neue Kultur, die aus Europa gekommen sei, habe jeden Zweifel verboten. »Wenn die Menschen hier fragen: warum? – dann heißt es: Der Papst hat es so gesagt.« Er hat, wie viele Geistliche, seine Schwierigkeiten mit solchen Doktrinen. »Wir Andenmenschen«, sagt er, »reden mehr mit dem Herzen als mit dem Kopf.«

Der Sonnengott ist Jesus Christus gewichen, so wie die Sonnenkönige dem spanischen Monarchen. Doch unter der Oberfläche lebt altes Denken weiter. Justo Yépez ist fünf Jahre lang Pfarrer in Puno gewesen, am Westufer des Titicaca-Sees, durch den die Grenze zwischen Peru und Bolivien verläuft. Eines Tages, erzählt er, kam ein Brautpaar aus seiner Pfarrei zu ihm. Sie wollten sich trauen lassen, sagten die beiden, aber nicht hier in der Kirche »Merced«, sondern drüben in der Kirche »San Juan«. Der Priester fragte nach den Gründen und erfuhr, die Eingangstür seines Gotteshauses weise nach Westen, die des anderen aber nach Osten. »Wenn die Sonne aufgeht«, sagte das Paar, »erwärmen und erleuchten ihre Strahlen die Kirche. So werden sie es auch mit unserer Ehe tun.« Justo Yépez hat Theologie und Philosophie in der Hauptstadt Lima studiert. Er sagt: »Wenn ich die Andendörfer besuche, habe ich manchmal den Eindruck: Die Leute sind Christen vom Ritus her, im Herzen aber immer noch Inka.«

Wir steigen einen der Hänge hoch, die das Dorf umschließen. Die Berge ringsum haben zwar Kreuze auf den Gipfeln, doch wenn die Menschen zu ihnen hochpilgern, tragen sie Opfergaben mit sich, die nicht für den christlichen Gott bestimmt sind. Der Lehrer Manuel Alvarez ist mit uns gekommen, um den *pago* für *pacha-mama* zu erklären, den Tribut für die Mutter Erde. Jedes Jahr im August, sagt er, bringen sie dieses Opfer, seine Familie wie alle anderen auch. Lamafett und Süßigkeiten wickeln sie ein, Lebensmittel, Weihrauch und Maiskörner. Der Vater gießt Maisbier und Wermut auf den Boden, bittet um Schutz für Menschen, Tiere und Ernte. Dann steigt er mit Frau oder Sohn nach oben, gräbt ein Loch am Gipfel und macht mit Kuhdung ein Feuer, das alles verschlingen wird. »Man hat die Inka gezwungen, Christen zu werden«, sagt der Lehrer. »Im tiefsten Innern aber sind sie es bis heute nicht.«

Das Dorf Pomacanchi ist arm, schmutzig und verkommen wie die meisten Dörfer in Peru. An den Festen versuchen die Menschen, das Elend des Alltags ein wenig zu vergessen.

Der Friedhof von Pomacanchi liegt oberhalb des Dorfes. Eine Mauer aus Lehm und ein Ring von Eukalyptusbäumen umgeben ihn. Normalerweise ist er ein wenig besuchter, windiger Ort. Heute, am »Tag der Toten«, füllt er sich mittags um zwei. In Scharen strömen sie herbei, bringen ihre *ofrendas* zu den Gräbern. »Die Toten«, sagt Manuel Alvarez, »haben uns etwas hinterlassen. Jetzt müssen ihnen die Lebenden auch etwas hinterlassen.« Sie legen ihre Gaben ans Fußende der Gräber. Katechisten eilen von Kreuz zu Kreuz, spulen im Auftrag der Angehörigen ihre Litaneien herunter. Dann sammeln sie die *ofrendas* ein, schütten alles in einen Sack, den sie mit sich schleppen zum nächsten Grab.

»Tag der Toten« in der Kirche von Pomacanchi: Die Indianer feiern die Messe. Viele bringen ihre Gaben für die Toten mit, um sie vom Priester segnen zu lassen.

Enrique Rosas Quispe ist vor zwei Jahren gestorben. »Er trank Maisbier«, sagen die Angehörigen, »und plötzlich fiel er tot um. Weshalb, das wissen wir nicht, Señor. Er ist nur 45 Jahre alt geworden.« Seine Frau sitzt am Grab und peitscht die Erde mit ihrem Hut. »Warum haben wir geheiratet«, ruft sie vor Schmerz, »wenn du mir so früh stirbst? Du bist doch noch nicht alt, du bist jung!« Sie hämmert auf den Boden, als wolle sie, daß die Erde sich öffne und ihr den Mann zurückbringe. »Komm zurück!« schreit sie immer wieder, und jeden Ausruf begleitet ein Schlag mit dem Hut. »Komm zurück!« Ihr Gesicht ist verweint, die Augen sind glasig von Alkohol. Der »Tag der Toten« ist eine bizarre Mischung aus Trauer und Suff.

Am Nachbargrab spricht eine Frau in die Erde, fordert eine Antwort von ihrem toten Mann im Sarg. »Rede mit mir«, herrscht sie ihn an. »Steh auf! Oder sag mir wenigstens was!« Wir merken allmählich, daß kaum jemand auf dem Friedhof nüchtern ist. Dieses Fest ist ein Ventil für verschlossene Menschen. Verhärtet sind sie gegenüber der Natur, die sie heimsucht mit Wolkenbrüchen, Stürmen und Frost. Verhärtet sind sie gegenüber Fremden, vor denen sie sich ihres Elends und ihrer alten Sitten schämen und sich gleichzeitig abschotten in dumpfem Trotz. Verhärtet sind sie untereinander, weil jeder im anderen die eigene Misere erkennt. *Indios*, das haben sie gelernt, zeigen ihre Gefühle nicht. Nur im Alkohol finden sie zu dieser Freiheit.

»Tag der Toten« auf dem Friedhof von Pomacanchi: Die Gaben werden auf den Gräbern ausgebreitet. Katechisten sprechen Gebete und sammeln die Sachen in Säcken ein. Am darauffolgenden Sonntag werden die Kinder der Ärmsten damit beschenkt.

Der Schnaps setzt die Gefühle frei: eine weinende, alkoholisierte Frau am Grab ihres Mannes. Hemmungsloses Trinken ist fester Bestandteil der Rituale am »Tag der Toten«.

In einer Ecke des Friedhofs spielen Kinder mit einem Totenschädel, den Hunde irgendwo aus der Erde gescharrt haben. Ein paar Jungen stellen ihn unter ein Kreuz, in eine steinerne Nische, andere bilden einen Kreis und recken neugierig die Hälse. Die Katechisten gehen mit prall gefüllten Säcken nach Hause. Nächsten Sonntag werden sie die eingesammelten Gaben zur Kirche bringen, und der Pfarrer wird sie nach der Messe an die Kinder der Allerärmsten verteilen. Auf dem Platz vor dem Friedhof versammeln sich jetzt alle, die heute zu den Gräbern gekommen sind. Sie kauen Koka und schütten weiter Maisbier und Schnaps in sich hinein. So geht der »Tag der Toten« zu Ende.

Sind sie Christen mit einer Inka-Fassade? Oder Inka mit einer Christen-Fassade? Auf einem Treffen kirchlicher Mitarbeiter 1986 in Ecuador formulierten *indios* in einem Arbeitspapier: »Wir tragen so viele Lumpen am Leib, die uns von außen umgehängt wurden. Weder sind wir diese Lumpen, noch wissen wir, was darunter steckt. Man hat uns unsere Mutter entrissen, um uns eine andere zu geben. Sicher ist nur, daß wir jetzt überhaupt keine Mutter mehr haben.« Sie seien Menschen mit zwei Identitäten, einer angeborenen und einer anerzogenen. »Wir sind schizophrene Wesen. Manchmal wissen wir nicht einmal, ob wir überhaupt glauben. Den Glauben unseres Volkes haben wir verloren. Aber auch zum Glauben, der durch die Kirche vermittelt wurde, haben wir keinen vollen Zugang. So können wir nicht leben, noch können wir darüber reden, ohne daß es uns innerlich vor Schmerz zerreißt.«

Einst

Der reiche Berg

Potosí, die Stadt der Besessenen

»Jeder Peso, der geprägt wird,
kostet zehn Indios, die sterben.«

Antonio de Calancha,
spanischer Pater und Chronist

Gibt es noch ein Glück für den *indio*? Dann liegt es hier, in diesem riesigen, steinernen, stacheligen Kegel, versteckt im Boden unter Dornengestrüpp, zugedeckt vom graubraunen *ichu*-Gras. Kahles, kaltes Land, wohin man blickt. Der Wind rast und reißt und rüttelt, als wolle er die Menschen hinuntertreiben, die sich seit kurzem hier eingegraben haben. Nie zuvor hat es jemand gewagt, sich an diesem Berg zu vergreifen. Geier kreisen über seinem Gipfel, um sich auf kranke oder verletzte Lamas zu stürzen. Jetzt aber scheint es, als winke der Lohn für die Angst, die jeder *indio* überwinden mußte, ehe er zum ersten Mal hier hochstieg bis auf 5 000 Meter.

Unter der spanischen Kolonialherrschaft in Amerika begann die Ausbeutung der Bodenschätze in großem Stil. Ungeheure Mengen von Gold und Silber wurden nach Europa verschifft. Von allen Minen erlebte Potosí den größten Boom.

Bodenschätze für Europa

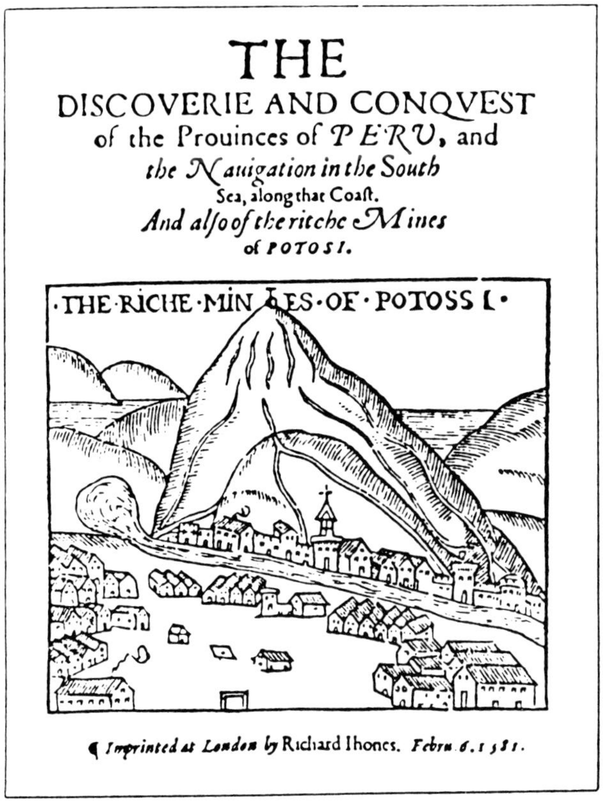

Potosí und der Berg mit den Silberadern – Kupferstich von 1581. Nach der Entdeckung der reichen Schätze 1545 durch einen indianischen Hirten namens Walpa wuchs die Stadt zur größten und reichsten in Amerika heran.

Die Herz-Jesu-Kapelle am Silberberg von Potosí steht auf 4 300 Meter Höhe. Von hier aus geht der Blick über windiges, baumloses Land. Nur *indios*, gewöhnt an die dünne und rauhe Luft, waren in der Lage, die harte Arbeit in den Minen zu verrichten.

Feuer aus Lamadung flackern auf am Berg. Feuer der Hoffnung, Feuer der Träume. Die *indios* füllen Felsbrocken, zerkleinert bis zur Größe einer doppelten Faust, in Öfen aus Steinen oder Lehm. Jeder Ofen hat kleine Luftlöcher nach allen Seiten, seine größte Öffnung aber nach Süden hin, zu der Richtung, aus der es weht; so hilft der Wind, die Glut, die das Glück bringt, zu entfachen. 40 Stunden lang lodern die Flammen, dann werden Metalle flüssig, das Gestein beginnt zu schäumen. Nach oben steigen die leichten Elemente, Zinn und Kupfer. Nach unten sinken die schweren Elemente, Blei und Silber. Sie gleiten durch ein Rohr, noch miteinander vermischt, bis auf den Grund des Ofens. Ein zweites Mal werden sie geschmolzen, fünf bis sechs Tage später, diesmal 30 Stunden lang, dann ein drittes Mal, für weitere zwei Stunden. Der letzte Schaum, der sich bildet, fällt im Luftstrom eines Blasebalgs zusammen. Nun liegt er in Reinform da, der Schatz, den die Erde hier barg, oft nur eine Handbreit unter der Oberfläche: Silber, blinkendes, blendendes Silber.

Nachts wirkt der Berg wie ein Wallfahrtsort, umgürtet von einer Lichterprozession. Er steht im Feuerschein der *wayra*, wie die Schmelzöfen der *indios* heißen, 10 000, 15 000 an der Zahl. In Scharen sind sie hierhergekommen, die sich auf diese Kunst verstehen. Tagelang, wochenlang sind sie gelaufen, haben Frau und Kinder auf ihre Lamas gesetzt, um Geld zu verdienen, zum ersten Mal Geld. Die Spanier, von denen sie als Pächter angeheuert werden, kennen dieses Verfahren nicht. So beherrschen die *indios* den Berg, den sie *sumaq urqu*, den »schönen Hügel« nennen. Vor fünf Jahren, 1545, hat einer der Ihren namens Walpa das Silber entdeckt, ein Hirte, der ein verirrtes Lama suchte. Er schlief eine Nacht unter dem Gipfel, so erzählen es die Leute, und sein Feuer schmolz zufällig eine offenliegende Ader an. Ist es der Berg, mit dem sich alles zum Guten wendet?

Der Inka-Herrscher *Wayna Qhapaq* war fasziniert von seinem Anblick gewesen, als er sich, vor nunmehr einem halben Jahrhundert, krank zu den Thermen von Tarapaya tragen ließ. Er gab Befehl, im Innern des Berges nach Schätzen zu forschen, denn er brauchte die edlen Metalle, um in der Hauptstadt Cusco die Götter mit Statuen zu ehren. Kaum aber hatten seine Leute begonnen, mit Werkzeugen aus Feuerstein zu graben, warf sie, so geht die Legende, eine Stimme zu Boden, die laut und mächtig war wie ein Donner. »Das ist nicht für euch «, rief sie, »Gott bewahrt diesen Reichtum für andere!« Voller Schrecken ließ der Inka ab von seinem Plan. Er taufte den unheimlichen Ort »Potosí«. Es heißt soviel wie »er vibriert« oder »er donnert« oder »er birst auseinander«. Nun aber beschenkt er die Menschen, nicht nur die Fremden aus Europa, die ihn in Besitz genommen haben, sondern auch die Einheimischen, die ihn für unantastbar hielten. Ist das, was die Alten erzählen, vielleicht doch nicht immer wahr?

Jeden Donnerstag steigen sie hinunter in die Stadt, die täglich ein Stück größer wird und den Namen »Potosí« erhalten hat. Auf dem »Platz der Metalle« strömen die *indios* zusammen, verkaufen ihr Silber gegen gutes Geld. Sicher, einen Teil haben sie an die spanischen Eigentümer abzugeben, die ihren Grund hier abgesteckt und sofort haben registrieren lassen. Aber es bleibt den Indianern doch so viel, daß ihr Verdienst höher ist als irgendwo sonst. Zudem haben sie von den neuen Herren gelernt, daß die halbe Wahrheit oft besser ist als die ganze. So wie jene manche Barren unterschlagen, von denen jeweils ein Fünftel dem König zusteht, so melden auch die *indios* dem Besitzer nicht alle Schätze, die zum Greifen nah in dem »schönen Hügel« liegen. Eine Tonne Steine hauen sie jeden Tag heraus, die Hälfte davon ist reines Silber. Die warnende Stimme, die ihre Vorfahren schreckte, ist nicht mehr erklungen, sie ist so gut wie vergessen. Es gibt reiche *indios* in Potosí – Hauer, Schmelzer und Händler. Sie reden jetzt, wie die Spanier, vom *cerro rico*, dem »reichen Berg«. 20 Jahre lang erleben sie diesen Rausch, den sie nie zuvor gekannt haben – denn das Silber war bei den Inka für die Götter, nicht für die Menschen bestimmt.

Der Berg aber hat seine Tücken. Die *indios* merken es mit der Zeit. Die hochprozentige Silberschicht ist nur die Außenhaut. Je tiefer sie in sein Inneres dringen, um so weniger enthält das Gestein von dem edlen Metall, und um so schwerer ist seine Gewinnung. Die Erträge beginnen zu sinken, während die Arbeit härter und härter wird. Die Schmelzöfen der *indios* können jetzt die kleiner werdenden Silberanteile kaum mehr aus dem Gestein ziehen; nutzlose Halden bleiben liegen am Berg. Die Einkünfte fließen spärlicher, und die Unruhe dringt bis an den Hof in Madrid. Die Krone braucht dringend das Metall aus Potosí – für den Krieg gegen England, das auf dem Weg zur Weltmacht ist.

Ein neues Verfahren muß her, um mehr Silber aus dem *cerro rico* zu holen. Bartolomé de Medina hat es 1557 in Mexiko eingeführt, Pedro Fernández de Velasco 1571 im Vizekönigreich Peru. Das Gestein wird gemahlen und gesiebt, Wasser und Salz kommen hinzu, dann pro Zentner sechs bis zehn Pfund Quecksilber, je nach Gehalt der zerkleinerten Brocken. Quecksilber und Silber bilden nach fünf bis sechs Tagen Erhitzen eine Legierung, das Amalgam. Das Material wird in Bottiche gefüllt, mit Wasser begossen und mit einem Paddel gerührt, bis die Amalgame sich am Boden absetzen, während das Gestein weggespült wird. Dann werden sie durch Stoffsiebe gepreßt, um jenes Quecksilber herauszufiltern, das keine Verbindung eingegangen ist. Die verbleibende Substanz hat 20 Prozent Silbergehalt. Sie wird zu Blöcken, fast einen Zentner schwer, gegossen und noch einmal acht bis zehn Stunden erhitzt. Das Destillat, in Form einer Honigwabe, ist pures Silber. Nun kehrt

Die Arbeit der Indianer im Silberberg. Phantasiedarstellung von Theodorus de Bry. Über die Zahl der Indianer, die in Potosí ums Leben kamen, gibt es keine verläßlichen Angaben. Einige Chronisten schreiben von Tausenden, andere von Millionen.

Lama-Kolonnen tragen die Silberbarren aus dem Gebirge hinunter zum Hafen Arica. Zeichnung von Theodorus de Bry. Von der Küste wurde das Edelmetall nach Europa verschifft. Die dortigen Herrscherhäuser finanzierten damit neue Eroberungen.

sich alles um in Potosí. Denn das neue Verfahren kennen die *indios* nicht. Das einzige Kapital, das sie hatten, verliert seinen Wert. Ihre nächtlichen Feuer auf der Höhe erlöschen. Ihre Öfen, die keiner mehr braucht, erkalten.

Sie hören auf, die Herren des Berges zu sein. Der *cerro rico* und die Aufbereitungsanlagen gehören den spanischen Eigentümern. Und Beamte des Vizekönigs kontrollieren das Quecksilber. Es wird aus Huancavélica herbeigebracht, 1200 Kilometer Luftlinie entfernt, von der Mine bis Chincha auf Lamarücken, weiter nach Süden bis Arica per Schiff, von dort nach Potosí noch einmal mit Lamas. Nun lohnt es sich wieder, im Berg zu wühlen. Die Stollen werden länger und länger, 150, 200, 250 Meter. Nur fehlen jetzt die Menschen, um dem *cerro rico* seinen Reichtum zu entreißen. Die Spanier sind sich zu gut dafür. »Sie sterben lieber vor Hunger«, hat der Vizekönig Conde de Nieva einmal nach Madrid geschrieben, »bevor sie eine Hacke in die Hand nehmen.« Die schwarzen Sklaven aus Afrika sterben schnell; Klima und Arbeit sind zu hart für sie. Es bleiben nur die, die gewöhnt sind an den Wind und die Kälte und die dünne Luft.

Seit 1542 gibt es die »Neuen Gesetze«, die *indios* vor Übergriffen der Kolonialherren schützen sollen. Der Dominikanerpater Bartolomé de Las Casas, Augenzeuge schrecklicher Bluttaten, hat lange darum gekämpft. Danach sind die Indianer zwar Untertanen der Krone und verpflichtet zu Tribut, ansonsten aber freie Bürger des Landes, nicht verpflichtet, irgend jemandem zu Willen zu sein. Es bereitet den Regierenden Kopfzerbrechen. Einerseits wollen sie ihr eigenes Recht nicht beugen, andererseits brauchen sie das Silber für den Krieg. Philipp II., König von Spanien, drückt sich vor einer Entscheidung. Francisco de Toledo, Vizekönig von Peru, entschließt sich, auf eigene Faust Tatsachen zu schaffen. Er hat abzuwägen zwischen den Schätzen und dem Schutz der Indianer. Er entscheidet sich für das, was ihm wichtiger ist.

Schon zu Inka-Zeiten, das weiß er, gab es die *mit'a,* die allgemeine Arbeitspflicht. Große Gruppen rückten auf Anordnung des Herrschers aus, um Straßen und Brücken, Wachposten und Vorratslager zu errichten. Zugegeben, damals hatten die *indios* auch den Nutzen davon; es gab ja kein Geld und keine Spekulanten, die das Geschaffene außer Landes brachten. Doch kann es schaden, die *mit'a* offiziell neu zu beleben, nur für ein paar Jahre, für begrenzte Zeit? Toledo befiehlt, daß 17 Hochlandprovinzen pro Jahr 14000 Arbeitskräfte zu stellen haben, ein Siebtel der Männer zwischen 18 und 50 aus 139 Dörfern. Er will, daß sie gut behandelt werden. Er will, daß sie gut bezahlt werden. Er will Anreize schaffen, freiwillig in den Berg zu gehen. Seine Order sanktioniert im Grunde nur eine Praxis, die seit Jahren schon in vielen Teilen von Spanisch-Amerika eingerissen ist: Die »Konquistadoren« – und jeder Spanier fühlt sich als solcher – kommandieren nach Lust und Laune ganze Dörfer für ihre Ideen herum. Das Kalkül von Toledo ist, daß in ein paar Jahren, wenn die Einnahmen wieder sprudeln, hohe Löhne die *indios* locken. So versucht der Vizekönig, das Geschäft zu erleichtern und zugleich das Gewissen zu beruhigen.

Es gibt Privilegierte, die verschont bleiben von der *mita*: der Dorfvorsteher und dessen Söhne, der Pfarrer, der Kantor und der Schatzmeister der Kirche, der Schulmeister; dazu die Handwerker, die das Dorf braucht: ein Schneider, ein Schuster, ein Sattler, ein Wollfärber. Alle anderen aber sind dran, wenn nicht dieses Jahr, so das nächste oder das übernächste, spätestens nach sieben Jahren, das wissen sie. Der *kurakaq* hat sie auszuwählen und einem Beamten der Krone zu übergeben. Ein Woche in den Stollen, eine Stunde nach Sonnenaufgang bis zum Sonnenuntergang, dann zwei Wochen Ruhe, und das für die Dauer eines Jahres, so wenigstens steht es auf dem Papier. Was aber zählt ein Papier in Potosí?

Noch gibt es ein Glück für manche *indios*. Es besteht darin, bei Tageslicht arbeiten zu dürfen. Sie bauen, weil es kein Wasser in Potosí gibt, einen 24 Kilometer langen Aquädukt. Sie legen am Fuß der Berge 32 Speicherseen an, mit einem Fassungsvermögen von insgesamt sechs Milliarden Litern. Sie graben Kanäle, durch die das Wasser nach unten stürzt. Sie keuchen und stampfen stundenlang im Kreis, um die Mahlwerke zu drehen; 30 000 Zentner zerkleinern sie pro Jahr zu Kiesel, pulverisieren ihn mit schweren Hämmern zu mehlfeinem Sand. Sie gießen das gewonnene Silber zu Barren, tragen sie zur königlichen Münzwerkstatt, wo wieder Räder sich drehen und dumpfe Hammerschläge dröhnen. Sie schwanken unter ihren schweren Lasten. Die Leute, die in den Schmelzen arbeiten, leiden an Haarausfall und Hautausschlägen, verursacht durch die Quecksilberdämpfe, bei vielen Arbeitern treten Lähmungen auf. Doch sie sehen die Sonne, sie atmen frische Luft. Das ist viel, sehr viel in Potosí – für einen, der *indio* ist.

Die meisten Männer aber sammeln sich jeden Montagfrüh in Pferchen, getrennt nach Provinzen, aus denen sie kommen. Von dort werden sie in den Berg geschickt, je nachdem, wo die spanischen Eigentümer sie brauchen. Sie tauchen ein in ein Schwarz ohne Grenzen und Konturen, in staubige, stickige Luft, in eine Unterwelt ohne Pflanzen, ohne Tiere, ohne Leben. Die einen heißen *barreteros*; ihre Werkzeuge sind Brechstangen und die eigenen Arme, so stemmen sie sich in das Gestein. Die andere heißen *apiris*; sie schleppen die Lasten nach oben, zwischen 35 und 50 Kilo, in Wolldekken, über der Brust geknotet, die ihnen wie Säcke auf dem Rücken hängen. Der Weg, den sie gehen, ist fast senkrecht, manchmal bis zu 300 Meter lang, und führt über doppelbahnige Leitern, eine für die Auf-, eine für die Absteigenden, gebaut aus drei dicken Ledertauen und querliegenden Holzsprossen. Sie klettern in Dreiergruppen durch das Dunkel, der erste hält eine Kerze in der Hand. Das ist das einzige Licht, was sie sehen. Ansonsten ist Nacht, eine Woche lang Nacht. Ihre Ruhelager müssen sie sich selber meißeln – eine Nische, irgendwo im Fels.

Mittwochs tauchen sie kurz auf aus dieser Hölle. Ihre Frauen warten am Ausgang, mit Essen, damit sie nicht verhungern, und mit Koka, damit sie die Welt schöner sehen, als sie ist. Samstagabend, dem einzigen Feierabend einer Woche, rennen sie den Berg hinunter, zu den Elendshütten an seinem Fuß, in der *ranchería*, wie ihr Wohnviertel heißt. Es ist die einzige Nacht, die sie genießen, bei Trommeln und Tanzen und Trinken, bis sie wie Leichen liegenbleiben in den stinkenden Straßen voller Lama- und Menschenexkremente. Sonntagmorgen taumeln sie in die Messe, danach stehen sie stundenlang an für den Lohn, lächerliche zweieinhalb Pesos pro Woche, für die niemand, der nicht gezwungen wird, auch nur den kleinsten Finger regen würde. Montagfrüh, beim Abschied im Morgengrauen, weinen ihre Frauen, voller Ahnung, es könne das letzte Mal sein. Sie brauchen nur auf die Gestalten zu blicken, jede Woche steht ihnen im Gesicht geschrieben. Die *indios* taufen den »schönen Hügel« um, der jeden Pflanzenwuchs verloren hat, der entblößt ist zu einem nackten Rot. Es ist ein Wort aus der *Aimara*-Sprache: *wila qullu*, »Berg des Blutes«.

Francisco de Toledo ist tot, und mit ihm der Gedanke, die *mita* sei nur eine Übergangslösung. Die Lamaherden, im Durchschnitt 2000 Tiere, warten auf Ladung, um hinunterzuziehen zum Hafen Arica. Die Schiffe warten auf Ladung, um die Küste hoch bis nach Panama zu schippern, wo *indios* die Fracht über die Landenge tragen, um sie dann wieder auf Schiffe zu verfrachten, die hinübersegeln nach Spanien. Gesetze, Vorschriften, gewiß, es gibt sie. Aber sie werden in Europa gemacht, 10 000 Kilometer von Potosí, oder in Lima, immerhin noch 1500 Kilometer entfernt. Hier haben die Silberbarone das Sagen. Müssen sie nicht immer mehr investieren, um das Metall aus dem Gestein zu gewinnen? Ist die Krone etwa bereit, auf ein Zehntel statt ein Fünftel herunterzugehen? Keine Spur, was also sollen ständig neue Erlasse? Lima ist weit, Madrid noch weiter. Wie soll der Arm des Gesetzes bis hierher reichen, und gar bis in die Tiefe der Stollen?

Es ist Vorschrift, daß die Gänge acht Fuß Breite und sieben Fuß Höhe haben müssen. Doch kein Inspektor kommt, um nachzumessen. Es ist das Recht der *indios*, all das auf eigene Rechnung zu verkaufen, was sie am Wochenende aus dem Berg holen, statt heimzugehen zu Frau und Kindern. Doch das dürfen sie nun nicht mehr, weil die Minenbesitzer behaupten, die Arbeiter würden sie betrügen, indem sie Metall bis Samstag versteckten und dann als das ihre ausgäben. Es ist Gesetz, die Ruhezeiten einzuhalten. Aber die Arbeit läßt es leider nicht zu. Es ist verboten, feste Quoten zu verlangen. Aber wer sie nicht schafft, wird vom Aufseher bestraft – mit Ohrfeigen und Faustschlägen, mit Peitschenhieben oder Steinwürfen.

Kaum ein Gewissen regt sich in Potosí. Die Leute, die von den *mitayos* leben, sehen die Striemen auf den Rücken, die Brüche an Armen oder Beinen, die Wunden an den Köpfen, die verstümmelten Hände. Aber sind die *indios* wirklich wie du und ich? Pater Diego de Ocaña schreibt in seiner Chronik über diese seltsamen Wesen: »Normalerweise laufen sie mit schweinischen Händen und schmutzigen Gesichtern umher, die sie das Jahr über nicht waschen; ihr Haar, tiefschwarz, ist aufgelöst und hängt bis auf die Schultern; nur die Männer tragen es kürzer, bis in den Nacken hinein. Die Frauen schmieren sich ein mit Öl und roter Erde, das ganze Gesicht, die Nase, die Stirn, als wollten sie eine bunte Maske tragen. Andere salben sich Backen und Nasen gelb, wie Teufel sahen sie mir aus; und bei all dem fehlt es nicht an Spaniern, die mit ihnen schlafen.«

Sind sie nicht ein buntes Völkchen, die *indios*? Sei es der Tag des heiligen Santiago oder der des heiligen Bartholomäus, sei es Fronleichnam oder das Rosenkranzfest, Mariä Himmelfahrt oder die Unbefleckte Empfängnis – welche Tracht, welche Pracht! Die Frauen tragen in den Prozessionen Faltenröcke aus Baumwollsamt, Wamse mit Troddel- und Fransenbesatz, Plüschgewänder und bunte Ponchos und breite Mützen, besetzt mit geflochtenen, goldenen Bändern. Und im Karneval tollen die Männer mit buntscheckigen Fähnchen durch die Stadt, werfen mit Konfetti um sich, singen und saufen und lärmen mit ihren Instrumenten, und wenn ihnen an diesen Tagen ein hoher Herr in die Hände fällt, so kann es ihm passieren, daß sie ihn beschmieren mit allerlei Farben, daß sie ihn abfüllen mit Schnaps und ihn zwingen, mit all den Frauen zu tanzen, die mit ihm tanzen möchten. Denn dies sind die Tage, um alles zu vergessen. An diesen Tagen – nur an ihnen – sind alle gleich fröhlich in Potosí.

Die *indios* sind die folkloristische Zierde der Stadt. Kaum eine kann sich, was Feste betrifft, mit Potosí messen. Als im Jahr 1600 die Nachricht eintrifft, daß der neue König Philipp III. sich mit Margarete von Österreich verheiratet hat, lassen die Silberbarone 20 Tage lang feiern. Kostbare Kutschen rollen durch die Straßen, in ihnen noble Herren in Seide und noble Damen mit Perlenbehang. Rösser mit farbigen Federbüschen sprengen daher, Kußhände fliegen den Reitern zu. Masken, gefertigt von *indios*, erzählen von der Schlechtigkeit der Menschen. Den Zug krönt ein riesiger Wagen, gezogen von zwölf weißen Pferden. Auf ihm ist, aus reinem Silber, ein Modell des *cerro rico* errichtet. An seinen Hängen breitet sich Potosí aus, in Figur einer märchenhaft schönen Dame mit einem silbernen Kleid, das übersät ist von Diamanten, Smaragden, Amethysten, Rubinen und Hyazinthen. Sie kniet vor einem Bild Seiner Majestät, die unter einem Baldachin thront, umgeben von Kindern in Engelsgewändern.

Tags darauf wälzt sich die nächste Prozession durch Potosí. Ihren Abschluß bildet ein Wagen, den 50 *indios* in Tierfellen ziehen. Auf ihm sitzen, je unter einem Himmel, die Figuren der drei spanischen Monarchen, die der Allmächtige auserwählt hat, den unermeßlichen Reichtum dieses neuen Kontinents zu empfangen: Karl I., Philipp II., Philipp III. Neben ihnen sitzen, wenn auch niedriger, die letzten Inka-Herrscher, die die Eroberer zu Gesicht bekamen: *Waskar* und *Atawalpa*, die zwei verfeindeten Brüder, die am Ende beide gewaltsam starben, *Manqu Inka*, der sich erfolglos auflehnte, *Sayri Thupaq* und *Titu Kusi*, die im Restreich von Vilcabamba überlebten, und schließlich *Tupac Amaru*, dessen Kopf 1572 in Cusco rollte. Trompeten schmettern. Die Menschen am Straßenrand jubeln. Potosí berauscht sich an seinem Silber. Niemand fragt an solchen Tagen, wie der Rausch zustande kommt.

Die Stadt hat alles, was das Herz begehrt. 36 Kirchen, aber auch 36 Spielhäuser. Zehn Klöster, aber auch 14 Tanzschulen. Hunderte Soldaten, die nicht mehr zu kämpfen haben und nur noch Geld und Vergnügen suchen. 120 Huren, 800 Falschspieler und 4000 Faulenzer, die, wie der Stadtrat berichtet, »weder irgendeine Arbeit annehmen noch sonst eine Beschäftigung ausüben, sondern sich nur ihren Lastern hingeben«. Wo sonst wagen es Männer und Frauen, in aller Öffentlichkeit die Kleider zu tauschen oder nackt auf der Straße zu tanzen? Wo sonst werden größere Summen an Mitgift bezahlt? Eine Tochter des Generals Mejía bringt 1612 eine Million Pesos mit in die Ehe, Catalina Argandoña 17 Jahre später 800000 Pesos und eine Hacienda mit Weinbergen dazu. Bis 1629, notieren die Chronisten, werden achtmal mehr als 200000 Pesos bezahlt. Der Wochenlohn der *mitayos*, die das Silber aus dem *cerro rico* holen, beträgt zweieinhalb Pesos.

Altäre sind aus Silber in dieser Stadt, ebenso Hufeisen von Pferden und einmal sogar Pflastersteine bei der Fronleichnamsprozession. Mit dem Metall aus dem Berg, übertreibt der Chronist Antonio de León Pinelo nach hundert Jahren Silberrausch, hätte man eine Brücke bauen können, vier Finger dick, gut elf Meter breit, 10000 Kilometer lang – von Potosí über den ganzen Atlantik, bis hin zum spanischen Mutterland. Die Stadt ist zu dieser Zeit die reichste in ganz Amerika. Sie zählt 160000 Einwohner, manche sagen sogar 200000. Sie ist größer als Sevilla, größer als Rom, größer als Paris, größer als London. Sie ist, Mitte des 17. Jahrhunderts, die größte Stadt der Welt, die zu dieser Zeit in Europa bekannt ist.

Die Jungfrau Maria, verschmolzen mit dem »reichen Berg«, weltliche und kirchliche Würdenträger zu dessen Füßen, über allem der dreifaltige Gott – so stellte dieser Maler den himmlischen Schutz und Segen für den Silberboom in Potosí dar.

AESTA BILLA IMPERIAL, DIA
DE S. MARCOS EVANGELISTA
ALAS TRES DLA TARDE, QVE SEQVEN
TA 25 DABRIL AÑO D 1716 ENTRO E
EG SELENT. IIEVS. SS D.D. FRAI DIE
GO RRVBIO MORSILLO DAVÑON
LOS MAS ILVSTRES I PREFERIDOS CABA
MERCADERES, OFICIALES, I HARTIFIZES,
SIENDO ALCALDES HORDINARIOS DON FRANSISCO GAM
BARTE, I DON PEDRO NABARRO, I CORREJIDOR I GENE
RAL DON FRANSISCO TIRADO DE QUENCA

Nirgendwo wird mehr Luxus herbeigeschafft. Wein, Schnaps und Oliven kommen aus fruchtbaren Küstentälern in Peru, Heilkräuter vom Paraguay-Fluß, getrockneter Fisch aus Arica, Zedernholz aus der Provinz Tucumán, Pferde und Maultiere aus Chile. Viele spanische Städte beliefern Potosí: Granada, Priego und Jaén mit Taft, Valencia und Murcia mit Atlasstoff, Córdoba mit Seide, Sevilla mit Strümpfen, Madrid mit Fächern und Etuis, Spielzeug und tausend Kuriositäten. Aus Flandern kommen Vorhänge, Spiegel und Schreibtische, aus Deutschland Schwerter und Besteck, aus Holland Leinen, aus Frankreich Unterwäsche, aus Mailand Spitzen, aus Venedig Kristallglas, aus Rom Gemälde, aus England Hüte. Das weiße Wachs in Potosí stammt aus Zypern, das Parfüm aus Arabien, die Gewürze von den Molukken, die Teppiche aus Persien und der Türkei. »Ich bin das reiche Potosí«, steht im Wappen der Stadt, »Schatzkammer der Welt, König der Berge; die Könige beneiden mich.«

Wie ein Magnet zieht die Stadt sie alle an, die Glücksritter und Abenteurer, Waffen-Machos und Desperados, Taugenichtse und Trunkenbolde, Münzfälscher und Leute, die hierhergeflüchtet sind, weil sie etwas auf dem Kerbholz haben. Die Plaza ist ein gefährlicher Ort, auf der kaum ein Tag ohne Tote vergeht. Selbst die Mitglieder der Stadtverwaltung gehen zu ihren Sitzungen nie ohne Schwert, Pistole und gepanzerte Jacke. Draußen vor den Toren der Stadt werden täglich Duelle der Ehre wegen angesetzt. Acht Fechtschulen lehren die Kunst, sich im Kampf auf Leben und Tod zu behaupten. So richtig heimisch werden wenige in dieser Stadt. Die Spanier sind hier, um auszubeuten.

Einzug des Vizekönigs Diego Morcillo Rubio y Auñón nach Potosí im Jahr 1716. Das Gemälde von Melchor Pérez Holguín zeigt den Prunk der »Kaiserlichen Stadt« um diese Zeit. Fahnen hängen aus Häusern und Kirchen, Klerus und Honoratioren begleiten den Gast in einer feierlichen Prozession.

Die *indios* sind hier, um ausgebeutet zu werden. Die einstigen Herren des Berges sind zu dessen Sklaven geworden.

Klagelieder singen sie, Trauer- und Todesweisen, wenn die *mitayos* aufbrechen müssen aus ihrem Dorf. Zur Messe sind die *indios* noch einmal gegangen, dann beladen sie ihre Lamas, im Durchschnitt fünf Tiere an der Zahl. Sie tragen die Nahrungsmittel für den oft langen, endlos langen Marsch, denn auch dafür müssen die Zwangsarbeiter selber aufkommen, obwohl die Vorschriften anders lauten. Die zurückbleibenden Angehörigen ringen die Hände vor Verzweiflung. »Soviel Schluchzen, soviel Schmerz«, notiert ein Augenzeuge, der spanische Beamte Victorian de Villaba, »sie erwecken eher den Eindruck, einen Toten zu bestatten, als einen Lebenden zu verabschieden.« Bis zu tausend Kilometern werden die *mitayos* laufen müssen, zwei bis drei Monate, manchmal mit Ketten um den Hals aneinandergefesselt, damit keiner den *mita*-Beamten entwischt. Oft zieht die ganze Familie mit dem Mann, die Felder zu Hause bleiben brach liegen. Die Eltern wissen, daß Kinder, die neben den Tieren gehen müssen, wenn sie älter als fünf Jahre sind, den Marsch nicht überleben werden. Sie wissen, fast alle Säuglinge, die die Frauen auf der Reise gebären, werden sie bald darauf irgendwo in der Erde verscharren.

Viele flüchten hinauf in die Berge oder hinein in die Wälder, wo sie sich sicher wähnen vor den spanischen Soldaten. In vielen Dörfern stehen nur noch Mädchen in den Geburtsregistern; die Eltern haben den Pfarrer bestochen, um dem Jungen später die *mita* zu ersparen. Die *kurakaq*, die Dorfvorsteher, haben es immer schwerer, ihre Quote zu erfüllen. Für jeden *mitayo*, der fehlt, haben sie seinen dreifachen Wochenlohn, siebeneinhalb Pesos, als Strafe zu bezahlen. So jagen die *kurakaq* ihre eigenen Leute, treiben die Summe von der Familie ein, aus der ein Rekrutierter verschwunden ist. Oft versuchen die *indios*, sich durch Arbeit irgendwo Geld zu verdienen, um sich freizukaufen von der Reise in den Tod. So kommen ein Drittel weniger *mitayos* als vorgesehen überhaupt in Potosí an – dafür aber enorme Beträge, die nur dafür bezahlt werden, daß eine Arbeit nicht getan wird.

Die *mita* ist ein wucherndes Geschwür, das sich in alles frißt. Findige *kurakaq* verkaufen die Zwangsarbeiter, statt sie nach Potosí zu schicken, an Farmbesitzer, die billige Leute suchen. Findige Mineneigner in Potosí verkaufen ihre *mitayos*, statt sie in den Berg zu schicken, auf dem freien Arbeitsmarkt. Sie machen pro Mann und Woche fünf Pesos Gewinn, bei 100 Mann sind das schon 500 Pesos pro Woche, mehr als 25 000 im Jahr – ein Profit ohne eine einzige Stunde Arbeit. So haben sie manchmal höhere Einnahmen als durch das Silbergeschäft. »Der Indio ist eine Münze«, schreibt der Chronist Luis Capoche, »mit der man alles, was nötig ist, kriegen kann.«

Es gibt *indios*, die aus Potosí fliehen. Sie verstecken sich in den Bergen rings um die Stadt. Doch meist wissen die lokalen *kurakaq* davon, und so müssen die Flüchtigen Schweigegelder zahlen, um nicht verraten zu werden. Es gibt auch welche, die in Potosí bleiben, wenn sie das erste Jahr Zwangsarbeit überlebt haben. Denn weil die Quoten nicht mehr erfüllt werden, verringern sich die Zeitabstände, in denen sie wieder an der Reihe wären – nicht mehr sieben Jahre, wie vorgesehen, sondern nur noch fünf, vier oder drei. Da bleiben sie lieber in der Stadt, deren Einwohner befreit sind von diesem Joch, und bieten ihre Arbeit als Freiwillige, für den dreifachen Wochenlohn, an. So leeren sich die Dörfer, spalten sich die Familien, und die Silberbarone sind wütend, daß die Lohnkosten steigen und trotzdem die Arbeiter fehlen. Doch im fernen Spanien zählt nur, was glänzt. Potosí ist bares Geld für die Krone. Drei Viertel ihrer Silbereinnahmen kommen allein aus dieser Stadt.

Ein indianischer Zwangsarbeiter in Ketten, ein spanischer Aufseher mit Peitsche. Die Zeichnung des Kunststudenten José Eguibar Zamora aus Potosí, gefertigt 1986, übertreibt nur wenig die Qualen der *mitayos* von damals. Als Strafe für Unbotmäßigkeit mußten sie nicht angekettet arbeiten, sondern wurden in Stollenverliese geperrt.

Die Schätze aus Amerika sind Amerikas Fluch. Die Silbermünzen überschwemmen den europäischen Kontinent. Sie breiten sich aus in allen Teilen des Habsburger-Reiches, bei Spaniens Freunden und Feinden; drei Fünftel verwendet die Krone dafür, ihre Schulden bei den Bankhäusern der Welser, Fugger und Grimaldi zu bezahlen. In Neapel wird die Zahl der Dukaten von 700 000 im Jahr 1570 auf 18 Millionen im Jahr 1751 steigen. In Frankreich zirkulieren im Jahr 1670 etwa 120 Millionen Francs, 100 Jahre später werden es zwei Milliarden sein – fünfzehnmal mehr. Der größte Wirtschaftsboom der Geschichte hat begonnen. Neue Klassen werden entstehen, eine neue Geldwirtschaft, der Grundstock für Europas Herrschaft über die Welt. Das Silber hilft, große Flotten und mächtige Armeen aufzustellen, die neue Kolonien erobern werden, in Asien, Afrika und in der Südsee. In Amerika aber veröden die Dörfer, versinken Kulturen, verelenden die Indianer.

Irgendwann wird auch der Rausch von Potosí zu Ende sein. Ab 1750 geht die Förderung zurück, weil der Silbergehalt des Gesteins weiter sinkt und immer mehr Quecksilber notwendig ist, das Edelste herauszuziehen. 70 Jahre später wird es eine kleine, stille Stadt sein, mit 10 000 Menschen, die dann noch darin leben. So lange aber lastet die *mita* auf ihr. Von Potosís Ruhm bleibt die *casa de moneda*, die Münzfabrik, und ein zerwühlter, zerschundener Berg, der mehr Silber unter die Menschheit gebracht hat als jeder andere auf diesem Globus. Er wird seinen Namen behalten, *cerro rico*, »reicher Berg«. Die mächtige Stimme aus seinem Innern hat recht behalten. Sein Reichtum ist nicht für die *indios*, sondern für andere.

Die erste Münzprägeanstalt in Potosí wurde 1573, die zweite 1773 eingeweiht. Letztere zählte zu den Prachtbauten der Stadt, die schon 100 Jahre vorher mehr Einwohner als Paris oder London hatte. Heute sind in der *casa de moneda* ein Museum und eine Bibliothek untergebracht.

Jetzt

Der arme Berg

Potosí, die Stadt der Vergessenen

»Ihre Seele ist reglos
wie die Blöcke von Metall.
Sie fürchten nicht den Tod.
Ist er nicht am Ende
die Schwester der Erde?«

Adolfo Costa Du Rels,
bolivianischer Schriftsteller

Wie ein gieriger Schlund ist dieses schwarze Loch. Ein Meter breit, eineinhalb Meter hoch. Der Eingang zur Mine »San Martín«. Eine schmale Schienenspur kommt aus dem Stollen heraus. Die zehn Männer lümmeln auf den Steinen davor und schauen träge zum Himmel. In jedem der Gesichter wölbt sich eine dicke Backe, dort, wo der Kokapriem im Mund liegt. Wortlos kauen sie diesen Klumpen, schieben ab und zu ein Stückchen *lejía* nach, ein Gemisch aus Asche, Kartoffel und gemahlenen *kinoa*-Körnern. Das Zeug hilft, die Sinne noch besser zu betäuben. »Die Koka macht uns stärker«, sagen die Bergleute. »Sie nimmt den Hunger, sie schützt vor giftigen Gasen. Sie schützt uns vor allem, was bei der Arbeit passieren kann.« Doch keiner macht Anstalten, in den *cerro rico* hineinzugehen. Eine halbe Stunde liegen wir neben ihnen, blicken hinunter auf Potosí. Eine Stunde vergeht. Eineinhalb Stunden. Haben Sie Angst, sich von dem Loch schlucken zu lassen?

Bolivien hat mehr als tausend Minen. 90 Prozent seiner Exporteinnahmen – abgesehen von Kokain – kommen aus dem Verkauf von Rohstoffen. Trotz seines ungeheuren Reichtums an Bodenschätzen aber ist das Land eines der ärmsten der Welt.

Ein paar stehen auf, um sich die Zeit mit einem Spiel zu vertreiben. Zwei kleine Vertiefungen sind in den steinigen Boden gehauen. Acht Kupfermünzen gilt es hineinzuwerfen, aus fünf Metern Abstand, wer am besten trifft, hat gewonnen. Sie spielen um Geld, Zigaretten und Schnaps. Die Hände werden dabei kalt und steif, in der Nacht hat es hier oben geschneit. Die Bergleute wärmen sich mit kleinen Schlucken aus der Pulle. »Wir sind unsere eigenen Herren«, sagen sie. »Kooperativisten haben keine festen Zeiten. Wir arbeiten, wann wir wollen. Das ist die Freiheit, die wir haben, Señor.« Es ist fast elf, als sie Helm, Hammer und Brechstange nehmen.

Wir tauchen mit ihnen ein in das Dunkel. Im Schein der Taschenlampe sind die Füße des Vordermannes zu sehen, sonst nichts. Schlammiger Boden, feuchter Fels. Das Loch am Eingang, der letzte Lichtpunkt, ist schnell verschwunden. Der Rücken verkrampft sich bei dem schrägen, gebückten Laufen. Unsere Schritte werden gehemmt durch die Angst, mit dem Kopf gegen etwas zuschlagen. Wir hören nur noch Stiefeltappen, ab und zu ein dumpfes Rumpeln von Loren. Ist es über uns, unter uns, vorn oder hinten? Nicht nur die Augen, auch die Ohren werden hier irre. Plötzlich ein Warnruf, Lichtkegel kommen näher, zwei Männer schieben im Laufschritt einen vollbeladenen Kippwagen. Wir springen zur Seite, drücken uns an die nasse Wand. Mit lautem Getöse rattert der Wagen vorbei. Erst stundenlang dösen, und nun sind Sekunden wichtig …

Die Kooperative »Encarnación« ist eine von 27 in Potosí. Sie besitzt eine Lore und zwei Minen, diese hier und eine zweite, ein Stück weiter oben. In der Staatsfirma »Comibol« arbeiten nur noch 400 Bergleute. In den Kooperativen aber sind es mehr als 12 000. Die Erben der *mitayos.* Sie sind nicht mehr Zwangsarbeiter wie damals. Doch der Zwang, in dem Berg für einen Hungerlohn zuschuften, ist geblieben. Wovon sollen sie sonst leben in diesem Nest, zu dem noch 1992 keine asphaltierte Straße führt?

Einfahrt in eine Mine der Kooperative »Encarnación«. Manche Stollen haben nicht einmal Schienen für Loren. Dort muß das Gestein in Säcken nach außen getragen werden.

Die Koka ist wie ein Lebenselexier für die Bergleute. Das Kauen ihrer Blätter betäubt den Hunger und hebt die Stimmung.

Wir hören zwei Männer keuchen. Ein paar Meter weiter sehen wir sie. Sie stehen vor einer Seilwinde mit zwei Kurbeln, rufen Kommandos nach unten und hören welche aus der Tiefe. Dann wippen ihre Körper im Wechsel auf und ab, so ziehen sie einen Korb mit Gesteinsbrocken hoch. Einen Zentner, alle paar Minuten. Sie nehmen das Zeug vom Haken und kippen es in die Lore. Das ist ihre Arbeit, Tag für Tag.

Wir starren den Spalt hinunter und sehen zuerst nichts. Ein Abgrund ohne Grenzen, endloses Schwarz. Dann huschen ab und zu kleine Lampen hin und her. Wir hören Stimmen, die dunkel hallen. 20 Meter sind es bis zur nächsten Ebene. Von dieser *galería* geht es ein zweites Mal nach unten, sagen die Männer, ein drittes Mal, ein viertes Mal. Die Leitung für den Preßluftbohrer, den sie seit einem Jahr haben, ist 80 Meter lang. Sie sind gut ausgerüstet, die Leute von der »Encarnación«. Andere Kooperativen haben weder einen Bohrer noch einen Wagen. Die fördern noch immer so wie vor Hunderten von Jahren.

Wir möchten nach unten, aber wie? Ohne Seil und Haken und Sicherungen? Unser Begleiter Lucio Chokone schüttelt den Kopf. »Ein Stück Stollen«, sagt er, »ist kürzlich hier eingestürzt. Der alte Weg ist unpassierbar geworden, der neue nur ein Notbehelf.« Wir drängen ihn, schließlich nickt er, führt uns seitwärts zu einer Luke und sagt: »Das ist der Weg.« Er fällt nahezu senkrecht in den Abgrund. Der 40jährige beginnt, sich abwärts zu tasten. Unsere Füße schlittern in Schlamm, die Hände suchen Halt an glitschigem Fels. Dann grätschen wir, stemmen die Füße in Ritzen. Wir bleiben stehen und leuchten Lucio, bis er einen halbwegs sicheren Standplatz hat. Dann leuchtet er uns die Stellen aus, die wir brauchen. Den linken Fuß hierhin, den rechten Fuß dorthin, mit der linken Hand schräg unten abstützen. So klettern wir durch die Nacht und fragen uns, wie viele hier wohl stürzen jedes Jahr. Wir sind schweißnaß und zittern, als wir in der *galería* ankommen.

Potosí liegt auf 4100 Metern Höhe – eine der höchstgelegenen Städte der Welt. Es hat heute 100 000 Einwohner. Außer im Bergbau gibt es hier nur wenig Verdienstmöglichkeiten.

Holzbretter, teils freischwebend über querliegende Balken gelegt, bilden einen schmalen, gewundenen Gang. Männer mit Schubkarren hasten ihn entlang. Sie fahren das gehauene Erz zum Seilaufzug. Mit großen Augen sehen sie uns an. Zeit zum Reden haben sie nicht, die Leute oben warten auf ihre Körbe. Die dritte und vierte Ebene, sagt unser Führer, sei zur Zeit außer Betrieb. In Nischen am Weg sitzen Männer und meißeln. Staub an den Händen, Staub im Gesicht, Staub in der Luft. Das ist ihr Leben, Tag für Tag. Wenn sie Feierabend machen, beginnt der Weg nach Hause mit dem halsbrecherischen Aufstieg nach oben.

Der Berg ist noch immer reich. 40 000 Tonnen Silber sollen seit 1545 gefördert worden sein. Weitere 40 000 Tonnen, glauben Experten, liegen noch immer in seinem riesigen Bauch. Die Menschen aber, die das Zeug herausholen, sind so arm wie eh und je. Heute liegt ihr durchschnittlicher Monatsverdienst zwischen 50 und 70 Dollar. Trotzdem kommen sie nicht los von diesem Berg.

Wieder oben an der Seilwinde angekommen, beginnen wir erneut zu klettern. Vom Hauptweg zweigt ein seitlicher Schacht ab, einer von Dutzenden, die wir bemerkt haben. Ein enger, steiler, schier unergründlicher Felskamin. Wir stemmen uns hoch, indem wir Rücken und Füße an die Wände drücken. Zehn oder zwölf Meter geht das so, dann wird der Weg etwas flacher. Er führt so tief in den *cerro rico* hinein, daß auch das Rollen von Loren nicht mehr zu hören ist. Allmählich verlieren wir das Gefühl für Raum und Zeit. Nur Steine, Steine und Dunkelheit. Wie lange hält ein Mensch so was aus?

In der Rechten den Preßluftbohrer, in der Linken das Gewehr: Ein Denkmal in Potosí zeigt den Bergmann als trotzigen Kämpfer. Oft turnen Kinder auf der Statue herum.

Plötzlich ein Lichtschein, eine Lampe, ein Mann. Rogelio Apaza ist sein Name. Seit mehr als 30 Jahren kämpft er mit dem Berg, seit vier Jahren in diesem Loch, mit Hammer und Eisen und Dynamit. Seine vollen Säcke schleppt er selber nach unten; an den schwierigsten Stellen, wo er sie nicht tragen kann, poltern sie einfach durch den Schacht. Seine Stützbalken, seine Nische zum Rasten – alles hat der 46jährige allein gebaut. »Man gewöhnt sich an die Einsamkeit«, sagt Rogelio. »Mir liegt es, in Ruhe zu arbeiten. Wenn ich Pause machen will, mache ich Pause. Wenn ich weiter will, gehe ich weiter.« Das ist sein Leben, Tag für Tag. Glauben sie in Potosí noch immer an das große Glück?

Vor 40 Jahren schien es wieder einmal greifbar nah. Diesmal ging es um das Zinn im *cerro rico*; dieses Metall schien Absatz für ewig zu finden, in der Wachstumsbranche der Konservendosen. 1952, unter Präsident Victor Paz Estenssoro, wurden die Zinnbarone enteignet, die ihre Gewinne ins Ausland gebracht hatten, statt in Bolivien zu investieren. Da dachten die Menschen in Potosí, nun werde der Reichtum nicht mehr zu den Reichen, sondern endlich mal zu den Armen kommen. Die Bergleute bekamen Lebensmittel zu Vorzugspreisen, ärztliche Betreuung, kürzere Arbeitszeiten. Die Gewerkschaften der Minenarbeiter waren so mächtig, daß sie Regierungen stürzen konnten. Bolivien, das Land mit den meisten Staatsstreichen, war im Fieber einer Revolution. Nur wenige erkannten, daß der Staat nicht nur Einnahmen, sondern auch Ausgaben übernahm. Die Bürokratie blähte sich auf, aber Fachleute fehlten, um die Minen zu modernisieren. Die Arbeitsmoral sank, mit ihr die Produktivität, und für Investitionen fehlte das Kapital. Nur der hohe Zinnpreis auf dem Weltmarkt, sieben bis acht Dollar pro Pfund, täuschte über die wahre Lage hinweg.

Dann kam das Zinnblech aus der Mode. Aluminium war billiger, Glas schöner, Plastik leichter und praktischer. Zu viele Lieferanten drängten sich weltweit auf dem enger werdenden Markt. 1985 sank der Preis von 5 auf 2,50 Dollar. In Potosí setzte die Staatsfirma »Comibol« 2 100 von 2 500 Leuten auf die Straße. Ein paar Hundert zogen, mit Handgeldern bis zu 5 000 Dollar, als Kolonisten hinunter in den feuchtheißen Urwald; viele starben an Krankheiten, die meisten resiginierten, kehrten bald ruiniert wieder zurück. Andere wanderten nach Argentinien aus oder in die großen bolivianischen Städte, La Paz, Cochabamba, Santa Cruz. Wieder andere stiegen in den Kokainhandel ein; sie sind heute die einzigen, die sagen können, daß die Geschäfte gutgehen. Die meisten aber blieben in Potosí, weil sie *mineros* waren wie ihre Väter und Großväter und sich weigerten, irgendwo anders zu leben. Sie traten den »Kooperativen« bei, die nach der Verstaatlichung gegründet worden waren, diesen Namen freilich kaum verdienen. Denn die meisten Bergleute sind Einzelkämpfer. Sie verscheuern ihre Erze an den Aufkäufer, der am besten zahlt. Was sie bekommen, ist ein erbärmlicher Lohn. So sind im Potosí des 20. Jahrhunderts die Träume verflogen, und die Armut hat alle wieder im Griff.

Jeden Morgen sammeln die *mineros* sich am oberen Ende der Stadt, die dem *cerro rico* zu Füßen liegt. 2 500 bis 3 000 Menschen, denen die Hoffnung aus dem Gesicht gewichen ist. In der Hand tragen sie Plastikbeutel mit Koka, *lejía* und gerösteten Bohnen, ihrer Nahrung für die Stunden im Stollen. Lastwagen rumpeln heran, sie springen auf und drängen sich auf den Ladeflächen wie Vieh; so schwanken die Fahrzeuge die Serpentinenwege hoch. Oben verschwinden sie im Reich der Dunkelheit, das freilich nur wenig dunkler ist als das Leben über Tag.

Diesmal gehen wir mit Angel Llanos in den Berg. Er ist Inspektor der größten Kooperative. Die »Reserva y Fiscal« hat 65 Minen, sagt er, 1 240 Mitglieder. Der Eingang zu dem Stollen, den wir besuchen, ist mit Lamablut bespritzt, die Innereien des Tieres liegen in der Erde begraben. Einmal im Jahr, sagt unser 34jähriger Führer, bringen die *indios* dieses Opfer, damit der Berg sie am Leben lasse. Mit Taschenlampen tasten wir Metalladern ab, die sich durch die Tunnelgewölbe ziehen. »Das Zinn lohnt die Arbeit nicht mehr«, sagt Angel. »Wir suchen heute wieder nach Silber. Wir finden es als Einlagerung in Zink- und Bleierzen. Der Silberpreis liegt bei vier Dollar pro Unze. Nein, es macht keinen von uns reich. Aber es reicht zum Leben, zum Überleben.«

Der Stollen ist 700 Meter lang. Die Luft wird wärmer, stickig, es riecht nach Urin. »Es gibt Plätze hier«, sagt Angel, »die haben überhaupt keinen Sauerstoff mehr. Da gehen sogar die Karbidlampen aus.« Wir hören eine Detonation und müssen an die Geschichte von Rosendo Ibarra denken, den wir tags zuvor draußen getroffen haben. Ein paar Mullstreifen klebten dort, wo einmal sein linkes Auge gewesen war. Ein Kollege, sagte er, hatte vergessen, ihn vor einer Stelle zu warnen, wo bereits die Zündschnur glimmte. Als Rosendo acht Meter von der Ladung entfernt war, explodierte das Dynamit; er wurde zu Boden geworfen und verlor das Bewußtsein. Bergbauingenieure haben uns gesagt, die Sicherheitsvorkehrungen seien katastrophal; jeder grabe für sich, und keiner wisse, wo der andere sei. Nie hat es, außer bei Comibol, eine Statistik über Unfälle gegeben. Am *cerro rico* werden Tonnen gezählt, sonst nichts.

Das Silber blinkt aus dem Stein. Je nach Aussehen und Gewicht wird das Material sortiert und verkauft. Der Tagesverdienst dieser Arbeiter beträgt umgerechnet einen oder zwei Dollar.

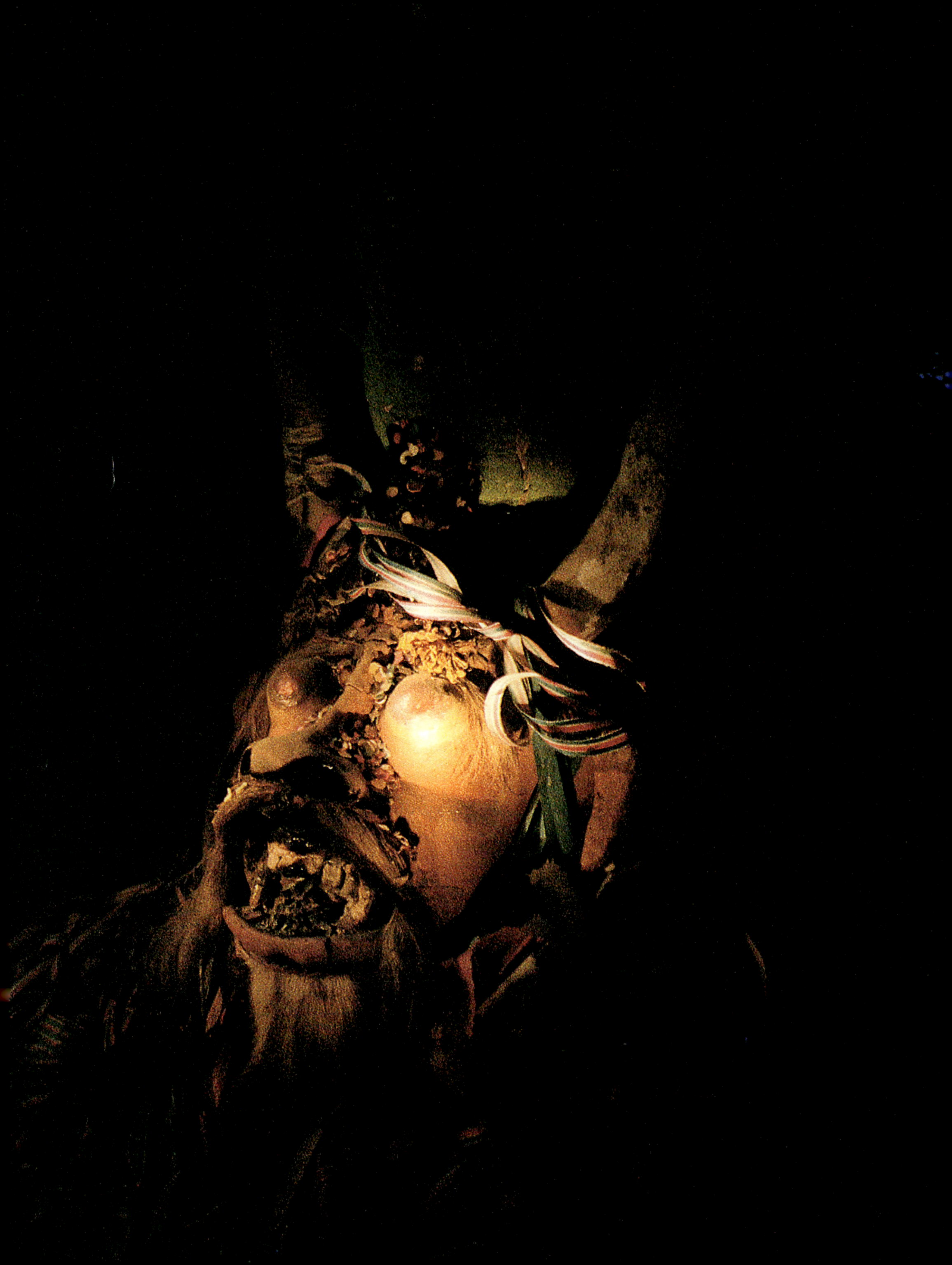

Die Schnapsflasche ist immer dabei. Häufig vertrinken die Bergarbeiter den Lohn einer ganzen Woche an einem einzigen Feierabend. Alkohol ist eine Hauptursache für Unfälle bei der Arbeit.

Kleine Hörner, spitze Ohren, ein grinsendes Maul: *El tío*, der Besitzer der Mineralien und Beschützer der Bergleute, hat etwas Teuflisches an sich. Seine Tonfigur steht irgendwo im Dunkel eines Stollens. Die *mineros* verehren ihn als ihren Patron.

In einer kleinen Grotte steht er, der Besitzer der Mineralien und Beschützer der *mineros.* Kleine Hörner, spitze Ohren, ein grinsendes Maul – etwas Teuflisches geht von der Tonfigur aus. Sie nennen ihn *el tío*, den »Onkel«. Jeden Freitag scharen sie sich um ihn, stecken ihm Zigaretten zwischen die Zahnlücken, hängen ihm einen Beutel mit frischen Kokablättern vor die Brust, gießen ihm Zuckerrohrschnaps in den Rachen und schütten den Rest der Flasche in sich selber hinein. »*El tío* ist es, der uns schützt«, sagt Angel. »Er ist es, der den Weg zeigt zu den Schätzen.« Im Kerzenlicht hocken sie mit ihm gemütlich zusammen, so als hätten sie auf einmal Angst, nach draußen zu gehen. Oft torkeln sie erst nachts, wenn die Tageseinnahme vertrunken ist, hinunter zu ihren Familien. Nein, sie kommen nicht los von ihrem Berg.

Potosí zählt heute wieder 100 000 Menschen. Ein paar Rucksacktouristen streifen durch die engen, gepflasterten Straßen, bewundern die Kolonialstilhäuser, die erhalten geblieben sind. Es gibt wenig, was vom Glanz, und fast nichts, was vom Elend erzählt. Die Gemälde, die in den verfallenden Kirchen und im schmucken Museum des Klosters »Santa Teresa« hängen, zeigen Szenen aus der Bibel, die Jungfrau Maria in allen Variationen und Hunderte von Heiligen. Kein einziges Bild aber hat das Leiden zum Thema, das der *cerro rico* verursacht hat. Ein Monument, zu Ehren der *mineros* errichtet, zeigt den Bergmann als Helden der Revolution, in der einen Hand den Preßlufthammer, in der anderen das Gewehr. Die Vereinten Nationen haben die Stadt und ihren Berg zum »kulturellen Erbe der Menschheit« erklärt.

Während des Zinnbooms wurden die Abraumhalden mit Wassermengen aus Zisternen überschwemmt. In den Gräben, die sich auf diese Weise bildeten, setzte sich das Metall an Dämmen ab. So erhielt der Berg seine tiefen Furchen.

Mit einem Hammer zerkleinert eine Frau Steine auf den Abraumhalden, die seit der Kolonialzeit am Berg liegen. Den Spaniern war damals der Silbergehalt zu gering. Heute jedoch können Betriebe mit modernen Scheideverfahren auch noch die kleinsten Mengen herausziehen.

Zerwühlt, zerschrammt, zernarbt sieht er aus. Seit der Entdeckung der Silbervorkommen hat er pro Jahr im Durchschnitt einen Meter Höhe verloren. Er ist löcheriger als Schweizer Käse, sagen die Leute. Nur manchmal deckt der Schnee gnädig zu, was die Menschen ihm angetan haben. 5000 Stollen soll es in ihm geben, 600 davon sind bekannt, 200 zur Zeit in Betrieb. Er ist nicht mehr der »schöne Hügel«, wie ihn die Indianer damals nannten. Er ist ein Denkmal menschlicher Gier.

Das große Geld bringen heute die Abraumhalden aus der Kolonialzeit, in denen noch immer tonnenweise Metalle liegen. Ihr Silbergehalt ist häufig noch doppelt so hoch wie bei den Erzen im Innern. Ein modernes, kompliziertes Verfahren der Laugung macht es möglich, auch das noch herauszuziehen. Gonzalo Sánchez de Losada, Chef der »Nationalistisch-Revolutionären Bewegung« (MNR), hat es als Planungsminister des Landes verstanden, die Weichen für seine eigene Zukunft zu stellen. Seine Firma »ComSur« hat 1985, als der Zinnpreis kippte, die Rechte an 5,7 Millionen Tonnen von den Kooperativen zu Spottpreisen erworben. Heute plündern seine Leute den Berg, und mit Hilfe einer Wasser-Zyanid-Lösung gewinnen sie pro Tonne Abfall 200 Gramm reines Silber. Potosí hat wieder einen Silberbaron, und die *indios* erleben aufs neue, daß der Reichtum für andere ist, nicht für sie.

Tausend Tonnen werden jeden Tag von den Hängen des *cerro rico* geschaufelt. Endlose Lastwagenkolonnen fahren das Zeug in die moderne Aufbereitungsanlage von »ComSur«. Alte Frauen, die *palliri*, schauen ihnen nach. Sie arbeiten auf eigene Faust in den Halden, prüfen die Steine auf Farbe und Gewicht, schlagen sie dann mit Hämmern klein, und das, was sie dadurch an Edelmetallen finden, bringt ihnen einen Tagesverdienst von ein bis zwei Dollar. Ihre Hände sind grau wie die Steine, ihre Gesichter ausgemergelt, gegerbt. »Ich weiß, kaum einer will das Zeug haben«, sagt eine, die seit 35 Jahren hier sitzt. »Aber wenn ich es ganz billig anbiete, nimmt es mir irgendeiner wohl ab.« Sie messen ihre Erfolge in Gramm, »ComSur« in Tonnen. Und weil das Geschäft als Abfallbeseitigung firmiert, sind dafür nicht einmal Steuern fällig. So eng liegen Glanz und Elend in Potosí beieinander.

Wir stapfen mit Carlos Serrano, Präsident der Gesellschaft für Geografie und Geschichte, über die Hänge. Steine, Furchen, verkrusteter Schlamm, eine Erosionswüste. Als in Potosí der Zinnboom herrschte, haben sie Zisternen gebaut und das Wasser aus ihnen mit Schläuchen über die Abfallhalden geleitet. Schlammgräben, *canaletes* genannt, bildeten sich auf diese Weise. An kleinen Staudämmen, die sie in ihnen errichteten, setzten sich die Zinnmengen ab. So schwemmten sie den Berg zu Tal und rissen ihm auch von außen neue Wunden. »Sehen Sie, da drüben«, sagt Serrano, »vor 20 Jahren war das mal eine breite Schlucht. Jetzt liegen dort 20 Millionen Tonnen Erde.« Am Anfang unserer Recherchen fragten wir: »Wie lange hält der Mensch das aus?« Jetzt fragen wir: »Wie lange hält der Berg das aus?«

Niemand weiß, sagt Serrano, wieviel Gestein die Menschen ihm jeden Tag entreißen. Bei »Comibol« sind es 400 Tonnen, bei »ComSur« 1000, doch über die Mengen der Kooperativen kennt man keine Zahlen. Ganz zu schweigen von den Dieben, die nachts durch fremde Stollen schleichen, um sich noch ein Zubrot zu verdienen. »Es ist ein chaotischer Raubbau«, sagt Serrano. »Ich fürchte, eines Tages wird der Berg mal zusammenstürzen.«

Elena Calderón de Zuleta, eine Abgeordnete aus Potosí, hat im bolivianischen Parlament 1990 ein Gesetz durchgebracht, das den *cerro rico* zum »nationalen Monument« erklärt. Die Durchführungsbestimmungen, ausgearbeitet vom Ministerium für Erziehung und Kultur, sehen den Stopp aller Arbeiten am Gipfel und auf den Abraumhalden vor. Das Dekret trägt die Unterschrift des Präsidenten Jaime Paz Zamora. Was aber zählt ein Papier in Potosí? »Ich wußte schon vorher«, sagt die Abgeordnete, »daß das Gesetz nie Wirklichkeit wird. Es gibt zu viele Leute, die an diesem Berg verdienen. Wer sich anlegt mit ihnen, der rennt gegen eine Mauer.« Man könnte sich über seine Zerstörung hinwegtrösten, sagt sie deprimiert, wenn es der Mehrheit der Zerstörer wenigstens gutginge. So aber ruinierten sie den *cerro rico* und sich selber dazu.

Die Arbeiter, die wir danach befragen, lachen nur. »Die Ingenieure können sagen, was sie wollen, Señor. Wir kennen den Berg besser als die. Und wir sagen Ihnen, er stürzt nicht ein, heute nicht und morgen nicht und übermorgen auch nicht.« Die Leute, die Gesetze machen, ja, die hätten gut reden vom Erhalt der Natur. »Wovon aber sollen wir leben, wenn hier Schluß gemacht wird? Glauben Sie, wir wollen einfach verhungern?« Wenn je einer versuchen sollte, diesem Gesetz Geltung zu verschaffen, dann würden sie auf die Straße gehen, zu Tausenden, zu Zehntausenden. »Wir können böse sein, fürchterlich böse«, sagen sie, und einer setzt hinzu: »Wir können gut mit Dynamit umgehen, Señor.« Im Grunde, sagen sie, hassen sie alle den Berg. Aber sie kommen nicht los von ihm. Sie sind dazu verdammt, von ihm zu leben.

Im Hospital von »Comibol« werden 80 Verletzte pro Jahr eingeliefert. Jeden fünften erwischt es, statistisch gesehen, von den 400 Leuten der staatlichen Firma, die noch die besten Sicherheitsvorkehrungen hat. Wie viele erwischt es bei den Kooperativen? Jeden vierten? Jeden dritten? Guillermo Aramayo, der Direktor des Krankenhauses, zuckt mit den Achseln. Er hat den Kontakt zu Unfallopfern hergestellt, die hier bei ihm behandelt wurden. Jetzt sitzen sie vor uns, die Krüppel des Berges, und erzählen.

Juan Castro Méndez, Vater von neun Kindern, hat Narben am Kopf und Brüche an den Fingern. In 22 Jahren am Berg hat er fünf Unfälle gehabt. Einmal, erzählt der 47jährige, hing er in einem Felskamin, vier bis fünf Meter über dem Boden, als über ihm Dynamit explodierte. »Manchmal ist es schwer zu kalkulieren, wie lange die Zündschnur brennt.« Felsbrocken hagelten auf ihn herunter und rissen ihn mit, doch wie durch ein Wunder blieb er am Leben. Der letzte, schwerste Unfall war 1991. Beladen mit einem zentnerschweren Sack, rutschte er in einem Stollengang aus, fiel quer über die Lorenschiene, genau in dem Moment, als ein voller Wagen gerollt kam. Das rechte Schienbein wurde zerschmettert, fast völlig abgetrennt, Steinsplitter steckten in der Wunde, alles entzündete sich, die Ärzte retteten ihn trotzdem, ohne Amputation. »Wir gewöhnen uns an alles«, sagt der Mann. »Wir haben wenig gelernt, um eine andere Arbeit machen zu können.«

Benito Villegas erzählt von jener Nachtschicht in der Aufarbeitungsanlage »Velarde«. »Von Mitternacht bis acht Uhr früh, das sind die gefährlichsten Stunden. Da kämpfen die Leute gegen den Schlaf. Die meisten Unfälle passieren in der Nacht.« Er stand am Förderband mit den zerkleinerten Erzen und wollte eine lockere Schraube festziehen. Irgendwie geriet sein Arm ins Räderwerk, der ganze Körper wurde mitgerissen, der Arm ausgekugelt,

der Oberarm gebrochen, der Kiefer gleich an zwei Stellen. Das Band lief weiter, Benito verlor das Bewußtsein. Im Hospital haben sie ihn genagelt und ihm Platinstücke eingesetzt. Doch ein vollwertiger Arbeiter ist er nicht mehr. »Kein Vater schickt seine Söhne gern zu den Steinen«, sagt der 51jährige. »Aber was haben wir für Alternativen?«

Geräteschuppen und Wohnhütten am Hang. Die *mineros* sagen, sie hassen den Berg. Aber sie haben keine andere Chance, sich und ihre Familien zu ernähren.

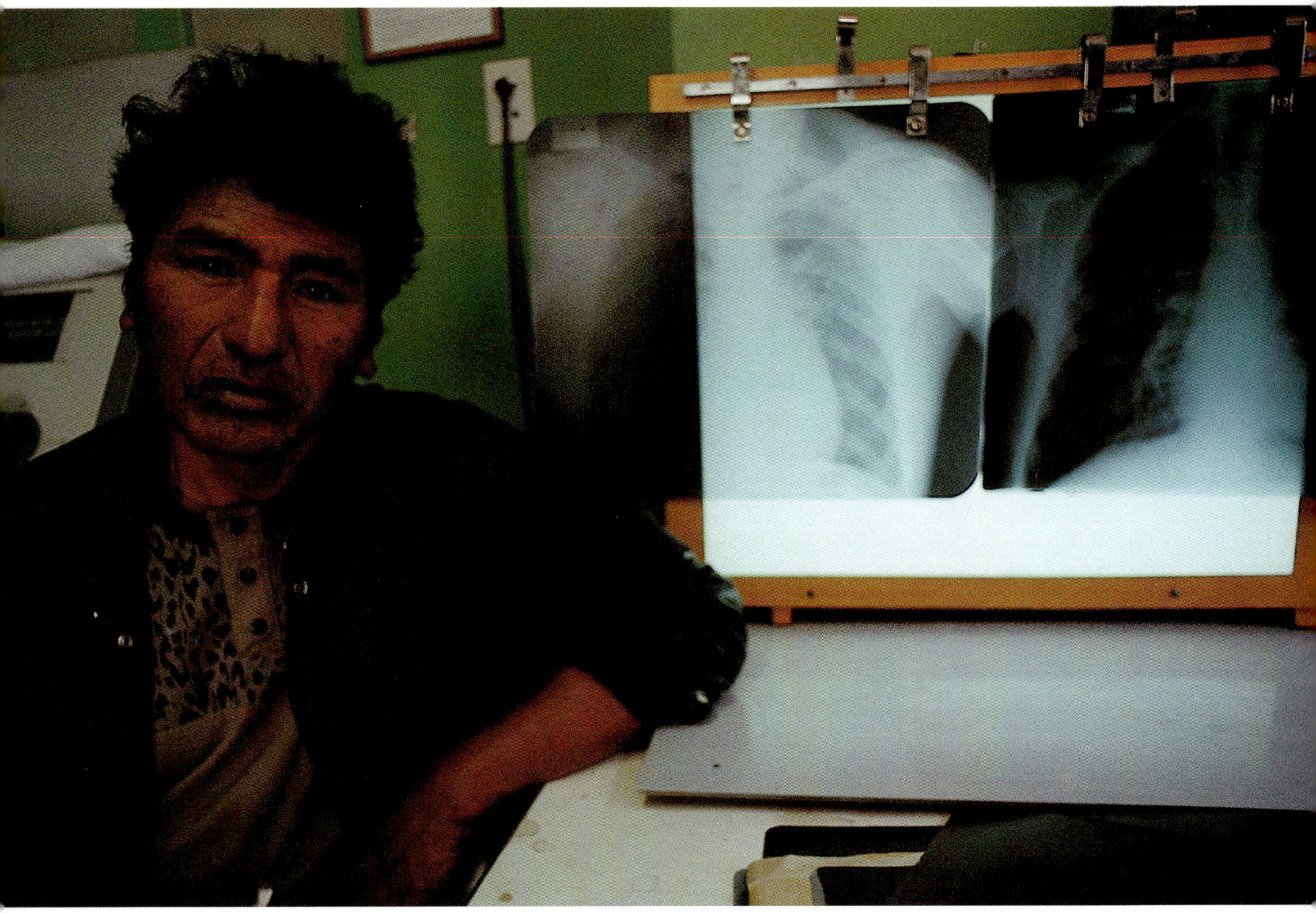

Helle Farbe heißt krank, dunkle Farbe gesund: Ärzte im Hospital der Staatsfirma »Comibol« haben zwei Röntgenaufnahmen zum Vergleich nebeneinander gehängt. Das helle Bild ist von Daniel Ramos Infantes. Nach 27 Jahren im Berg ist der 47jährige ein kaputter Mann: Staublunge, das Schicksal fast aller *mineros.*

Der Friedhof von Potosí, im Hintergrund der Silberberg. Die durchschnittliche Lebenserwartung der Bergleute liegt bei weniger als 50 Jahren.

Daniel Ramos Infantes sieht man nichts an. Er hat die Figur und den Gang eines Athleten. Er raucht nicht, trinkt nicht, kaut keine Koka, sondern Lorbeerblätter und Orangenschalen, hat Geld für die Familie gespart, hält sich fit mit Hanteln und Expander. Er ist der Muster-Bergmann, der beste Bohrer von »Comibol«, schon tausendmal haben sie es ihm gesagt. Mit Stolz erzählt er, wie sie ihn alle bewundern. »Ich mag den Lärm meiner Preßluftmaschine«, sagt er. »Das Gefühl, diese Kraft zu haben, einfach faszinierend.« Seit 27 Jahren ist er im Berg, und keiner arbeitet so besessen wie er. »Daniel, hör auf«, haben schon öfter Freunde zu ihm gesagt. »Wenn du so weitermachst, fällst du eines Tages tot um mit deinem Bohrer.«

Vier Unfälle haben ihn nicht bremsen können, und auch nicht der Husten, der immer stärker wurde. Er trägt beim Bohren einen Schwamm und einen Lappen um die Nase, so werden 40 Prozent des Staubes, absorbiert, mehr nicht. Natürlich, eigentlich müßten sie alle die Schutzmaske tragen, aber irgendwie hassen die *mineros* das störende Ding. Eines Tages, sagen sie, sind wir sowieso dran, und bei Daniel ist es nicht anders gewesen. »Staublunge«, sagten die Ärzte zu ihm. Nach außen ist er der Sportsmann. Im Innern ist er ein Wrack.

Daniel, sonst immer die Nummer eins, sitzt wie ein Häuflein Elend neben seinem Röntgenbild. Zum Vergleich haben die Ärzte die Aufnahme einer normalen Lunge vor einen zweiten Bildschirm gehängt. »Sehen Sie, seine Lunge erscheint viel heller«, sagen sie, »das ist die Verdichtung des Lungengewebes, die Folge von gespeicherten Schadstoffen.« Der 47jährige sagt: »Jeder versucht, nicht daran zu denken. Wenn ich jeden Tag daran denke, frage ich mich: Wofür verdiene ich eigentlich mein Geld?«

Er trägt eine Sonnenbrille, zum Schutz seiner lichtempfindlichen Augen, die nicht an das Tageslicht gewöhnt sind. Wir bitten ihn, die Gläser einmal abzusetzen, weil wir ihn fotografieren möchten. Er tut es mit Widerwillen. Der Tag, die Wirklichkeit, erscheint ihm für Minuten im grellen Licht. Er drängt uns, wir sollen uns beeilen mit den Bildern. Dann setzt er hastig die dunkle Brille wieder auf.

Einst

Der letzte, der sich Inka nannte

Die Rebellion des Tupac Amaru

»Greift zu den Waffen,
zeigt Wut und Mut,
bringt sie um ohne Furcht,
die Verwalter, Tyrannenbrut!«

Flugblatt im Vizekönigreich Peru, 1781

Für einen *indio* ist José Gabriel Codorcanqui schon zu fein. Er trägt Kniebundhosen aus schwarzem Samt und weiße Seidenstrümpfe, goldene Schnallen an den Schuhen, eine goldene Kette um den Hals, goldene Stickereien auf dem dunkelblauen, ärmellosen Gewand, dazu einen Mantel aus rotem Samt und einen Dreispitz mit einem Bastkreuz auf der Spitze. Er reitet ein weißes Pferd mit kostbarem Geschirr, spricht Spanisch so elegant wie sein *Ketschua*, und auch sonst sind seine Manieren die eines echten Caballero. Trotzdem wird ihn niemand für einen Spanier halten. Seine Haare fallen in wilden Wellen bis auf die Schultern.

Drei Jahrhunderte lang gab es in Amerika Aufstände gegen die spanische Kolonialmacht: von Indianern, schwarzen Sklaven, Mulatten und Kreolen, den Nachfahren der weißen Einwanderer. Die Rebellion des *Tupac Amaru* von 1780 war die größte in Südamerika. 40 Jahre später erreichten die Kolonialgebiete unter Führung von Miguel Hidalgo, José de San Martín und Simón Bolívar ihre Unabhängigkeit von der Krone.

Rebellionen gegen Spanien

Um seine Stirn ist der *llawt'u* gebunden, das Wollband mit den herunterhängenden Fransen, die einmal Zeichen der Inka-Würde waren. Vor seiner Brust hängt eine Medaille mit dem Bild des Sonnengottes. Eine Adlernase und große schwarze Augen prägen sein Gesicht.

Er ist Maultierhändler, besitzt 350 Tiere. Als *kurakaq* steht er drei Andendörfern vor, Tungasuca, Pampamarca und seinem Geburtsort Surimana. Die Jesuiten haben ihn im Kolleg »San Francisco de Borja« erzogen, der Schule für die *indio*-Elite in Cusco, und die Lehrer haben immer gestaunt, mit welcher Leichtigkeit er nicht nur Spanisch, sondern auch die lateinische Sprache erlernte. Wenn der Unterricht zu Ende war, streifte er mit 25 Gleichaltrigen durch die lauschigen Innenhöfe, prächtigen Gärten und Wandelhallen, und in der Hauskapelle hielt er seine private, christliche Andacht. Er könnte, mit seinen Talenten, vielleicht noch Karriere machen im Vizekönigreich Peru, einem der vier Vizekönigreiche im spanischen Amerika. Doch etwas hat sich in ihm zu regen begonnen, was sein Leben in eine andere Richtung lenkt. Etwas, das tief, ganz tief in ihm sitzt.

Er hat im Stammbaum seiner Vorfahren geforscht, begierig, die Geschichte seiner Familie zu erfahren. Er hat in Dokumenten gewühlt, die 200 Jahre zurückreichen. Sein Vater hieß Miguel, verheiratet mit Rosa Noguera; er starb schon 1750, als José Gabriel gerade zwölf Jahre alt war. Sein Großvater hieß Sebastián, verheiratet mit Catalina de Camino, sein Urgroßvater Blas, verheiratet mit Francisca Torres. Vier Generationen zurück taucht eine Juana auf, verheiratet mit Felipe Codorcanqui. Sie war die Tochter des Mannes, so steht es in den Dokumenten, über dessen Leiche sich 1572 das zehntausendfache Wehklagen erhob: *Tupac Amaru,* der letzte Inka-Herrscher, enthauptet vor der Kathedrale von Cusco. Seit José Gabriel Codorcanqui das weiß, spürt er eine Unruhe in sich – eine Kraft, die ihn hineinzieht in das Schicksal, das für ihn ausersehen ist.

Er nimmt den Namen des großen Märtyrers an, als wolle er damit ankündigen, daß auch er eingehen will in die Geschichte. Im Glauben einiger Inka ist *amaru* ein unterirdischer Gott, der aus den Seen in Gestalt eines wilden Stieres auftaucht. Sein Erscheinen bedeutet Katastrophen, vor allem Wolkenbrüche, Erdrutsche, Überschwemmungen. Es bedeutet: Die Massen aus Wasser, Steinen und Schlamm reißen alles fort, wo immer sie sich wälzen.

Tupac Amaru hat noch den Stolz, den die meisten *kurakaq* geopfert haben, um in den Genuß von Privilegien aus der Hand der Kolonialherrscher zu gelangen. Sie zahlen keinen Tribut, sondern erheben und verwahren ihn für die Behörden. Sie rekrutieren die Zwangsarbeiter. Sie dürfen Reittiere besitzen und Regierungsbeamte werden, sie haben sich nicht nur in ihrer Kleidung, sondern auch in ihrem Denken den neuen Herren angeglichen. Sie schmücken sich mit spanischen Ehrentiteln wie »Maestro de Campo« (Feldadjutant), »Cacique Real« (Königlicher Häuptling) oder »Alférez Real« (Königlicher Fahnenträger). »Sie führen nichts als ein Lotterleben«, schreibt der Chronist Hernando de Santillán über die Dekadenz der Inka-Adligen, »sie tragen Seide, haben Pferde, trinken viel Wein aus Kastilien, pflegen Freundschaften mit Spaniern, die sie noch mehr zum Bechern animieren und ihnen noch mehr Untugenden anderer Art beibringen.« Sie versuchen, wenigstens Würden zu retten, wenn schon die Würde verloren ist.

Tupac Amaru hat den Stolz, ein Inka zu sein, und das verleiht ihm die Kraft, sich zu empören. Er sieht, wie das Volk der Inka stirbt, als sei es eine Laune der Geschichte, so viele *indios* wie möglich physisch und psychisch hinwegzuraffen. Als die Eroberer aus Europa kamen, lebten in den Anden sechs oder acht oder zehn Millionen Indianer, die genauen Zahlen weiß niemand so recht. Nun, mehr als zwei Jahrhunderte danach, sind noch ganze 600 000 geblieben. Hunderttausende sind an Krankheiten gestorben, die sie nie zuvor gekannt hatten und gegen die sie keine Abwehr besaßen; die Erwachsenen gingen an Grippe, Pocken und Diphterie zugrunde, die Kinder an Keuchhusten, Masern und Mumps. Hunderttausende sind in Kriegen gestorben, niedergemetzelt von Soldaten mit überlegenen Feuerwaffen, abgeschossen wie Wild von landhungrigen Kolonisten. Hunderttausende sind in den Minen gestorben, aus denen sie die Gold- und Silberschätze holen mußten.

Die *kurakaq* sehen das Elend ihres Volkes. Doch die Zeiten, da sie das zu verhindern hatten, sind schon lange vorbei. Kinder ab fünf Jahren werden in Textilmanufakturen geschickt, um Stoffe für die spanischen Herren zu weben, für Gutsbesitzer und Pfarrer und die korrupten Kolonialbeamten, und Flüchtende werden von Häschertrupps in Eisen und Fußfesseln gelegt. Die Eltern wissen oft nicht, wie sie die Vieh- und Wollmengen aufbringen sollen, die sie als Tribut zu entrichten haben; manchmal bieten sie, wenn sie auch das letzte Schaf hergegeben haben, aus Verzweiflung ihre Söhne und Töchter an. Nichts, was einmal heilig war, hat bei den neuen Herren einen Wert, nicht einmal der Mensch. »Der überwiegende Teil der *indios* ist träge«, schreibt Pater Martín de Murúa in seiner Chronik. »Sie rühren keinen Finger zur Arbeit, es sei denn durch Zwang oder äußerste Not. Sie sind traurig, melancholisch, feige, faul, lau, niederträchtig, lügnerisch und undankbar dem gegenüber, der es gut mit ihnen meint. Sie haben wenig Gedächtnis und keinerlei Stärke, Diebe und Betrüger sind unter ihnen; im allgemeinen sind sie dem Aberglauben und der Hexerei ergeben. Schmarotzer sind sie, zwei Schwächen völlig verfallen: der Geilheit und der Sauferei.«

Tupac Amaru hat den Stolz, ein Inka zu sein, und das verleiht ihm die Kraft zu hassen. Es gibt einen Typ von Kolonialbeamten, den *corregidor*, zu dessen vornehmster Aufgabe es gehört, die *indios* vor Ausbeutung zu schützen. Er rangiert gleich hinter dem Vizekönig, er ist der König seiner Provinz. Er ist aber auch das Produkt der Moral seiner Zeit. Er hat gelernt, daß ein Dummkopf ist, wer seinen Posten nicht zur Bereicherung nutzt. Er hat die Macht, alle Schulden von den *indios* einzutreiben – und ist gleichzeitig selber der oberste Richter, wenn Leute sich über sein Verhalten beschweren.

Der Spanier als Herrenmensch: Indianer müssen ihn, wie früher den Inka-Herrscher, in einer Sänfte tragen. Zeichnung von Waman Puma de Ayala.

Tupac Amaru hat schon als kleiner Junge das Treiben der *corregidores* beobachtet. Er hat damals die Hintergründe nicht gekannt, wußte nichts vom Wechsel im spanischen Herrscherhaus, vom Herrschaftsantritt der Bourbonen im Jahr 1700, die Spanien modernisieren wollen, um seinen Niedergang in Europa aufzuhalten, um es noch einmal stark zu machen gegen das immer mächtiger werdende England; sie brauchen Geld, noch mehr Geld aus den Kolonien. Als kleiner Junge sah er nur, wie Männer in die Minen und Frauen in die Manufakturen geschleppt wurden.

Der Spanier als Unterdrücker: Widerspenstige Indianer werden ausgepeitscht oder umgebracht. Zeichnung von Waman Puma de Ayala.

Später lernte er den *reparto* begreifen, ein schlichtes System des Geldanhäufens, ganz zugeschnitten auf den *corregidor*, der mit ihm sein von Amts wegen bescheidenes Salär aufbessert. Er kauft Waren, zu besonders günstigen Preisen, und hat sich das Monopol für den Verkauf gesichert, weshalb er keine Preiskonkurrenz zu fürchten hat. Die Dorfautoritäten verteilen seine Waren und treiben das Geld für ihn ein. So müssen alle *indios* bei ihm kaufen, ob sie wollen oder nicht, und seine Preise nunmehr in Geld statt in Vieh oder Viehprodukten bezahlen. Die Säumigen haben Arbeit ohne Lohn zu verrichten; so landen sie in der Schuldknechtschaft, der die meisten nie mehr entrinnen. Der Haß, der in *Tupac Amaru* reift, ist ein Haß, den er teilt mit fast allen *indios*.

Im gleichen Maße, in dem sich der Haß auf die Spanier steigert, wächst bei ihnen die Sehnsucht nach einer Zeit, in der es keine *corregidores*, keine Manufakturen, keine Ausbeutung gab. Niemand von ihnen hat sie erlebt, doch in Geschichten und Träumen, in Liedern und Theaterstücken ersteht die Inka-Epoche als ein goldenes Zeitalter auf. Inka-Bilder werden in den Hütten aufgehängt, Abbildungen von historischen Herrschern wie auch von deren Abkömmlingen in ihrer typischen, hispanisierten Tracht. Auf hölzernen Trinkgefäßen erscheinen Malereien, die alte Tänze und imaginäre Kämpfe der Inka gegen »Barbaren« aus dem Urwald wiedergeben. Die jungen Adligen auf der Jesuitenschule lesen den Chronisten Garcilaso de la Vega, der von den großen Leistungen der Indianer berichtet, ehe die Europäer ihr Reich zerstörten. *Tupac Amaru* läßt an seinem Amtssitz das *Ketschua*-Schauspiel *Apu Ollantay* aufführen, eine nostalgische Tragödie über einen General und dessen verbotene Liebe zu einer Tochter des Inka-Herrschers.

Es gibt Warnzeichen, daß es gärt im Volk. Die Rebellion des Alejandro Calatayud, 1730 bis 1732, der mit 2 000 Gefolgsleuten eine Zeitlang Potosí belagert. Die Rebellion des Juan Santos Atahualpa, 1742 bis 1760, der sich *Apu Inka* nennt und am

Rande des Urwalds ein »Autonomes Reich Peru« regiert; er behauptet, die Weisheit Salomons zu besitzen und Berge einstürzen lassen zu können. Der Aufstand von Chuquibamba 1775, von Pampacolca 1776, von Huamanga 1777, von Cotabamba 1778, von Arequipa 1779, wo das Volk auf den Straßen ruft: »Raus mit den öffentlichen Räubern, den Feinden der Menschheit!« Stets sind die *corregidores* und die Militärkommandanten das Ziel, teils flüchten sie, teils werden sie umgebracht. Am 13. Oktober 1780 bricht in Chayanta der bislang größte Aufstand aus; Tomás Catari ist sein Führer. Bisher haben die Spanier geglaubt, mit allem leicht fertig zu werden. Nun aber lernen sie das Zittern – zum ersten Mal seit 200 Jahren.

Im Grunde ist Tupac Amaru ein gesetzestreuer Mann. Er hat sich jahrelang dafür eingesetzt, daß die Gesetze befolgt werden. Gesetze aber sind Papier, mehr nicht, das ist die Erkenntnis aus all diesen Jahren. So beschließt er nun, sie selber zu brechen. Die Spanier haben ihm vorgemacht, welchen Wert das Papier in der Wirklichkeit hat. Der Jesuitenzögling in den samtenen Kleidern verwandelt sich in einen Revolutionär. Der 4. November 1780 wird zu seinem Schicksalstag. An diesem Tag schlägt der Kampf für Gerechtigkeit um in offene Gewalt.

Bei einem Mittagessen im Haus des Pfarrers von Yanaoca sitzt der *kurakaq* José Gabriel Codorcanqui zum letzten Mal als Mitglied der etablierten Gesellschaft. Der *corregidor* der Provinzhauptstadt Tinta, Antonio de Arriaga, nimmt ebenfalls daran teil. Er ist der verhaßteste Mann der Region. *Tupac Amaru* hat einen Plan mit Freunden geschmiedet, um ein Signal zu setzen. Unter einem Vorwand zieht er sich vom Essen vorzeitig zurück, reitet voraus auf dem Rückweg nach Tinta, den der *corregidor* nehmen wird. Auf halber Strecke warten Freunde in einem Versteck. Gemeinsam lauern sie Arriaga auf. Als er angeritten kommt, versperren sie ihm den Weg, werfen ihm ein Lasso über den Kopf, ziehen ihn von seinem Maultier herunter, nehmen seine drei Begleiter ebenfalls gefangen. Sie bringen ihn nach Tungasuca. *Tupac Amaru* sperrt ihn in seinem eigenen Haus ein.

Sechs Tage lang bleibt der *corregidor* verschwunden, und niemand weiß, wo er sich befindet. Er wird gezwungen, einen Erlaß zu schreiben, wonach alle verfügbaren Finanzmittel und Waffen aus Tinta herbeigebracht werden sollen. 22 000 Pesos, 75 Musketen, ein paar Goldbarren und Tragetiere fallen so in die Hände der Rebellen. An alle Dörfer der Provinz wird ein Aufruf geschickt, den Arriaga ebenfalls zu unterzeichnen hat. Die Einwohner hätten sich, heißt es darin, am 10. November in Tungasuca einzufinden. *Tupac Amaru* inszeniert, mit geschickter Regie, den Auftakt der Erhebung.

Am 10. November sammelt sich eine erregte Menge auf dem Marktplatz von Tungasuca. In der Mitte ist ein Galgen aufgebaut. Drei Reihen bewaffneter Männer halten die Menschen zurück. Ein Tribunal wird gegen den *corregidor* eröffnet, den »Betrüger an den öffentlichen Finanzen«. Ein fingiertes Schreiben wird verlesen, angeblich vom Hof des Monarchen in Madrid. Die Leute hören unter anderem den Satz: »Unser König befiehlt, diesen Mann als Aufrührer mit dem Tod zu bestrafen.« Der Mann, der ihm die Schlinge um den Hals legt, ist Antonio Oblitas, ein Mulatte, der dem Kolonialbeamten als Sklave gedient hat. Was hier geschieht, läßt den Menschen den Atem stocken. Antonio de Arriaga stirbt durch Erhängen, sein Amtsstab wird feierlich an José Gabriel Codorcanqui übergeben. Der sagt, er habe Vollmacht, mit allen Leuten so zu verfahren, die Verbrechen gegen das Volk begehen. Er nennt sich von jetzt an *Inka Tupac Amaru,* und Tausende brechen in Jubel aus.

Wie ein Lauffeuer breitet der Aufstand sich aus. *Tupac Amaru* und seine Leute zerstören die Manufakturen von Quiquijana, Parapicchu und Pomacanchi, und die befreiten Zwangsarbeiter schließen sich ihm an. Sechs Tage nach der Hinrichtung verkündet er, noch immer angeblich im Namen des Königs, daß alles abgeschafft sei, was die *indios* quäle: der *corregidor* und sein Handelsmonopol, die Sklaverei und der Tribut. Er ruft alle in Peru auf, den »Feindseligkeiten, Qualen und Leiden« ein Ende zu setzen, die »die Leute aus Europa zu verantworten haben«. Ein spanischer Trupp, 1 200 Mann, wird zwei Tage später in der Schlacht von Sangarará vernichtend geschlagen. Es ist der erste große Sieg nach mehr als 200 Jahren, den *indios* über die Eroberer erringen. Nun wollen Tausende für *Tupac Amaru* kämpfen – für den Führer der Massen, den neuen, stolzen Inka. »Befreier des unterdrückten Landes«, nennen sie ihn, »Vater aller *indios* «, »Vater aller Armen«. Für sie ist er ein Messias

Beginn der Revolution: *Tupac Amaru* und seine Mannen nehmen den spanischen Verwalter Antonio de Arriaga am 4. November 1780 gefangen. Der peruanische Maler Antonio Huillca, der in Cusco lebt, hat die Schlüsselszenen dieses Aufstandes gemalt.

Hinrichtung des Verhaßten: Auf Befehl *Tupac Amarus* wird Antonio de Arriaga in Tungasuca am 10. November 1780 gehenkt. Wie ein Lauffeuer breitet sich die Nachricht unter den *indios* aus. Zehntausende schließen sich seinen Einheiten an.

Er hat, so scheint es, freie Bahn nach Cusco. In aller Eile bauen die Spanier Verteidigungsanlagen, rufen Truppenverstärkung aus Lima herbei. Doch *Tupac Amaru* führt seine Scharen in die andere Richtung, nach Asángaro. Glaubt er, es sei zu früh für die große Schlacht? Will er warten, um noch mehr Leute um sich zu sammeln? Scheut er ein Blutbad? Seine Frau Micaela Bastidas beschwört ihn, auf Cusco zu marschieren, und Historiker werden später schreiben, dies sei der größte Fehler seines Lebens gewesen. *Tupac Amaru* aber hüllt sich in Schweigen über seine Motive. In Asángaro zieht er ohne Widerstand ein. Die Häuser des örtlichen *kurakaq*, der sich zu den Spaniern geflüchtet hat, werden von den Massen zerstört.

Die Spanier nutzen die Zeit. Ihre Antwort auf die Rebellion ist Zuckerbrot und Peitsche. Der *corregidor* von Cusco, Fernando Inclán y Valdez, erklärt den *reparto* für abgeschafft, ebenso die Zwangsarbeit in den Minen und Manufakturen; den Tribut sollen künftig nicht nur die *indios*, sondern auch die Mestizen zahlen. Damit nimmt er dem Rebellen Wind aus den Segeln. Der Bischof von Cusco, Pedro de Moscoso, exkommuniziert den »Inka«, weil bei dessen Sieg in Sangarará das Gotteshaus brannte, in das sich die Spanier geflüchtet hatten. Damit macht er den Rebellen zu einem Feind der Kirche, wohlwissend um die Wirkung, die das hat. Cusco füllt sich mit 8 000 Soldaten, mit einem großen Arsenal an Gewehren und Kanonen.

Jetzt erst erkennt der Rebellenführer, daß die Zeit gegen ihn arbeitet. Er marschiert nun doch auf Cusco zu, bildet mit 40 000 Mann in den Bergen um die Stadt einen Belagerungsring. Seine Truppen aber sind Kämpfer ohne Training, ein undiszipliniertes Heer, das noch dazu außer dem Beutegut nichts hat, was den Waffen der Spanier ebenbürtig wäre. Die *indios* haben nur sechs Kanonen

und 200 Musketen, kämpfen mit Speeren und Spießen, Schleudern und Steinen und Knüppeln aus Holz. *Tupac Amaru* fordert die friedliche Übergabe, um ein Massaker zu vermeiden. Er hofft auf einen Aufstand der *indios* innerhalb der Mauern von Cusco. Doch nichts von dem geschieht, was er fordert und hofft. Nach sechs Tagen Kampf, am 9. Januar 1781, bricht er die Belagerung ab, zieht sich zurück nach Tungasuca. Am selben Tag, welch ein Omen, wird der Rebellenführer Tomás Catari in Chuquisaca nahe Potosí von den Spaniern hingerichtet.

Tupac Amaru als Kämpfer, der die Schleuder schwingt. Der Maler Lucio Quecano Tito hat das Bild zu Ehren des Freiheitskämpfers an eine Wand im Rathaus von Sangarará gemalt – dem Ort des einzigen großen Sieges, den die Rebellen über die Spanier errangen.

Tupac Amaru spürt, daß seine Kräfte nicht reichen. Die Widersprüche, die sich in seiner Kleidung zeigen, sind die Widersprüche, die sein Handeln und seine ganze Aufstandsbewegung schwächen. Mal versucht er, das Rad der Geschichte nach vorn zu drehen. Neun Jahre vor Ausbruch der Französischen Revolution spricht er von Freiheit, Gleichheit und Menschenwürde, will die riesigen Landgüter abschaffen und den Handel liberalisieren. Mal aber versucht er, das Rad zurückzudrehen. Er sieht die *kurakaq*, den Inka-Adel, als führende Klasse einer neuen Monarchie und den christlichen Bischof, wie früher den höchsten Priester, als rechte Hand des Herrschers. Mal fordert er, alle Europäer zu verjagen, mal versichert er seine Treue zur spanischen Krone. Was will er wirklich? Und was wollen die Massen, die ihm folgen?

Tupac Amaru, der seine Bildung den Jesuiten verdankt, will die Kirche und ihre Priester nicht antasten; zwei Geistliche begleiten ihn, wo immer er ist. Seine Leute aber stecken Gotteshäuser an, viele Pfarrer werden von ihnen umgebracht. *Tupac Amaru* will die Kreolen als Bundesgenossen gewinnnen, die weißen Nachfahren der Eroberer, deren Haß auf die Spanier nicht minder groß ist. Seine Leute aber machen diese Unterschiede nicht; sie greifen alle und alles an, was dem *indio* fremd ist. Die Massen haben nur einen einzigen Traum: zurück zum *Tawantin-suyu,* zum »Reich der vier Viertel«, zum Reich des Inka. Es ist das letzte Aufbäumen, die letzte Illusion.

Die Entscheidung fällt in Tinta, nahe dem Ort, wo die Revolution begonnen hat. *Tupac Amaru* hat das Gesetz des Handelns schon verloren. Anfang April verschanzt er sich mit 14 000 Mann in den Bergen. Seine Lebensmittelvorräte reichen nur für ein paar Tage. Inspektor Antonio de Areche, der neue Kommandant in Cusco, hat 17 000 Mann gegen ihn in Marsch gesetzt. Drei Viertel davon sind *indios,* die sich für Sold an die Spanier verkaufen. Die alte Methode, *indios* zum Töten von *indios* zu gebrauchen, funktioniert wie zu Zeiten der Eroberung.

Tupac Amaru weiß, daß ihm das Aushungern droht. Er plant eine Flucht nach vorn. Er will sich einen Weg durch die Reihen des Gegners bahnen. Im Morgengrauen des 6. April überfallen seine Krieger eine spanische Wache. Sie schneiden vier Leuten die Kehle durch. Der fünfte aber, 50 Meter entfernt, hört Geräusche, feuert Alarmschüsse in die Luft, und im Nu ist das Heer des Feindes auf den Beinen. *Tupac Amaru* bleibt nur noch der Weg auf den Gipfel eines Berges, seine Familie und eine Schar von Getreuen an seiner Seite. Er hetzt hinunter ins nächste Tal, stürzt sich in einen reißenden Fluß, gelangt auf die andere Seite und flieht weiter. 18 Mulatten aus einer Einheit der Spanier folgen ihm, versessen auf die hohe Belohnung, die ausgesetzt ist für denjenigen, der den Rebellen lebend fängt. Zwei von ihnen ertrinken im Fluß, die anderen schnappen einen Kommandeur aus dem Gefolge des Flüchtigen. Francisco Santa Cruz rettet sein Leben, indem er seinen Herrn verrät, für dessen Kinder er Taufpate gewesen ist. Er führt die Soldaten in die Nähe des »Inka«, beim Dorf Langui. Sie verstecken sich, er ruft nach *Tupac Amaru,* angeblich um sich mit ihm zu beraten. Minuten später springen die Mulatten aus ihrem Versteck. *Tupac Amaru* ist ein gefangener Mann. Seine Frau, fast alle Familienangehörigen und Freunde erleiden das gleiche Schicksal.

Niederlage der Rebellen: Nach der Niederlage gegen die spanischen Truppen bei Tinta am 6. April 1781 werden *Tupac Amaru* und seine Familie gefesselt nach Cusco gebracht.

Die Feuer des Aufstandes, die er entzündete, werden für Monate weiterbrennen, in den Bergen der Anden, am Titicaca-See, bis hinunter ins Vizekönigreich Rio de la Plata. *Tupac Amarus* Cousin Diego Cristóbal und sein Neffe Andrés Noguera, beide der Festnahme entkommen, werden noch Städte und Dörfer umzingeln. Ramón Ponce wird mit seinen *indios* vor Puno liegen, José Quiroga vor dem Städtchen Jujuy. Julián Apasa wird La Paz für 109 Tage belagern. Alle aber werden sie letztlich geschlagen werden. Der Mann, der ganz Südamerika aufgewühlt hat, kann ihr Führer nicht mehr sein. *Tupac Amaru,* der »Vater der Armen«, ist gefangen. Das ist das Ende der Hoffnung, das Ende der Träume, das endgültige Ende der Inka.

Der letzte Messias, den die *indios* hatten, sitzt auf einem Maultier, die Füße in Eisen aneinandergekettet. Seine Frau und sein Sohn Hipólito folgen ihm, seine engsten Freunde, seine Kommandeure. Der Inspektor Areche hat für diesen Tag, den 14. April 1781, den feierlichen Einzug nach Cusco organisiert. Es ist Karsamstag. *Tupac Amaru* trägt ein Samtgewand, wie üblich, nur ist die Farbe diesmal schwarz. Über der Brust hängt eine Kette, wie üblich, nur hängt an ihr nicht die Medaille mit dem Sonnengott, sondern der gekreuzigte Jesus Christus. So reitet er in Cusco ein, Bewaffnete und Publikum stehen Spalier. Auf dem Hauptplatz ist schon der Galgen aufgestellt. Die Jesuiten, bei denen der junge José Gabriel Codorcanqui die Geschichte seines Volkes studiert hat, sind 1767 des Landes verwiesen worden, weil sie aufklärerisches Gedankengut verbreitet hatten. Ihr Konvent, umgewandelt in eine Kaserne, ist jetzt sein Gefängnis. In seiner Jackentasche, behaupten die Spanier, hat sich eine Urkunde befunden, mit der sich *Tupac Amaru* selbst zum neuen Herrscher ernennen wollte. »Don José I von Gottes Gnaden«, wird er darin tituliert, »Inka-König von Peru, Sante Fé, Quito, Chile, Buenos Aires und den Ländern der südlichen Meere... Besitzer der Länder im großen Paititi, Bevollmächtigter, Verteiler göttlicher Milde an des Höchsten Statt...« Sie verhören ihn, wollen weitere Namen wissen, Verschwörer, Helfer, Sympathisanten. *Tupac Amaru* aber schweigt. Sie fesseln dem 43jährigen die Hände auf dem Rükken, binden sie mit den Füßen zusammen, beschweren den Körper mit Eisenbarren von einem Zentner Gewicht, ziehen ihn dann an einem Strick ruckartig nach oben. Irrsinnige Schmerzen durchzucken den Verhörten. »Wer sind deine Komplizen?« fragt Areche wieder, der Inspektor. »Die einzigen Verschwörer sind wir beide«, antwortet *Tupac Amaru.* »Eure Majestät, weil Sie das Land unterjochen, und ich, weil ich das Volk von dieser Tyrannei befreien will.«

Einen Monat lang schmachtet er in der Zelle. Der Richter Mata Linares verkündet am 15. Mai die Urteile. *Tupac Amaru* habe das »horrende Verbrechen der Rebellion« begangen, habe die *indios* »in Verblendung und Unterwürfigkeit gehalten, gefügig und hörig gegenüber jedem seiner Befehle«, habe unter ihnen »unversöhnlichen Haß auf jeden Europäer oder jedes weiße Gesicht« gesät. Der Tod allein ist den Spaniern zu wenig. Die Hinrichtung von ihm und seinen Mitkämpfern in Cusco soll ein Akt der Abschreckung sein. Es soll das Sterben des ersten *Tupac Amaru,* der hier 1572 sein Leben ließ, an Grausamkeit um ein Vielfaches überbieten. Es soll die *indios* brechen für alle Zeiten.

Folterung des Führers: Mit grausamen Mitteln wollen die Spanier *Tupac Amaru* zur Preisgabe der Namen von Gesinnungsfreunden zwingen. Der »Vater der Armen« aber schweigt.

Die Generalprobe für die Exekution ist am 17. Mai 1781. Die ersten neun Rebellen werden gehenkt. Tags darauf sind die zweiten neun an der Reihe, der »Inka« und seine engsten Vertrauten. Die Verurteilten werden, in Säcke gepackt, von Pferden auf den Hauptplatz geschleift. Sie sollen der Reihe nach sterben, ein jeder vor seinem eigenen Tod das Sterben der anderen miterleben. Der Ex-Sklave Antonio Oblitas, der den *corregidor* Arriaga henkte, wird nun selber am Galgen hochgezogen. Freunde und Kommandanten von *Tupac Amaru* folgen. Seinem Onkel Francisco und seinem Sohn Hipólito wird die Zunge herausgerissen, ehe die beiden Scharfrichter ihnen den Strick um den Hals legen. Mit seiner Frau tun sie das gleiche, dann erdrosseln sie Micaela mühsam mit einem Würgeeisen.

Nur einer ist jetzt noch übrig, der letzte, der sich »Inka« nannte. Er wird mit Armen und Füßen an vier Pferde gebunden, die auf Kommando in vier Himmelsrichtungen ziehen, um den Körper auseinanderzureißen. Wie eine Spinne hängt *Tupac Amaru* in der Luft, die Henker und die Menge können es nicht fassen, aber es scheint, dieser Mensch habe Gelenke aus Eisen – die Tiere schaffen es nicht. Inspektor Areche befiehlt, ihn zu enthaupten. So wiederholt sich das Schauspiel von 1572. Nur erhebt sich diesmal kein lautes Klagegeschrei. Bleich und mit stummem Entsetzen sehen die *indios* in der Menge zu.

Horror als Politik: Köpfe von hingerichteten Revolutionären werden auf Pfähle gesteckt und in Städten und Dörfern ausgestellt. Es soll die Untertanen der Krone vor jedem neuen Versuch einer Erhebung abschrecken.

Areche will jetzt auch die Legende töten, die seit 200 Jahren in ihren Köpfen ist. Kopf und Rumpf des Gehenkten von damals, so lautet sie, werden eines Tages wieder zusammenwachsen, und das wird die Wiederkunft seines Reiches bedeuten: der zweite *Tupac Amaru* als Reinkarnation des ersten. Der Inspektor läßt diesen Mythos zerhacken, läßt den Leichen die Arme und Beine abtrennen. Die Rümpfe des Rebellen und seiner Frau werden auf den Berg Picchu gebracht, an jene Stelle, von der aus er erfolglos die Stadt belagert hat. Auf einem Scheiterhaufen gehen sie in Flammen auf. Die Asche wird teils in die Luft gestreut, teils in einen Bach geschüttet. Die Gliedmaßen werden, zusammen mit den Köpfen, auf die wichtigsten Dörfer verteilt. Von *Tupac Amaru* geht jeweils ein Arm nach Tungasuca und Carabaya, je ein Bein nach Livitaca und Santa Rosa. Sein Kopf wird, zusammen mit dem seiner Frau, zuerst nach Tungasuca gebracht, seiner »Residenz«, dann zurück zum Hauptplatz von Cusco; der Kopf von Micaela bleibt danach, gut sichtbar, auf dem Berg Picchu. Auch Körperteile seiner Freunde und Familienmitglieder werden in der Provinz ausgestellt. Sie stecken auf Stangen über öffentlichen Plätzen, als grausige Warnung für alle, die es wagen sollten, die Gedanken des *Tupac Amaru* noch einmal auszusprechen.

Das Werk der »Befreiung« werden die Kreolen vollbringen, nur 40 Jahre später. Sie haben helle Haut wie die Spanier und auch deren Sitten; ihre Helden werden José de San Martín und Simón Bolívar heißen. Die Freiheit, die sie von der Krone erkämpfen, wird freilich nicht die Freiheit der *indios* sein. Die Kreolen werden sie wieder unterdrükken, werden ihnen auch noch das Land um ihre Dörfer herum nehmen, das die Kolonialherren ihnen immerhin gelassen haben. Jetzt, 1781, wird ihnen erst einmal alles verboten, was noch irgendwie an Inka-Traditionen erinnert: Bilder und Trachten, Fahnen und Feste, das Muschelhorn und die Lektüre der Werke von Garcilaso de la Vega. Der allerletzte Inka ist tot. Doch auch sein Geist hat noch zu sterben.

Tupac Amaru als Held. Seine Büste steht auf dem Dorfplatz von Sangarará.

Jetzt

Kugeln, Keulen und Trompeten

Die Erben des Tupac Amaru

»Wir leben noch, wir sind noch.
Aus der Bewegung der Flüsse und Steine,
aus dem Tanz der Bäume und Berge
trinken wir immer stärkeres Blut.«

José María Arguedas, peruanischer Schriftsteller,
in einer Hymne an Tupac Amaru, 1962

Das Auge hat nichts, um sich festzuhalten. Kein Stern leuchtet über uns, kein Schimmer Mondlicht erhellt die Nacht. Himmel und Erde fließen ineinander in einem konturlosen Schwarz. Das Dorf Huayhuehuasi ist darin versunken, wie die Hügel und Bäche und Pfade ringsum. »So ist es am besten für uns«, sagt Roberto, der Führer der fünfköpfigen Gruppe. »Niemand kann uns sehen. Wir aber kennen uns aus. Wir kennen jeden Weg, jeden Stein.« Ein Vogel zwitschert, in der Ferne bellen Hunde. Ein paar Momente lang bleiben die Männer stehen und lauschen. »Nein, da ist nichts«, sagt Roberto. »Wenn was ist, bellen die Hunde anders.«

Wir stolpern über Felsbrocken, Erdhaufen, Grasbüschel. Vor uns geht Roberto, hinter uns sind Roman und Nico, Faustino und Luis. Der eiskalte Wind, der durch die Dämmerung jagte, hat zum Glück nachgelassen. Als die Männer sich sammelten zum Appell, abends um sechs wie an jedem

Tag, hätte er um ein Haar das Heft mit sich fortgerissen, in das eingetragen wird, welche Patrouille das Dorf bewacht. Hinter Lehmmauern gingen sie in Deckung, kauerten dort, bis die Dunkelheit kam. Dann stapften sie los, drei Gruppen zu je fünf Mann, jede auf eine andere Anhöhe. Hier oben gibt es bei Wind keinen Schutz. Kein Baum, kein Strauch wächst hier, auf mehr als 4 000 Meter Höhe. Nur hohes Gras, das leise raschelt.

Seit 1980 toben in Peru blutige Kämpfe. Auf der einen Seite stehen Armee und Polizei, auf der anderen die Guerilla-Organisationen *Sendero Luminoso* und *Movimiento Revolucionario Tupac Amaru,* eine Bewegung, die sich nach dem Rebellenführer von 1780 benannt hat. Die indianischen Bauern stehen häufig in der Mitte. An vielen Orten haben sie eigene Verbände zur Selbstverteidigung aufgestellt.

Wir erreichen eine staubige Straße. Sie führt an Huayhuehuasi vorbei zu einem Nachbarort. Die Männer beugen sich tief hinunter, Roberto kniet sich auf den Boden. Eine Taschenlampe gleitet dicht über die Erde. In ihrem Schein suchen die Fünf nach Spuren. Manchmal sehen sie frische Abdrücke, die etwas verraten. Autoreifen. Oder Fahrradreifen. Oder Pferdehufe. Oder Schuhe. »Nichts«, sagt Roberto und steht wieder auf. »Niemand durchgekommen. Scheint, daß es ruhig bleibt diese Nacht.«

Wir gehen die Straße ein Stück entlang. Schritte sind zu hören, die Gruppe von der anderen Seite. »*Papa* «, rufen die Unseren. »*Chuño* «, kommt es von den anderen zurück. Das erste heißt auf spanisch Kartoffel, das zweite ist die gefriergetrocknete Version davon. So lautet heute nacht die Erkennungsparole der Bauern von Huayhuehuasi. Viel mehr reden sie nicht auf ihren Runden bis zum Morgengrauen. Reden ist gefährlich, wenn es die Falschen hören.

Jeder männliche Einwohner ist einmal pro Woche dran. Die nächtliche Streife heißt *ronda campesina.* In vielen Dörfern der peruanischen Anden gibt es solche Selbstschutzpatrouillen. Ihre Waffen sind so lautlos wie die Nacht. Drei unserer Leute haben Holzprügel. Einer trägt eine Schleuder aus Lamawolle, in die ein Stein gelegt wird. Einer hat einen länglichen Beutel aus Leder, der mit Sand gefüllt wird; er soll einen Fliehenden so treffen, daß er sich um die Beine schlingt und ihn zu Fall bringt. Es sind die gleichen Waffen, wie sie die Truppen des *Tupac Amaru* hatten. Eine Trillerpfeife ist dazugekommen. Mit ihr geben die *indios* Alarm, wenn eine verdächtige Person auftaucht in der Finsternis. Einmal lang, dreimal kurz, einmal lang – das ist das Signal.

Dorfschützer auf einem Hügel über Huayhuehuasi. Vom Einbruch der Dämmerung bis zum frühen Morgen sind die Bauern auf Wache.

Appell der Selbstschutzpatrouillen, die mit Schleudern bewaffnet sind. In Huayhuehuasi wird gewissenhaft Buch geführt, welche Gruppe welchen Abschnitt kontrolliert.

Sie greifen nicht an, wie damals. Sie wollen nur in Ruhe gelassen werden. Sie verteidigen das bißchen, das sie haben: Häuser aus Lehm, Ställe aus Lehm, Lamas und Schafe, Hühner und Kühe, Pferde für die Arbeit und den langen Weg in die Stadt, eine ärmliche Kirche, in die einmal im Jahr ein Pfarrer kommt, zwei schiefe Fußballtore, deren Querbalken in der Mitte durchhängen. 800 Familien wohnen in Huayhuehuasi. Ein Dorf, vergessen wie tausend andere in Peru, ein Tupfer im kahlen Hochland der Provinz Espinar. Hier ist das Ende der Welt, sagt sich der Besucher, hier ist nichts zu holen.

Am 10. Juli 1991 aber tauchten Leute auf, die etwas wollten von den Menschen in Huayhuehuasi. Morgens um vier, noch im Schutz der Dunkelheit, schlichen sich 30 Leute heimlich ins Dorf. Als die Bauern ihr Tagewerk beginnen wollten, standen Gestalten vor ihren Hütten, Gewehre in der Hand und schwarze Kapuzen über den Köpfen. Sie trieben die *indios* zu einer Versammlung unter freiem Himmel. Ein Redner erzählte ihnen, daß sie sich organisieren müßten gegen die Regierung und die reichen Unternehmer, die schuld an ihrer Armut seien. Nur mit Waffen, erfuhren sie, käme das Volk an die Macht. Ein paar der unheimlichen Gäste hatten rote Fahnen mit Hammer und Sichel in der Hand. Sie sagten nicht, von welcher Organisation sie waren. Sie sagten nur, daß sie wiederkämen.

Fünf Wochen später, am 14. August, kamen sie das zweite Mal. Von nun an waren sie jede Nacht im Dorf. Mal forderten sie ein Schaf von den Bauern, mal ein Essen, mal ein bißchen Geld. »Wir kämpfen für euch«, sagten die Bewaffneten, »also müßt ihr uns helfen.« Wieder hielten sie eine Versammlung, auf der sie revolutionäre Parolen verkündeten und Flugblätter verteilten. Dann ließen die Unbekannten auch Ponchos mitgehen und Schafwollmatten zum Schlafen. Im Radio kamen Meldungen, in die Provinz Espinar seien »Subversive« eingedrungen. Das sind sie, sagten sich die Menschen von Huayhuehuasi. Nun glaubten sie auch zu wissen, mit welcher Organisation sie es zu tun hatten.

Das Dorf Huayhuehuasi liegt isoliert in den Bergen der Provinz Espinar. Es hat nur ärmliche Häuser ohne elektrisches Licht. Doch das bißchen, was sie besitzen, wollen die Bauern verteidigen.

Ihr vollständiger Name ist so lang und skurril, daß niemand ihn verwendet: »Kommunistische Partei Perus auf dem leuchtenden Pfad des Denkens von José Carlos Mariátegui«. Der Journalist Mariátegui kämpfte in den 20er Jahren für einen Sozialismus, in dem sich die marxistische Lehre mit den indianischen Traditionen von gemeinsamer Arbeit und gemeinsamem Besitz verbinden sollte. Ein halbes Jahrhundert später mischte ein Professor namens Abimael Guzman an der Universität von Ayacucho maoistische Gedanken dazu. 1976 tauchte er mit Freunden in den Untergrund ab, und seitdem hält die Kurzform des Namens seiner Partei das Land in Atem. *Sendero Luminoso*, der »Leuchtende Pfad«. 5 000 Kämpfer mögen es sein. 22 Millionen zittern vor ihnen. »Die *senderistas* «, sagen die Männer von Huayhuehuasi, »tolerieren nichts, was sie nicht wollen.«

Am 20. August fiel den Kapuzenleuten ein 18jähriger in die Hände, der als Soldat diente und auf Heimaturlaub war. Er stammte aus Huayhuehuasi und befand sich auf dem Weg zur *estancia* Llanqupi, einer Häusergruppe weit abseits des Dorfes, wo seine Familie und ein paar andere Bauern einen Teil des Jahres mit ihren Tieren leben. Die Unbekannten zwangen ihn, sich ihnen anzuschließen. Schon tags darauf aber gelang ihm die Flucht, und zur Sicherheit nahm er gleich ein Schnellfeuergewehr aus den Beständen der Gruppe mit. Am nächsten Tag tauchten die Fremden in der *estancia* auf. Sie forderten das Gewehr zurück, fanden aber weder die Waffe noch den Jungen. Zur Strafe zogen sie drei Frauen fast völlig nackt aus und nahmen die Kleider mit.

Da war die Geduld der Bauern von Huayhuehuasi zu Ende. Fünf Männer griffen zu den alten Flinten, die sie hatten, pirschten sich hoch zu den einsamen Hütten, warteten dort in einem Versteck darauf, daß die Bewaffneten wiederkämen. Sie kamen in der Tat, vier Männer und zwei Frauen, und diesmal wollten sie auch noch eine Versammlung abhalten. Die Bauern umzingelten sie, einer eröffnete das Feuer. Vier der sechs Leute flüchteten, einer aber wurde erschossen, ein zweiter überwältigt. In ihrer Wut prügelten die Männer von Huayhuehuasi ihren Gefangenen zusammen. »Gut, ich gehe für ein paar Jahre ins Gefängnis«, schrie er ihnen zu. »Aber dann bin ich wieder da und liquidiere euch alle.« Als er zu flüchten versuchte, erschossen sie auch ihn. Drei Tage später meldeten sie den Vorfall in der Provinzhauptstadt Espinar und lieferten die beiden Leichen ab. Glückwunsch, sagte die Polizei, weiter so. Seitdem wissen sie, daß ihnen keiner hilft, wenn sie sich nicht selber helfen.

Bei dem Wort *Sendero* verstummen die meisten Menschen in den Anden. Die wenigen, die es aussprechen, flüstern es und blicken dabei ängstlich nach allen Seiten. Der »Leuchtende Pfad« tötet Bürgermeister und Pfarrer, wenn sie sich seiner Idee widersetzen, die Landbevölkerung durch seine »Volkskomitees« regieren zu lassen. Er tötet ausländische Entwicklungshelfer, weil das herrschende System nicht verbessert, sondern vernichtet werden soll. Er tötet, wen er für einen »Verräter« hält. Nur wenige *indios* sind in seinen Reihen, die Mehrheit der Aktivisten sind Söhne und Töchter aus dem Bürgertum. Doch der *Sendero* , sagen uns die Leute, hat tausend Augen und tausend Ohren.

Ein Zentral- und sechs Regionalkomitees soll der »Leuchtende Pfad« haben, verschworene Gruppen, deren Mitglieder teilweise untereinander verheiratet sind, alle dem Willen von Abimael Guzman unterworfen, den sie *Presidente Gonzalo* nennen und – nach Marx, Lenin und Mao – als »viertes Schwert« des Kommunismus bezeichnen.

Schier unbeeindruckt vom Scheitern dieser Lehre in Osteuropa, kämpft Lateinamerikas letzte große Guerilla für einen Staat von Arbeitern und Bauern. Die Methoden, die sie anwendet, spiegelt die Sprache ihres Führers. »Der Pfad wird das reaktionäre Fleisch zerfetzen«, sagt der 57jährige Philosoph. »Er wird es in Stücke reißen, und die Fleischfetzen wird er in den Schlamm tauchen; was davon übrigbleibt, wird er verbrennen, und die Asche wird er in alle Winde streuen.«

Die *senderistas* sind in den Bergen, weil dort die verelendeten *indios* leben, die von den Weißen an der Küste verachtet werden, seit die spanischen Eroberer die Regierung von Cusco nach Lima verlegten. Die *senderistas* sind in den Tälern, wo sie sich als Beschützer der Kokabauern aufspielen und selber am Handel mit Drogen verdienen. Die *senderistas* sind in den Städten, vor allem in den riesigen Slums von Lima, wo sie schon »befreite Zonen« beherrschen. Die *senderistas* sind überall, sollen die Peruaner glauben. Der grausame Krieg, den sie seit 1980 führen, hat dazu beigetragen, das Land in den Ruin zu stürzen. Die Schäden, lautet 1992 die Bilanz, betragen 30 Milliarden Mark. Die Zahl der Menschen, die zu Tode kamen, liegt bei 25 000. Dieser Preis wird steigen und steigen, bis eine der beiden Seiten am Ende ist. Der *Sendero* wird es sein, sagt Präsident Alberto Fujimori, spätestens 1995, wenn er aus seinem Amt scheide. Der Staat wird es sein, sagt der »Leuchtende Pfad«, spätestens im Jahr 2000, wenn das ganze Volk sich erhoben hat.

Wie viele Erben hat *Tupac Amaru* in Peru? 1968 machten junge Militärs unter Führung von General Juan Velasco eine Revolution von oben, sie beriefen sich auch auf den Inka-Rebellen. Nach ihrem Putsch begannen sie Verstaatlichungen und eine Landreform. 12 Jahre später aber stürzten sie über die Finanzmisere, die sie angerichtet hatten. 1984 wollten junge Studenten eine Revolution von unten beginnen, sie beriefen sich ebenfalls auf ihn. Sie gründeten eine, wenn auch zahlenmäßig schwache »Revolutionäre Bewegung Tupac Amaru«. Ihr Verhältnis zum *Sendero Luminoso* ist so, daß beide Guerillagruppen sich gegenseitig beschießen. 1985 hatte der linke Präsident Alan García das Volk hinter sich, als er den Massen ein Ende des Elends versprach. Fünf Jahre später schied er mit Schmach aus dem Amt, wurde schließlich selber der Korruption beschuldigt, während das Land in Chaos und Anarchie versank. Heute kämpfen an den Universitäten Leninisten gegen Maoisten, Stalinisten gegen Trotzkisten, und auf den Straßen weiß niemand genau, wer den neuesten Raubüberfall begangen hat: *guerrilleros,* als Polizisten verkleidet, oder Polizisten, als *guerrilleros* verkleidet, oder einfach Kriminelle, die sich mal als *guerrilleros,* mal als Polizisten ausgeben.

In den Wochen nach dem blutigen Vorfall von Huayhuehuasi kamen den Menschen im Dorf Zweifel, ob sie es wirklich mit *senderistas* zu tun gehabt hatten. Irgendwie, meinten einige, hätten die Parolen nicht echt geklungen, manchmal hätte man glauben können, die jungen Leute wußten gar nicht, was sie da riefen. Die Bauernvereinigung, der die meisten Dorfbewohner angehören, ließ die zurückgelassenen Flugblätter in Cusco prüfen. Sie waren, untypisch für die Propaganda der *senderistas,* mit einem Computer geschrieben. War die Gruppe eine Bande von Kriminellen gewesen? Oder waren es Provokateure im Auftrag der Militärs, die bei der Jagd auf *senderistas* schon Tausende gefoltert und angeblich geheime Rächertrupps gegründet haben? »Wir sind zwischen allen Linien«, sagen die Leute von den Selbstschutzgruppen in Huayhuehuasi. »Die *senderistas* verdächtigen uns, daß wir den Militärs helfen. Die Militärs verdächtigen uns, daß wir den *senderistas* helfen. Für die einen sind wir Terroristen, für die anderen Verräter. Es bleibt uns nur eines: Wir verteidigen uns selbst. Wir richten selbst. Keinen Verbrecher, den wir fangen, bringen wir zur Polizei.« Sie haben ihr eigenes Strafregister: zum Beispiel 500 Lehmblöcke für das Dorfzentrum herstellen oder einen Monat für die Gemeinde arbeiten.

Wir sitzen abends mit etwa hundert *indios* zusammen und können doch kaum ihre Gesichter erkennen. Nur ein paar Kerzen brennen vorne am Tisch, der Rest des Raums versinkt in Dunkelheit. In Huayhuehuasi gibt es kein elektrisches Licht. Crecencio Merma Puma, Funktionär der Bauernvereinigung, hält eine Rede, wie er sie immer hält, wenn er zu seinen Leuten in die Provinz kommt. »Laßt euch nicht einschüchtern!« ruft er ihnen zu. »Ihr habt doch zumindest ein paar Gewehre. Ihr wißt, wie man mit der Schleuder umgeht. Scheut euch nicht, das alles zu benutzen! Ich habe auch schon anonyme Drohungen erhalten. Aber hier bin ich, hier bleibe ich. Wenn wir uns organisieren, sind wir stark. Nur wir selber sind es, die unser Dorf regieren können.« Dann hebt er die Faust, beginnt die Nationalhymne zu singen, und ein paar Männer aus dem Dunkel fallen mit ein.

Tinta mit seinen 8000 Einwohnern ist ein verschlafenes Nest. Es liegt an der Straße von Cusco zum Titicaca-See, die Andenbahn und der Vilcanota-Fluß rauschen vorbei. Ein paar Parolen und ein paar Lebensweisheiten sind an die Hauswände gepinselt. Das Auto huckelt im Schrittempo über die Bahnschienen. Nichts deutet bei der Einfahrt darauf hin, daß der Ort sich »Wiege der amerikanischen Emanzipation« nennt. Nur am Hauptplatz erwacht Tinta zu seiner historischen Größe. Fünf Revolutionäre von damals stehen hier als Büsten in einer Reihe: *Tupac Amaru,* der in Tinta seine letzte Schlacht verlor, Micaela Bastidas, seine Frau, Diego Cristóbal, sein Cousin, Hipólito, einer seiner Söhne, José Mamoni, sein wichtigster Kommandeur. Und einmal im Jahr, am 4. November, feiert Tinta die Revolution seiner Helden – nicht das tragische Ende, sondern den Tag, an dem sie begann, als der *corregidor* Antonio de Arriaga in die Hände der Aufständischen fiel.

Paukenschläge, Trompetenschmettern, Schüler und Schülerinnen im Gleichschritt. Sie paradieren in Uniformen, graue Hosen und weiße Hemden die Jungen, graue Röcke und weiße Blusen die Mädchen, darüber für alle blaue Pullover. Achtjährige mit weißen Handschuhen rühren Trommeln. Polizisten und Armeereservisten marschieren ein, Abordnungen aus umliegenden Dörfern, auch ein paar *indios* in bunten Ponchos. Am Fuß der Statuen stehen, leicht erhöht, Stühle für die Honoratioren. Es dauert eine Stunde, bis der Platz sich füllt. Aus einem Lautsprecher tönt zusätzlich Marschmusik. Alle Klänge mischen sich zu einem wilden Getöse.

Die Glocken läuten, eine Messe beginnt. Ein Teil der Leute drängt in die kleine Kirche, vorbei an zwei Polizisten mit Gewehren. Ein großes Holzkreuz steht in dem Gotteshaus, an dem Dinge aus Holz und Eisen hängen, die das Leiden Christi symbolisieren: Dornenkrone, Lanze und Säbel, Hammer und Nägel, der Hahn, der dreimal krähte, die Stange mit dem Essigschwamm, den man dem Gekreuzigten reichte, die Leiter, auf der sie seinen Leichnam nach unten trugen. Pfarrer Walter Chafloque sagt in seiner Predigt, die Gewalt der Subversiven sei der »total falsche Weg«. Zugleich verdammt er die »Kräfte der Ordnung«, die mit ihrer Art, wie sie gegen die Aufständischen vorgehen, nur noch mehr »Blut, Tod und Waisen« verursachten. »Wir sind Werkzeuge Gottes, nicht Herren des Volkes«, ruft er den Gläubigen zu. Draußen geht das Trommeln und Blasen weiter.

Nach dem Gottesdienst werden auf dem Platz Heldengedichte verlesen, »Romanzen an den *guerrillero,* pathetische Verse, die von sieben- bis zehnjährigen Schülern heruntergeleiert werden. »*Tupac Amaru,* steh auf!« ruft einer von ihnen pflichtgemäß. »Wir wissen, unzähmbar ist dein Befreierblut«, liest ein anderer ab. Die Lehrerin Dorotea Bolaños, schick zurechtgemacht in einem roten Kostüm, trägt in einer langatmigen Chronik die Taten des *Tupac Amaru* vor. Die Mittagssonne brennt, macht Leute in den angetretenen Formationen schlapp, die nunmehr schon drei Stunden

Parade zu Ehren von *Tupac Amaru*: Jedes Jahr am 4. November wird in Tinta der Beginn der Revolution von 1780 gefeiert. Jungen und Mädchen haben in Uniform zu marschieren.

hier stehen müssen. Die Kinder schwitzen und gähnen. Zwei kleine Tambourmajore beginnen aus Langeweile, mit ihren Stäben zu fechten.

Sie alle berufen sich auf ihn, die Schulmeister und Bürgermeister, die Fabrikbesitzer und Grundbesitzer, und am gleichen Tag marschiert in Cusco das Militär ihm zu Ehren in zackigen Kolonnen. Sie haben sich von seinen Ideen zusammengeklaubt, was sie brauchen, er kann sich ja nicht mehr wehren dagegen. So ist *Tupac Amaru* im modernen Peru zum Vorkämpfer der nationalen Unabhängigkeit geworden. In diesem Land, in dem nichts mehr unmöglich ist, feiern ihn Leute, die ihn vor 200 Jahren zur Strecke gebracht hätten. Einer aus den Reihen der Honoratioren hängt in Tinta den Büsten Blumengebinde um, weiße und rote Rosen, zur Form eines Herzens zusammengesteckt.

Am Rand des Platzes sitzen Indianerinnen, gleichmütig und Koka kauend wie immer. Ihre Blicke gehen an dem Spektakel vorbei. Sie verkaufen Bananen und Orangen und Maisbier. Die großen Tonkrüge, aus denen sie schöpfen, umfassen sie mit Armen und Beinen. Es gibt nicht viel in diesen verwirrenden Zeiten, woran sie sich festhalten können.

Auch ein paar Indianer sind bei der Feier zu Ehren von *Tupac Amaru* am 4. November in Tinta dabei – allerdings nur als Randfiguren. Beim Abspielen der Nationalhymne legen sie die Hand ans Herz. Die Männer in Uniform salutieren.

Feier zu Ehren von *Tupac Amaru* in Cusco. Ein Uniformierter hält die Menge in Schach. Auch hohe Militärs und Honoratioren halten heute Lobreden auf den Revolutionär.

Hoffnung auf einen neuen *Tupac Amaru.* Der Rebell von 1780 gilt heute als Nationalheld. Das Gemälde des jungen peruanischen Künstlers Abel Jiménez Ascarza soll den Traum von einer Wiedergeburt der Inka-Kultur ausdrücken.

Nosotros somos los únicos
conspiradores.
Usia por haber agobiado al
país con exacciones insoporta
bles y Yo por haber querido
libertar al pueblo de seme
jante tiranía.
Merecemos la muerte.

Glossar

Azteken

(Sp) Spanischer Ausdruck

Ahuízotl	8. Azteken-Herrscher. Regierungszeit 1486 - 1502. Unter seiner Herrschaft letzter großer Umbau des Haupttempelbezirks von Tenochtitlán.
Alfaro Siqueiros, David	Mexikanischer Maler (1896 - 1974).
Alvarado, Pedro de	Spanischer Eroberer (1485 - 1541). Stellvertreter von Cortés. Unterwarf 1524 die Maya im Hochland von Guatemala.
amate	Name für verschiedene Feigenbaumarten. Aus ihrem Rindenbast wurde Papier hergestellt.
Anahuac	»Nahe beim Wasser«. Name des Hochtals von Mexiko vor Ankunft der Spanier.
Axayácatl	6. Azteken-Herrscher. Regierungszeit 1469 - 1481.
Aztlán	»Am Ort der Reiher«. Legendäres Ursprungsgebiet der Azteken im Nordwesten Mexikos. Wie Tenochtitlán soll es eine Insel im See gewesen sein.
Bustamante, Carlos María de	Mexikanischer Jurist und Publizist (1774 - 1848). Herausgeber des Gesamtwerks von *Sahagún* und mehrerer liberaler Zeitungen.
calmécac	»Häuserzeile«. Schule für Söhne von Adligen und Fernhandelskaufleuten. Die *calmécac* waren mit bestimmten Gottheiten verbunden. Die Schüler wurden auf Berufe wie Krieger, Priester, Juristen oder Verwaltungsbeamte vorbereitet.
calpulli	Ursprünglich Großsippen. Später Name für Stadtbezirke von Tenochtitlán. Jeder hatte einen eigenen Tempel mit angegliederter Schule.
camionetero	(Sp) Von *camión* (Lastwagen, Kleinbus). Umgangsspr. für die behördlichen Aufseher der Straßenhändler in Mexico City.
camote	Süßkartoffel. Wird meist gegrillt und mit Honig gesüßt verzehrt.
Chac-Mool	1875 eingeführter Kunstausdruck für lebensgroße, auf dem Rücken liegende Menschenfiguren mit angezogenen Beinen und aufgestütztem Oberkörper. Auf dem Leib befindet sich eine tellerartige Schale.
Chapúltepec	»Heuschreckenhügel«. Berg- und Waldstück am Rand von Tenochtitlán. Die Herrscher hatten dort Lustgärten. Heute größter Park von Mexico City.

Chávez, Carlos Mexikanischer Komponist (1899 - 1978).

chinampa (Sp) Anbauflächen in extrem flachen Uferteilen der Seenplatte im Hochtal von Mexiko. Wurden durch Drainage und Aufschüttung von Seeschlamm gewonnen. Lieferten drei bis vier Ernten im Jahr.

Chinanteken Volksgruppe im Norden des Bundesstaates Oaxaca.

Cholula Pilger- und Handelszentrum im Südosten des Hochtals von Mexiko. Die Hauptpyramide ist mit 70 Metern Höhe und 400 x 300 Metern Grundfläche die gewaltigste der Welt.

Cincalco »Kaninchen-Haus«. Sagenhafte Höhle am Berg von Chapúltepec. Eingang zum paradiesischen Königreich des letzten *Tolteken*-Herrschers *Huemac.*

Clavijero, Francisco de Mexikanischer Jesuit und Geschichtsschreiber (1731 - 1787).

Coatlicue »Die mit dem Schlangenrock«. Erdmutter und Göttin der weiblichen Fruchtbarkeit.

Colón, Cristóbal Spanischer Name für den Seefahrer Christoph Columbus (1451 - 1506).

concheros (Sp) Von *concha* (Muschel). Umgangsspr. für Tanzgruppen, die sich als Hüter des Azteken-Erbes verstehen.

Cortés, Hernán Spanischer Eroberer (1485 - 1547). Unterwarf die Azteken und zerstörte Tenochtitlán 1521.

Coyolxauhqui »Die, die mit Glocken bemalt ist«. Mondgöttin. Wurde von ihrem Halbbruder *Huitzilopochtli* getötet und zerstückelt. Meist mit Glocken an den Wangen dargestellt.

cuicacalli »Haus des Gesangs«. Musik-, Sing- und Tanzschule.

Ehécatl »Wind«. Windgott. Aspekt des Kulturbringers *Quetzalcóatl.*

grito (Sp) Kurzform für *Grito de Dolores.* Berühmte Parole des Pfarrers von Dolores, Miguel Hidalgo, am 16. September 1810 (u.a. »Tod den Spaniern!«). Mit ihr wurde der mexikanische Unabhängigkeitskrieg ausgelöst.

hacienda (Sp) Landgut.

Hidalgo, Miguel Mexikanischer Unabhängigkeitsheld (1753 - 1811). Von Spaniern erschossen.

Huasteken Maya-sprachige Volksgruppe in den Bundesstaaten Veracruz, Hidalgo, Tamaulipas und San Luis Potosí.

Huejotzingo	Stadt am Fuß der großen Vulkane im Osten des Hochtals von Mexiko. Traditioneller Feind der Azteken.
Huemac	Letzter Herrscher der *Tolteken*. Flüchtete 1063 nach Chapúltepec; angeblich erhängte er sich dort in einer Höhle.
huitlacoche	Dunkler Speisepilz, der auf Maisstauden wächst.
Huitzilopochtli	»Kolibri-Links«. Stammesgott der Azteken mit starken Kriegs- und Sonnen-Aspekten.
indígena	(Sp) »Einheimischer, Eingeborener«. Offizielle Bezeichnung für einen Indianer in Mexiko.
indigenismo	(Sp) Denkrichtung, die die indianischen Wurzeln Lateinamerikas betont.
indio	(Sp) Von den Spaniern eingeführte Bezeichnung für alle Einwohner der Neuen Welt, die sie anfangs für Indien hielten.
Iturbide, Agustín de	General der spanischen Kolonialtruppen, der zu den Unabhängigkeitskämpfern überlief (1783 - 1824). 1822 zum Kaiser von Mexiko gekrönt. 1823 zur Abdankung gezwungen. Von Soldaten erschossen.
Itzcóatl	4. Azteken-Herrscher. Regierungszeit 1426 - 1440. Begann großzügigen Neubau von Tenochtitlán. Gründer des Drei-Städte-Bundes, der zur Basis der Azteken-Macht wurde.
Juárez, Benito	Bislang einziger indianischer Präsident Mexikos (1806 - 1872). Entstammte dem Volk der *Zapoteken* im Bundesstaat Oaxaca.
maguey	Agavenart. Ihre Dornen wurden als Nadeln für Blutopfer verwendet, ihre Faser zur Papierherstellung.
mariachi	(Sp) Mexikanische Straßenmusikanten mit Gitarre, Trompete und Violine.
Masawa	Volksgruppe im Bundesstaat México.
Mestize	Bezeichnung für Mischlinge zwischen Europäern und Indianern.
Mexica	Eigenbezeichnung der Azteken.
mictlán	Die Unterwelt im Glauben der Azteken. Die Toten erreichen sie nach beschwerlicher Reise in Begleitung eines Hundes.
Mixteken	Volksgruppe in den Bundesstaaten Oaxaca und Puebla.
Moctezuma Ilhuicamina	»Unser zorniger Herr, der in den Himmel schießt«. 5. Azteken-Herrscher. Regierungszeit 1440 - 1468.

Moctezuma Xocoyotzin	»Unser zorniger Herr, der Jüngere«. 9. Azteken-Herrscher. Regierungszeit 1502 - 1520. Von Cortés gefangengenommen. Starb unter ungeklärten Umständen bei den ersten Kämpfen gegen die Spanier in Tenochtitlán.
mole	Soße aus Chilischoten, Erdnüssen und Kochschokolade. Es gibt schwarze, rote, grüne und gelbe Variationen.
náhuatl	Sprache der Azteken und anderer Völker in Zentralmexiko.
Nanahuatl	Gott der Zwillinge, Mißgeburten und des Ballspiels. Opferte sich auf einem Scheiterhaufen, um sich dadurch in die Sonne zu verwandeln.
Nezahualpilli	»Fastender Edler«. Herrscher von *Texcoco*. Regierungszeit 1472 - 1515.
Orozco, José Clemente	Mexikanischer Maler (1883 - 1949).
Otomí	Volksgruppe im Bundesstaat Hidalgo.
pochteca	Kaufleute, die den Fernhandel betrieben. Wichtige Informanten für die Azteken-Herrscher. Ihre Gefangennahme war häufiger Anlaß zu Kriegen.
pulque	Rauschgetränk aus dem fermentierten Saft der Agave. Noch heute unter der indianischen Landbevölkerung verbreitet. Der Genuß war bei den Azteken in der Regel nur den Alten erlaubt. Trunkenheit bei jungen Leuten wurde mit dem Tod bestraft.
quetzal	Vogel der Hochwälder Guatemalas und Südmexikos. Seine langen, grünen Schwanzfedern dienten als Schmuck der Adligen.
Quetzalcóatl	»Federschlange«. Gott des Planeten Venus, Patron des höheren Lernens und der Priester. Kulturbringer.
rancho	(Sp) Viehfarm
Rivera, Diego	Mexikanischer Maler (1886 - 1957).
Sahagún, Bernardino de	Spanischer Franziskanerpater (1500 - 1590). Seit 1529 Missionar in Mexiko. Seine zwölfbändige Chronik, erstellt zusammen mit jungen Indianern, ist die umfangreichste Darstellung der Azteken-Kultur.
Tecciztécatl	Gott, der sich auf einem Scheiterhaufen opferte, um sich dadurch in den Mond zu verwandeln.
telpochcalli	»Haus der jungen Männer«. Schule für Nichtadlige. Sie erlernten öffentliche Arbeiten, Disziplin und das Kriegshandwerk.
Tenochtitlán	Hauptstadt der Azteken. 1325 gegründet. Der Name setzt sich zusammen aus *tetl* (Stein) und *nochtli* (Feigenkaktus). In der Gründungssage der Azteken sitzt ein schlangenfressender Adler auf einem Kaktus, der aus einem Stein wächst; an dieser Stelle wurde die erste

Siedlung errichtet. Von ihrem Kern, einer kleinen Insel, breitete sich die Stadt auf neugewonnenem Land im Texcoco-See aus. 1521 durch die Spanier zerstört.

Teresa de Mier, Servando	Mexikanischer Dominikanerpater (1765 - 1827). Vorkämpfer der Unabhängigkeit. Wegen antispanischer Aktivitäten häufig verbannt, eingesperrt oder im Klostergewahrsam.
Texcoco	Stadt am Ostufer der Seenplatte im Hochtal von Mexiko. Mitglied des Drei-Städte-Bundes.
Tezcatlipoca	»Rauchender Spiegel«. Schutzgott der herrschenden Sippe von Tenochtitlán, allgegenwärtig und allwissend. Patron der Zauberer.
Tizoc	Azteken-Herrscher. Regierungszeit 1481 - 1486.
Tlacopan	Stadt am Texcoco-See, später durch einen Dammweg mit Tenochtitlán verbunden. Mitglied des Drei-Städte-Bundes.
Tlaloc	»Der, der sprießen läßt«. Gott des Regens. Dargestellt mit brillenähnlichen Augenumrandungen und rüsselförmiger Nase.
Tlatelolco	Stadt auf einer Insel im Texcoco-See. 1473 erobert und Tenochtitlán eingegliedert. Ihr Markt war der größte im Azteken-Reich.
tlatoani	»Derjenige, der spricht«. Titel der Azteken-Herrscher.
Tlaxcala	Fürstentum südöstlich von Tenochtitlán. Erzfeind der Azteken. Mit den Spaniern verbündet. Heute Bundesstaat.
Totonaken	Volksgruppe in den Bundesstaaten Puebla und Veracruz.
trajinera	(Sp) Bezeichnung der Kähne auf den Kanälen von Xochimilco.
Tula	Hauptstadt der *Tolteken*. Heute im Bundesstaat Hidalgo.
tzitzimé	Furchterregende Todesdämonen, die Vernichtung über die Menschen bringen.
Xochimilco	Stadt am Südrand der Seenplatte im Hochtal von Mexiko. Heute Teil von Mexico City.
Zapata, Emiliano	Mexikanischer Revolutionär (1879 - 1919). Entstammte dem Volk der *Zapoteken*. Kämpfte für Landreformen und wurde zum berühmtesten Führer indianischer Bauern. Von Soldaten ermordet.
Zapoteken	Volksgruppe im Bundesstaat Oaxaca. Kulturelle Blütezeit von 100 bis 800 n. Chr.

Maya

(Az) Aztekischer Ausdruck
(Sp) Spanischer Ausdruck

achiote (Az) Baumfrucht in einer stacheligen Schale. Ihre Körner werden solange gekocht, bis der Saft austritt. Er wird zum Färben verwendet.

ahau Titel für »Herrscher«.

Akinchob Mais-Gott der *Lakandonen*. Beschützer der Menschen und Felder.

Äkyantho Bei den *Lakandonen* Gott des Handels und der Fremden.

annatto Tropische Baumart. Trägt die *achiote*-Frucht.

atole (Az) Dickflüssiger Trank aus jungem Mais, zum Teil mit Honig gesüßt, mit Vanille oder Kakao abgeschmeckt. Der Mais wird zermahlen, in Wasser gelöst und gekocht.

balché Zeremonialtrunk der *Lakandonen* mit leicht berauschender Wirkung. In eine Lösung aus Wasser und Honig oder Zuckerrohrsaft wird Rinde des gleichnamigen Baumes eingelegt. Sie setzt den Gärungsprozeß in Gang.

Beleheb Tz'i »Neun Hund« (Name des Geburtstags laut *Quiché*-Kalender). Einer von zwei Herrschern in der Hauptstadt *K'umarcaaj*. Nach deren Eroberung 1524 von den Spaniern auf dem Scheiterhaufen verbrannt.

Cakchiquel Maya-Volk am Atitlán-See im Hochland von Guatemala. Lange Zeit Vasallen der *Quiché*. Rebellierten gegen den Herrscher *Kiqab* und kämpften auch nach dessen Tod um ihre Unabhängigkeit – bis zur Ankunft der Spanier.

Calakmul Ruinenstadt im Tiefland von Petén. Die letzte Inschrift datiert von 810.

Camalótz »Große Fledermaus«. Ungeheuer in der *Quiché*-Mythologie. Reißt Menschen den Kopf ab.

Chan-Bahlum Letzter großer Herrscher von Palenque. Regierungszeit 684 bis 702.

Chichén Itzá Ruinenstadt auf der Halbinsel Yucatán. Hier erlebte die Maya-Kultur, allerdings unter *Tolteken*-Einfluß, vom 10. bis 13. Jahrhundert eine Renaissance.

chilam balam Maya-Priester auf Yucatán, die Bücher mit Chroniken und Prophezeiungen verfaßten.

Chol Maya-sprachige Volksgruppe östlich von Palenque. Heute im mexikanischen Bundesstaat Chiapas.

copal Baumharz, zu Bällchen geformt. Räucherwerk für Zeremonien.

Copán Ruinenstadt im Westen von Honduras. Die letzte Inschrift datiert von 820.

Cotzbalám »Reißender Jaguar«. Ungeheuer in der *Quiché*-Mythologie. Verschlingt Menschenfleisch.

coyopa »Blitzen«. Zucken im Körper eines Wahrsagers, wenn er Botschaften erhält. Die Körperstelle und die Richtung der Bewegung sind wichtig für das Orakel.

cuilco Harz. Räucherwerk für Zeremonien.

Dios Mundo (Sp) »Gott der Erde«. Wird bei Zeremonien vom Schamanen angerufen.

Ferdinand II. (»der Katholische«) Spanischer König (1452 - 1516). Schuf durch die Vertreibung der letzten Mauren aus Granada (1492), und durch die Eroberungen von Neapel (1504) und Navarra (1512) die Grundlagen des spanischen Weltreiches. Machte die Inquisition 1478 zur staatlichen Einrichtung.

Gott K In der Wissenschaft gebräuchliche Bezeichnung für eine Gottheit der klassischen Maya-Zeit, halb Mensch, halb Reptil. Schutzherr des Adels und der Herrscher.

Gucumátz »Federschlange«. Einer von zwei Schöpfergöttern der *Quiché*. Er ist verwandt mit dem Gott *Quetzalcóatl* der *Tolteken* und Azteken – Beweis für Einflüsse aus Zentralmexiko.

guerrilleros In Guatemala operierten Anfang der 80er Jahre vier Untergrundbewegungen: die »Guerilla-Armee der Armen« (EGP), die »Rebellen-Streitmacht« (FAR), die »Bewaffnete Volksorganisation« (ORPA) und der bewaffnete Arm der kommunistischen »Partei der Arbeit« (PGT).

Hachäkyum »Unser wahrer Herr«. Schöpfer- und Hauptgott der *Lakandonen.*

Itsanohk'uh Herr des Hagels und der Kälte, der Seen und Alligatoren. Gott der *Lakandonen.*

Itzá Maya-Volk, das von der Küste Yucatans ins Landesinnere vorstieß. Ihre Hauptstadt wurde Chichén Itzá. Nach deren Niedergang zogen sie sich ins Petén-Gebiet zurück. Dort wurden sie erst 1697, als letzte Maya-Gruppe, von den Spaniern unterworfen.

Kanank'ax »Wächter des Waldes«. Waldgott der *Lakandonen*.

Kavek Bedeutendste *Quiché*-Sippe.

Kiqab Mächtigster *Quiché*-Herrscher. Regierungszeit 1425 - 1475.

K'umarcaaj Ruinenstätte bei Santa Cruz Quiché in Guatemala. Hauptstadt des *Quiché*-Reiches. 1524 von den Spaniern zerstört. Heute häufig »Utatlán« genannt (Übersetzung ins Náhuatl).

Mayapán Ruinenstadt auf Yucatán. Von den *Itzá* gegründet. Nach dem Niedergang von *Chichén Itzá* übernahm *Mayapán* die Vorherrschaft auf der Halbinsel. Bei einem Aufstand gegen die regierende Familie Cocom 1440 zerstört.

nauyaca (Az) Schlange mit tödlichem Biß.

ocote Harzreiche Kiefernart. Beliebtes Brennholz. Der Rauch wurde auch zum Schwarzfärben verwendet.

Oxib Keh »Drei Hirsch« (Name des Geburtstags laut *Quiché*-Kalender). Einer von zwei Herrschern in der Hauptstadt *K'umarcaaj*. Nach deren Eroberung 1524 von den Spaniern auf dem Scheiterhaufen verbrannt.

Pacal Herrscher von Palenque. Regierungszeit 617 - 683. Unter ihm und seinen Nachfolgern erreichte die Stadt ihre kulturelle Blüte.

Palenque Ruinenstadt im mexikanischen Bundesstaat Chiapas. Letzte Inschrift von 799.

Popol Vuh »Buch des Rates« über den Ursprung und die Götterwelt des *Quiché*-Volkes. Verfasser anonym. Übertragung aus der Hieroglyphen- in die lateinische Schrift um 1550. Ein Teil des Werkes blieb vor den Spaniern versteckt und ist bis heute verschollen.

Quiché Bedeutendes Maya-Volk im Hochland von Guatemala.

sapote (Az) Baumfrucht mit weißem oder dunkelviolettem Fleisch.

Seibal Ruinenstadt im Petén-Gebiet. Letzte Inschrift von 889.

tacaná Harz. Räucherwerk für Zeremonien.

Tayasal Hauptort des *Itzá*-Reiches im Petén, an einem See gelegen. 1697 von den Spaniern erobert.

Tecum Uman Legendärer Held des Widerstands der *Quiché* gegen die spanischen Eroberer. Angeblich führte er 172 000 Krieger zur Entscheidungsschlacht 1524 bei Llanos del Pinal und fiel durch das Schwert von Pedro de Alvarado.

Tepeu	(Az) Einer von zwei Schöpfergöttern der *Quiché.*
Tikal	Ruinenstadt im Petén. Vermutlich die größte aller Maya-Städte. Auf 15 Quadratkilometer Fläche standen mehr als 3 000 Gebäude. Letzte Inschrift von 869.
tohil	Bei den *Lakandonen* der geistliche Führer des Dorfes.
Tucumbalám	Tapir in der *Quiché*-Mythologie. Zermalmt Menschen.
Tzeltal	Maya-Volk im mexikanischen Bundesstaat Chiapas.
tz'ite	Baumart mit glänzenden, feuerroten Bohnen, deren Keimpunkt von einem tiefschwarzen Fleck umgeben ist. Die Hülsenfrüchte werden für die Wahrsagung benutzt.
Uxmal	Ruinenstadt auf der Halbinsel Yucatán. Letzte Inschrift von 907. Vermutlich aber erst um 1100 aufgegeben.
Xecotcovách	»Herrscher Eule«. Ungeheuer in der *Quiché*-Mythologie. Reißt Augen aus.
Ximénez, Francisco	Spanischer Dominikanerpater. Fand zwischen 1701 und 1703 Fragmente des *Popol Vuh* im Kloster von Chichicastenango. Fertigte die erste Spanisch-Übersetzung an.
Xmucané	»Untergehende Sonne«. Zauberer in der *Quiché*-Mythologie.
Xpiacoc	»Aufgehende Sonne«. Zauberer in der *Quiché*-Mythologie.
Yaxchilán	Ruinenstadt am Rio Usumacinta in Mexiko. Letzte Inschrift von 808. Bis vor wenigen Jahrzehnten hielten die *Lakandonen* dort noch Zeremonien ab.

Inka

(in Klammer: spanische Schreibweise)
(Sp) Spanischer Ausdruck

Aimara (Aymara) Indianervolk im Gebiet um den Titicaca-See. Es spricht nicht das *Ketschua*, sondern eine eigene Sprache.

allpaka (alpaca) Langhaariges Haustier in den Anden. Wird häufig in großen Herden gehalten, vor allem zur Gewinnung von Wolle.

amaru *Ketschua*-Bezeichnung für die Anakonda-Schlange. In der Mythologie aber auch ein unterirdischer Gott, der aus dem See in Gestalt eines Stieres aufsteigt.

Apasa, Julián *Aimara*-Rebellenführer im Vizekönigreich Peru. Belagerte 1781 La Paz für 109 Tage. 1783 hingerichtet.

apiri Bergmann, der das gehauene Erz abtransportiert.

apu »Herr«. Hoher militärischer oder amtlicher Titel zur Inka-Zeit. Noch heute werden Berge damit bezeichnet, die als Schutzpatrone des Dorfes gelten.

Apurimaq (Apurimac) Fluß im Hochland von Peru, von den Indianern besonders verehrt. Die berühmte Hängebrücke über ihn wurde noch bis Ende des 19. Jahrhunderts benutzt.

aqha Ritueller Maistrunk.

Atawalpa (Atahualpa) 13. Inka-Herrscher. Erklärte sich 1530, obwohl nicht thronberechtigt, zum Regenten. 1532 Alleinherrscher nach Gefangennahme seines Widersachers *Waskar*, dann selber von den Spaniern gefangengenommen. Trotz Übergabe eines großen Goldschatzes als Lösegeld ermordet.

Avendaño, Hernando de Spanischer Missionar (1577 - 1655). Kirchlicher *visitador* von 1617 bis 1623. Schrieb Predigten gegen den »Aberglauben« der Indianer. Versprach darin aber Absolution, wenn die alten »Götzenbilder« zerstört würden.

Avila, Francisco de Spanischer Jesuit (1573 - 1647). Von 1610 bis 1617 erster kirchlicher *visitador* im Vizekönigreich Peru. Verfaßte Schriften über die religiösen Kulte der Indianer.

awki Berggeist. Wird bei Heilzeremonien angerufen. Früher auch Titel der Herrschersöhne und hohen Adligen bis zur Heirat.

ayllu Sippe, Gruppe von Arbeitskräften. Basiseinheit der Inka-Gesellschaft. Die Mitglieder bewirtschafteten das Land in Gemeinschaftsarbeit.

ayni Gegenseitige Hilfe bei der Landarbeit.

bandurria (Sp) Gitarrenähnliches Instrument mit zwölf Saiten: sechs aus reinem Darm und sechs mit Silberhülle.

barretero (Sp) Hauer im Bergbau.

Bolívar, Simón Lateinamerikanischer Unabhängigkeitsheld (1783 - 1830). Kämpfte gegen Spaniens Kolonialherrschaft. 1819 Präsident von Venezuela, das sich mit Neu-Granada zur Republik Groß-Kolumbien vereinigte. 1827 Präsident von Peru, das sich ebenfalls anschloß. 1830, nach dem Scheitern der Union, zurückgetreten.

Caranqui Völkergruppe im Gebiet des heutigen Kolumbien. Vermutlich Föderation verschiedener Fürstentümer, die sich um Kleinstädte oder Festungen gebildet hatten. Führte 1515 einen Aufstand gegen die Inka-Herrschaft an.

casa de moneda Münzprägeanstalt in Potosí. Heute Museum.

Catari, Tomás Rebellenführer im Vizekönigreich Peru. 1781 hingerichtet.

chaski (chasqui) Meldeläufer zur Inka-Zeit. Gab Nachrichten per Staffette weiter.

Chawpiñamuq (Chaupiñamocc) Lokaler Gott der Indianer in der Provinz Huarochirí.

chicha Leicht berauschendes Getränk aus Wasser und fermentiertem Mais.

chuño Gefriergetrocknete Kartoffel. Viele Jahre haltbar.

corregidor (Sp) Hochrangiger spanischer Kolonialbeamter. Der Posten wurde gegen Geld vergeben.

Cusco Hauptstadt des Inka-Reiches auf 3 400 Metern Höhe. Ende des 12. Jahrhunderts gegründet. Zählte kaum mehr als 10 000 Einwohner. Die meisten Menschen, die in ihr arbeiteten, lebten in Satellitenorten, die von Cusco durch einen breiten, offensichtlich unbebauten Streifen getrennt waren. 1533 von den Spaniern besetzt. Heute Hauptstadt des gleichnamigen Departments in Peru. 320 000 Einwohner.

despacho (Sp) Opferpäckchen mit verschiedenen Inhalten, je nach Zweck der Zeremonie.

estancia (Sp) Farm.

Garcilaso de la Vega	Chronist der spanischen Kolonialzeit (1539 - 1616). Sohn eines spanischen Hauptmanns und einer Enkelin des Inka-Herrschers *Thupaq Yupanki*. In seinen Schriften rühmte er sowohl die Leistungen der Inka als auch die der Eroberer.
Guzmán, Abimael	Führer der peruanischen Guerilla-Organisation *Sendero Luminoso*. Geb. 1934. Philosophieprofessor an der Universität Ayacucho. Seit 1976 im Untergrund.
hunu kurakaq (hono curaca)	Chef eines Bezirks im Inka-Reich. Hatte im Durchschnitt 10 000 Steuerpflichtige unter sich.
Inka Ruqa (Inca Roca)	6. Inka-Herrscher. Regierte im 14. Jahrhundert. Er führt als erster den Titel »Inka« im Namen. Nach ihm erbaute jeder Regent seinen eigenen Palast.
Inti	»Sonne«, Hauptgott der Inka. Die Inka-Herrscher galten als seine direkten Abkömmlinge. Wurde als Sonne mit menschlichem Gesicht dargestellt.
Karl I. (Carlos I)	Herrscher eines Weltreiches, »in dem die Sonne nicht unterging« (1500 - 1558). 1516 spanischer König. 1530 als Karl V. Kaiser des Heiligen Römischen Reiches Deutscher Nation. 1556 Abdankung.
Ketschua (Quechua)	Staatssprache im Inka-Reich. Wird noch heute von etwa zehn Millionen Menschen im Andenraum gesprochen.
khipu (quipu)	Knotenschnur der Inka. Mit ihrer Hilfe wurden wichtige Daten festgehalten. Meldeläufer brachten sie zum Adressaten. Nur wenige Kundige konnten sie entschlüsseln.
kina-kina (quina-quina)	Baumart. Die Rinde (Chinarinde) enthält das Alkaloid Chinin. Es wurde 1820 erstmals isoliert und dient seitdem als Mittel, um Malariafieber zu senken.
kinoa (quinoa)	Samenpflanze der Gänsefußfamilie.
kolka (colca)	Zur Inka-Zeit Silos für die Lagerung der Ernte.
kurakaq (curaca)	Dorfvorsteher. Er verteilte das Land zur Bebauung an die Sippen. Auch die Anführer anderer Volksgruppen wurden von den Inka so bezeichnet.

Las Casas, Bartolomé de	Spanischer Dominikanerpater (1474 - 1566). Kämpfte für die Rechte der Indianer. Setzte 1542 die »Neuen Gesetze« (u. a. Verbot der Sklaverei) durch. 1543 Bischof von Chiapas. 1551 Berater am Königshof.
lejía	Graue Kaumasse aus Asche, Kartoffel und gemahlenen *quinoa*-Körnern.
llawt'u (llauto)	Stirnbinde der Adligen zur Inka-Zeit.
Lluqi Yupanki (Lloque Yupanqui)	3. Inka-Herrscher. Regierte im 12./13. Jahrhundert.
Lobo Guerrero, Bartolomé	Erzbischof von Lima (1546 - 1622).
mallki (malqui)	Inka-Mumien. Sie wurden in Hockstellung an die Rückwand von Felsnischen gesetzt.
Manqu Inka (Manco Inca)	Von den Spaniern 1533 als Marionettenherrscher eingesetzt. Rebellierte 1536 gegen die Besatzer. Belagerte erfolglos Cusco und das neugegründete Lima. Zog sich in das abgelegene Vilcabamba zurück und gründete dort das »Neo-Inkaische Reich«. Starb 1545.
Manqu Qhapaq (Manco Capac)	1. Inka-Herrscher. Nach der Legende tauchte er aus dem Titicaca-See auf, marschierte mit Gefolge bis zum Berg *Wanacawri* und gründete Cusco an dessen Fuß. Starb um 1150.
Maqawisa (Macahuisa)	Sohn des Gottes *Pariacaca.*
Mayta Qhapaq (Mayta Capac)	4. Inka-Herrscher. Regierte im 13. Jahrhundert.
misti-kuna	Bezeichnung der Indianer für *Mestizen* in Peru.
mit'a (mita)	Arbeitspflicht für öffentliche Projekte zur Inka-Zeit. Die Spanier führten sie unter dem gleichen Namen wieder ein erst auf Landgütern, dann in den Gold- und Silberbergwerken. 1825 von Simón Bolívar abgeschafft.
mitayo	Zwangsarbeiter in der spanischen Kolonialzeit.
mitma (mitima)	Zwangsumgesiedelte Kolonisten. Um eroberte Gebiete fest an das Reich anzubinden, ließen die Inka-Herrscher Tausende von Familien aus dem Kernland und den neuen Ländern den Wohnort tauschen.
Nationalistisch-Revolutionäre Bewegung (Movimiento Nacionalista Revolucionario, Abk. MNR)	Bolivianische Partei. 1940 gegründet. Nationalistische und sozialistische Strömungen. Nach dem Scheitern der »bolivianischen Revolution« zahlreiche Flügelkämpfe. Heute wieder stärkste Partei im Parlament.

ñust'a	Junge Frauen, die abgeschlossen von der Öffentlichkeit lebten. Sie waren teils Köchinnen, teils Konkubinen für die Inka-Adligen, versahen Priesterdienste und hüteten die Mumien verstorbener Herrscher.
ofrenda	(Sp) Gabe für die Verstorbenen am »Tag der Toten« (2. November). Indianische Tradition mit vorchristlichem Ursprung. Schon nachts zuvor wird der Geist eines Toten »bewirtet«, weil er nach dem Glauben der Indianer die Angehörigen besucht.
Pachakutiq Inka Yupanki (Pachacutec Inca Yupanqui)	9. Inka-Herrscher. Regierungszeit 1438 - 1471. Ihm gelangen große Eroberungen.
pacha-mama	»Mutter Erde«. Erdgöttin. Wird von den Andenbauern noch heute verehrt.
palliri	Bergleute (meist Frauen und Kinder), die Erz mit Hämmern zerklopfen, um Edelmetalle zu finden.
pankunku (panconco)	Rituelle Schlacht gegen das Böse während des *sitwa*-Festes in Cusco.
Pariakaka (Pariacaca)	Lokaler Gott der Indianer in der Provinz Huarochirí. Als »Herrn des Wassers« wurden ihm Lamas geopfert.
Paz Estenssoro, Victor	Bolivianischer Staatsmann (geb. 1907). 1952 Präsident. Verstaatlichte die Zinnminen. 1964 vom Militär gestürzt. Bemüht sich seitdem um ein politisches Comeback.
Philipp II. (Felipe II)	Spanischer König. Regierungszeit 1556 - 1598.
Philipp III. (Felipe III)	Spanischer König. Regierungszeit 1598 - 1621.
Pizarro, Francisco	Spanischer Eroberer (1475 - 1541). Zog 1533 in Cusco ein.
pututu (pototo)	Altes Instrument aus der Schale einer Meeresschnecke.
Qhapaq Ñan (Capac Ñan)	»Straße des Königs«. Wichtigste Inka-Straße, 5 200 Kilometer lang. Sie verlief von der Süd- bis zur Nordgrenze des Reiches.
Qhapaq Yupanki (Capac Yupanqui)	5. Inka-Herrscher. Regierte im 13. Jahrhundert.
Qurikancha (Coricancha)	Haupttempel in Cusco. Hier stand die goldene Figur des Schöpfergottes *Wiraqucha*, in deren Innerem die Asche der Herzen von verstorbenen Inka-Herrschern aufbewahrt wurde.
reparto	(Sp) Handelsmonopol spanischer Kolonialbeamten, 1751 legalisiert. Sie konnten dadurch die Preise nach Belieben diktieren. Kaufzwang für die Indianer. Wichtiger Grund für die Aufstände von 1780/81.

ronda campesina	(Sp) Selbstschutzpatrouillen in peruanischen Dörfern. Teils vom Militär, teils von Bauernvereinigungen organisiert.
runa-kuna	*Ketschua*-Bezeichnung für Andenbewohner, die sich als Nachfahren der Inka verstehen.
Saksaywaman (Sacsayhuaman)	Größte Festung des Inka-Reiches, oberhalb von Cusco.
San Martín, José de	Lateinamerikanischer Unabhängigkeitsheld (1778 - 1850). Kämpfte als General mit seinen Truppen gegen Spanien. Erreichte 1817 die Selbständigkeit Chiles. Zog 1821 als Befreier und »Protektor« Perus in Lima ein.
sanqu (sanco)	Brotteig, dem Lamablut beigemischt wurde.
Sayri Thupaq (Sayri Tupac)	Zweiter Herrscher im Inka-Restreich von Vilcabamba. Regierungszeit 1545 - 1558. Führte Versöhnungsverhandlungen mit den Spaniern. Ließ sich am Ende seiner Herrschaft taufen. Starb 1560.
Sinchi Ruqa (Sinchi Roca)	2. Inka-Herrscher. Zu seiner Zeit umfaßte das Reich nur die Region von Cusco.
sitwa (situa)	Zur Inka-Zeit das Fest der Reinigung vom Bösen. Es wurde jedes Jahr im September gefeiert.
susto	(Sp) Traumatischer Schock. Im Glauben vieler Andenbewohner wird er dadurch ausgelöst, daß die Erde dem Menschen die Seele raubt.
tampu (tambo)	Rasthäuser an den Inka-Straßen, jeweils im Abstand einer Tagesreise errichtet.
Tawantin-suyu (Tahuantin-suyu)	»Reich der vier Viertel«. Offizieller Name des Inka-Reiches, das in vier Gebiete aufgeteilt war.
Thupaq Amaru I (Tupac Amaru I)	Vierter und letzter Herrscher im Inka-Restreich von Vilcabamba. Regierungszeit 1571 - 1572. Von den Spaniern gefangengenommen und in Cusco enthauptet.
Thupaq Amaru II (Tupac Amaru II)	Berühmtester Rebellenführer im Vizekönigreich Peru (1738 - 1781). Abkömmling des letzten Inka-Herrschers. 1781 hingerichtet. Nach ihm benannten sich im 20. Jahrhundert zwei Guerillaorganisationen: die *Tupamaros* in Uruguay (gegründet 1963) und die Gruppe *Movimiento Revolucionario Tupac Amaru* in Peru (gegründet 1984).

Thupaq Inka Yupanki (Tupac Inca Yupanqui)	10. Inka-Herrscher. Regierungszeit 1471 - 1493. Ihm gelangen die größten Eroberungen.
Titu Kusi Yupanki (Tito Cusi Yupanqui)	Dritter Herrscher im Inka-Restreich von Vilcabamba. Regierungszeit 1558 - 1571. Kämpfte gegen die spanischen Besatzer. Erlaubte trotzdem Missionaren den Zutritt zu seinem Gebiet. Ließ sich 1568 taufen.
Toledo, Francisco de	Spanischer Vizekönig von Peru. Regierungszeit 1569 - 1581. Führte 1570 die Inquisition ein.
usnu (usno)	Erhöhte Plattform auf dem Hauptplatz von Cusco.
Velasco Alvarado, Juan	Peruanischer General (1910 - 1977). Führte die »Revolutionäre Regierung der Streitkräfte«, die 1968 nach einem Putsch die Macht übernahm. 1975 abgelöst.
Vilcabamba	Schwer zugängliche Region in den Anden nordwestlich von Cusco. Letzte Inka-Bastion nach Ankunft der Konquistadoren. 1572 von den Spaniern erobert.
visitador	(Sp) »Inspektor«. Aufsichtsbeamte für die Priester auf dem Lande. Leiteten Kampagnen gegen die »Götzen« und »Götzenpriester« der Indianer.
waka (huaca)	Gegenstände und Lebewesen mit übernatürlichen Kräften. Von den Indianern als Schutzpatrone verehrt. Heute Bezeichnung für Objekte aus vorspanischer Zeit (Pyramiden, Gräber, Tongefäße etc.)
Waman Puma de Ayala, Felipe (Huamán Poma de Ayala, Felipe)	Chronist der spanischen Kolonialzeit (1526 - 1631). Regierungsbeamter indianischer Abstammung, wegen Aufsässigkeit entlassen. Verfaßte ein Werk von mehr als 1000 Seiten über das Leben der Inka vor und nach Ankunft der Spanier. Es wurde erst 1908 in der Bibliothek der Universität Kopenhagen entdeckt und ist bedeutend vor allem wegen seiner 397 Zeichnungen.
Wanacawri (Huanacauri)	Berg bei Cusco. Nach dem Glauben der Inka stand hier der zu Stein gewordene Bruder des Reichsgründers *Manqu Qhapaq*. Die Figur wurde zu Festen in die Stadt getragen und öfter auch bei Feldzügen mitgeführt.
wanu (guano)	Dünger aus Exkrementen, Federn und Kadavern von Seevögeln auf Inseln vor der Küste. Die Inka verwendeten ihn für den Ackerbau.

Waskar *(Huáscar)*	12. Inka-Herrscher. Kämpfte gegen seinen Halbbruder *Atawalpa* um die Macht. 1532 von dessen Truppen gefangengenommen, 1533 auf Befehl von *Atawalpa* erdrosselt. Sein Tod war für die Spanier einer der Vorwände, ihrerseits *Atawalpa* hinzurichten.
Wayna Qhapaq *(Huayna Capac)*	11. Inka-Herrscher. Regierungszeit 1493 - 1527. Unter ihm hatte das Reich seine größte Ausdehnung.
wayra *(huayra)*	Schmelzöfen der Indianer für die Gewinnung von Kupfer, Zinn, Silber und Gold. Nach Ankunft der Spanier durch Einführung des Amalgam-Verfahrens unrentabel geworden.
Wiraqucha *(Viracocha)*	»Meeresschaum«. Schöpfergott der Inka. Nach der Legende befahl er der Sonne, dem Mond und den Sternen, sich zu einer Insel im Titicaca-See zu begeben, um von dort zum Himmel aufzusteigen.
Wiraqucha Inka *(Viracocha Inca)*	8. Inka-Herrscher. Nannte sich nach dem Schöpfergott. Regierte im 14./15. Jahrhundert. Setzte die Eroberungen seines Vaters fort.
Yawar Waqaq *(Yahuar Huacac)*	7. Inka-Herrscher. Regierte im 14. Jahrhundert. Begann mit den Eroberungen.

Zeittafel

Amerika

1492
Landung von Christoph Columbus auf der Insel Guanahani (heute: Bahamas). Auf seiner ersten Reise nach Westen glaubt er, den Seeweg nach Indien gefunden zu haben.

1493
Herrschaftsantritt von Wayna Qhapaq. Unter ihm erreicht das Inka-Reich seine größte Ausdehnung.

Zweite Reise von Columbus. Er gründet die erste feste Niederlassung auf Hispaniola.

1494
Vertrag von Tordesillas. Spanien und Portugal legen ihre Einflußsphären im Westen fest.

1498
Dritte Reise von Columbus. An der Küste Venezuelas betritt er erstmals das amerikanische Festland.

1499
Reise von Amerigo Vespucci entlang der Nordküste Südamerikas. Er wird zum Namensgeber des Kontinents.

1502
Herrschaftsantritt von Moctezuma II. Er wird der letzte unumschränkte Azteken-Herrscher.

1505
Beginn des Sklavenhandels über den Atlantik. Eingeborene werden von Afrikas Westküste verschleppt.

1506
Tod von Columbus. Er ist noch immer überzeugt, die Westroute nach Indien entdeckt zu haben.

Europa

1492
Eroberung von Granada. Sie bedeutet das Ende der Mauren-Herrschaft in Spanien.

1498
Entdeckung des Seewegs nach Indien durch Vasco da Gama. Als erste europäische Macht beginnt Portugal mit der Kolonisierung Asiens.

Amerika

1519
Landung von Hernán Cortés in Mexiko. Sieben Monate später zieht er in der Azteken-Hauptstadt Tenochtitlán ein.

Tod von Moctezuma II. Er stirbt während blutiger Kämpfe mit den Spaniern.

1521
Eroberung von Tenochtitlán. Der letzte Azteken-Führer Cuauhtémoc wird gefangengenommen.

1524
Sieg der Spanier über die Hochland-Mayas. K'umarcaaj, die Hauptstadt des Quiché-Reiches, wird zerstört.

Ankunft der ersten Franziskaner in den neuen Kolonien. Christliche Orden beginnen die Missionierung der Indianer.

1525
Hinrichtung von Cuauhtémoc durch Cortés. Zuvor hatten ihn die Spanier gefoltert, um den Verbleib von Goldschätzen zu erfahren.

1532
Thronstreitigkeiten zwischen den Inka-Halbbrüdern Waskar und Atawalpa. Francisco Pizarro landet an der Küste Perus.

1533
Ermordung von Waskar und Atawalpa durch die Spanier. Letzterer wird trotz Zahlung von viel Gold als Lösegeld erdrosselt.

Europa

1517
95 Thesen von Martin Luther in Wittenberg. Mit seinem Protest gegen den Ablaßhandel beginnt die Reformation.

1519
Wahl Karl V. zum deutschen Kaiser. Er ist zugleich König von Spanien, in dessen Reich »die Sonne nie untergeht«.

1521
Prager Manifest. Der evangelische Theologe Thomas Müntzer fordert die Verwirklichung des Reiches Gottes auf Erden.

1525
Deutsche Bauernkriege. In ihrem Manifest der »Zwölf Artikel« wenden sich die Aufständischen gegen die Grundherren und werden zur ersten politischen Massenbewegung in Deutschland.

Amerika

1534
Eroberung der Inka-Hauptstadt Cusco. Zehntausende von Indianern flüchten in die Berge und in den Urwald.

1535
Gründung des Vizekönigreiches Neuspanien. Das zerstörte Tenochtitlán wird als Hauptstadt México neu aufgebaut.

1536
Einführung der »encomienda«. Spanische Landbesitzer in den neuen Kolonien erhalten Indianer zugeteilt, die sie als Arbeitskräfte ausnutzen.

Gründung des Vizekönigreiches Peru.

1542
Verbot der Sklaverei. Die Gesetze aber werden nur zum Teil beachtet.

1545
Entdeckung großer Silbervorkommen in Potosí. In wenigen Jahrzehnten wächst der Ort zur größten Stadt des Kontinents.

1546
Unterwerfung der letzten beiden Maya-Gebiete Uaymil und Chetumal auf Yucatán. Die ganze Halbinsel ist jetzt unter spanischer Herrschaft.

1563
Entdeckung von Quecksilbervorkommen in Huancavélica. Ein neues Scheideverfahren verbessert die Silbergewinnung.

Europa

1555
Augsburger Religionsfrieden. Der Krieg zwischen Protestanten und Katholiken endet mit der Anerkennung der Lutheraner.

1562
Hugenottenkriege in Frankreich. Die religiösen Auseinandersetzungen haben auf mehrere Staaten übergegriffen.

Amerika

1571
Einführung der Inquisition in Amerika. Einheimische «Götzenpriester« werden verfolgt.

1572
Eroberung des Rest-Inkareiches von Vilcabamba. Der letzte Herrscher Tupac Amaru wird in Cusco enthauptet.

1573
Einführung der Zwangsarbeit für Potosí. Indianer aus 14 Provinzen müssen in den Minen arbeiten.

1620
Landung der »Mayflower« in Nordamerika. Die erste dauerhafte englische Kolonie wird gegründet.

1630
Eroberungen der Holländer. Sie nehmen nördliche Teile Brasiliens sowie die Inseln Tobago und Curacao in Besitz.

Europa

1571
Seesieg über die Türken bei Lepanto. Die Spanier sichern sich die Vorherrschaft im westlichen Mittelmeer.

1572
Abfall der Niederlande. Spaniens König Philipp II. finanziert den Krieg gegen die Unabhängigkeitsbewegung mit Silberimporten aus den Kolonien.

1580
Besetzung Portugals durch spanische Truppen. Für 60 Jahre unterstehen die beiden wichtigsten Kolonialreiche der Herrschaft desselben Königs.

1588
Niederlage der spanischen Armada im Ärmelkanal. Es beginnt der Aufstieg Englands zur Seemacht.

1618
Prager Fenstersturz. Dem Dreißigjährigen Krieg fällt etwa ein Drittel der deutschen Bevölkerung zum Opfer.

1641
Hinrichtung des englischen Königsberaters Earl of Strafford. Das Herrscherhaus stößt auf wachsenden Widerstand der Untertanen.

Amerika

1655
Eroberung Jamaicas durch die Engländer. Sie treiben einen florierenden Schmuggelhandel mit den spanischen Kolonialgebieten.

1697
Sieg der Spanier über die Itzá bei Tayasal. Das letzte Maya-Restreich wird erobert.

1739
Gründung des Vizekönigreiches Neugranada. Es umfaßt den Nordwestteil von Südamerika.

1775
Aufstand der weißen Siedler in Nordamerika gegen die englische Kolonialherrschaft. Ihr militärischer Führer wird George Washington.

Europa

1661
Thronbesteigung des »Sonnenkönigs« Ludwig XIV. Das absolutistische Frankreich steigt zur neuen Hegemonialmacht in Europa auf.

1683
Sieg über die Türken bei Wien. Er wird in Mitteleuropa als »Rettung des Abendlandes« gefeiert.

1688
»Glorious Revolution« in England. Das Parlament siegt über den Absolutismus.

1701
Spanischer Erbfolgekrieg. Das Land fällt ans Herrscherhaus der Bourbonen.

1763
Frieden von Paris. Der Sieg im Siebenjährigen Krieg sichert England die Vormacht in Übersee.

1765
Verbesserung der Dampfmaschine durch James Watt. Die Industrielle Revolution beginnt.

Amerika

1776
Unabhängigkeitserklärung der »Vereinigten Staaten von Amerika«. In ihnen haben sich 13 Gründerstaaten zusammengeschlossen.

Gründung des Vizekönigreiches Rio de la Plata. Es umfaßt das Gebiet der heutigen Staaten Argentinien, Bolivien, Paraguay und Uruguay.

1780
Indianeraufstand in Peru unter Führung von Tupac Amaru. Er erklärt Sklaverei, Zwangsarbeit und »corregidores« für abgeschafft.

1781
Gefangennahme von Tupac Amaru. Er wird in Cusco öffentlich hingerichtet.

1783
Kapitulation Englands in Nordamerika. Die Krone erkennt die Unabhängigkeit der USA an.

1789
George Washington wird zum ersten Präsidenten der USA gewählt. Die Weißen dehnen ihr Siedlungsgebiet weiter nach Westen aus.

1791
Sklavenaufstand in Haiti. Unter dem Schwarzenführer Toussaint Louverture werden britische und spanische Invasionen zurückgeschlagen.

Europa

1789
Sturm auf die Bastille. In der französischen Revolution werden die Menschen- und Bürgerrechte verkündet.

1799
Staatsstreich in Frankreich. Napoleon wird Alleinherrscher.

1804
Einführung des »Code Civil« durch Napoleon. Das bürgerliche Gesetzbuch beseitigt die Vorrechte der Stände.

1806
Auflösung des »Heiligen Römischen Reiches Deutscher Nationen«. Ein Teil der Territorien unterstellt sich der Schutzherrschaft Napoleons.

Amerika

1810
Beginn der Unabhängigkeitsbewegung. In Buenos Aires wird der Vizekönig abgesetzt, in Mexiko führt Miguel Hidalgo einen stark indianisch geprägten Aufstand an.

1811
Unabhängigkeitserklärung von Venezuela und Paraguay. Die Bewegung breitet sich aus.

1812
Liberale Verfassung für Spanien. Die neue »Konstitution von Cádiz« schließt alle Kolonialgebiete ein.

Europa

1808
Zusammenbruch der spanischen Monarchie. Auf der iberischen Halbinsel beginnt ein Guerillakrieg gegen die französischen Besatzer.

1813
Völkerschlacht bei Leipzig. Deutschland befreit sich unter Führung Preußens von der napoleonischen Herrschaft.

1814
Niederlage Napoleons in der Schlacht von Waterloo. Er wird zuerst nach Elba, später auf die Insel St. Helena verbannt.

Rückkehr Ferdinands VII. nach Spanien. Er bemüht sich um die Wiederherstellung der absolutistischen Ordnung.

1815
Wiener Kongreß. Europa erhält eine neue Friedensordnung.

»Heilige Allianz«. Die »christlichen Mächte« Preußen, Österreich und Rußland wollen zu vorrevolutionären Verhältnissen zurückkehren.

Amerika

1816
Kongreß von Tucumán. Er erklärt die Unabhängigkeit der »Vereinigten Staaten von Südamerika«.

1817
Unabhängigkeit Chiles. Die Anhänger der spanischen Krone verlieren immer mehr an Boden.

1819
Einzug der Truppen Bolívars in Bogotá. Er wird zum Präsidenten des neuen Staates Groß-Kolumbien gewählt.

1821
Unabhängigkeit Mexikos. Spanien verliert seine wichtigste Kolonie.

1822
Unabhängigkeitserklärung Brasiliens. Der bislang portugiesische Regent, Kronzprinz Peter, wird zum konstitutionellen Kaiser Peter I. ausgerufen.

1823
Ausrufung der »Republik der Vereinigten Provinzen Zentralamerikas«. Guatemala, El Salvador, Nicaragua und Costa Rica lösen sich von Mexiko.

Monroe-Doktrin. Die US-Regierung warnt vor europäischen Übergriffen auf Amerika.

1824
Niederlage Spaniens in der Schlacht von Ayacucho. Sie bedeutet die Unabhängigkeit Perus und den Verlust aller Kolonien in Südamerika.

Europa

1820
Revolte von General Riego in Spanien. Das Land kehrt für drei Jahre zur liberalen Verfassung zurück.

Amerika

1825
Anerkennung Brasiliens durch Portugal. Die Einwanderung von Europäern wird gefördert, die Wirtschaft auf Kaffeeanbau umgestellt.

Unabhängigkeit Boliviens. Die ersten Jahre sind, wie in fast allen neuen Ländern, geprägt durch innenpolitische Wirren.

1830
Auflösung Groß-Kolumbiens. Als neue Staaten entstehen Venezuela, Ecuador und Kolumbien.

1835
Aufstand der Angloamerikaner in Texas. Mexikanische Truppen versuchen erfolglos, ihn zu unterdrücken.

1845
Anschluß von Texas an die USA. Er führt zum »Mexikanischen Krieg«.

1848
Abtretung von Texas, Kalifornien und Neu-Mexiko an die USA. Mexiko verliert die Hälfte seines Territoriums.

1861
Sezessionskrieg in den USA. Elf Südstaaten schließen sich gegen die Nordstaaten zusammen.

Europa

1829
Julirevolution in Frankreich. Ganz Europa wird von Freiheitsbewegungen erfaßt.

1834
Gründung des Zollvereins. Deutschland wird zu einer wirtschaftlichen Einheit.

1848
Revolutionen in Frankreich, Deutschland und Italien. Karl Marx und Friedrich Engels veröffentlichen das Kommunistische Manifest.

1862
Otto von Bismarck Ministerpräsident. Preußen wird zur führenden Macht in Mitteleuropa.

Amerika

1865
Niederlage der Südstaaten. Der Krieg hat 600 000 Menschenleben gefordert.

1876
Beginn der »Entwicklungsdiktatur« von Porfirio Díaz. Er will Mexiko mit Hilfe ausländischen Kapitals industrialisieren.

1883
Niederlage Perus und Boliviens im »Salpeterkrieg«. Chile gewinnt die Hafenstädte Arica und Antofagasta.

1888
Verbot der Sklaverei in Brasilien. Nach mehr als 350 Jahren hat der transatlantische Menschenhandel ein Ende.

1898
Niederlage Spaniens im Krieg gegen die USA. Mit der Unabhängigkeit Kubas und Puerto Ricos gehen die letzten Kolonien in Amerika verloren.

Europa

1870
Deutsch-französischer Krieg. Die gemeinsamen Siege der Verbündeten über Frankreich begünstigen die deutsche Einheit.

1871
Ausrufung des Zweiten Deutschen Kaiserreiches im Spiegelsaal von Versailles. Bismarck wird Reichskanzler.

1878
Sozialistengesetze in Deutschland. Die Aktivitäten der Arbeiterbewegung sollen unterdrückt werden.

1884
Berliner Afrikakonferenz. Der schwarze Kontinent wird unter den europäischen Mächten aufgeteilt.

Amerika

1899
Gründung der »United Fruit Company«. Sie erwirbt für den Bananenanbau große Ländereien in Mittelamerika.

1903
Abspaltung Panamas von Kolumbien. Mit den USA wird ein Vertrag über den Bau eines Kanals geschlossen.

Gründung der Ford-Werke in den USA. Fließband- und Massenproduktion leiten eine neue Phase in der Entwicklung des Kapitalismus ein.

1910
Ausbruch der mexikanischen Revolution. Emiliano Zapata und Pancho Villa werden zu Symbolfiguren einer Massenerhebung.

1912
Besetzung Nicaraguas durch die USA. Das Land steht für Jahre unter Finanz- und Militärkontrolle Washingtons.

1914
Öffnung des Panamakanals. In 18 Jahren Bauzeit sind 11 000 Arbeitskräfte gestorben.

1915
Besetzung Haitis durch die USA. Sie dauert 19 Jahre.

1916
Besetzung der Dominikanischen Republik durch die USA. Sie dauert acht Jahre.

Europa

1914
Attentat von Sarajewo. Der Erste Weltkrieg fordert mehr als acht Millionen Tote und 21 Millionen Verwundete.

1917
Oktoberrevolution in Rußland. Nach dem Eintritt der USA in den Krieg beherrscht ein neuer Gegensatz die Welt.

1918
Kapitulation von Deutschland und Österreich. In beiden Ländern bricht die Monarchie zusammen.

Amerika

1927
Erhebung unter Agusto César Sandino in Nicaragua. Sie richtet sich gegen die erneute US-Besetzung.

1929
«Schwarzer Freitag« an der New Yorker Börse. Die Weltwirtschaftskrise erschüttert viele Länder.

1937
Beginn der Diktatur von Anastasio Somoza García in Nicaragua. Seine Familie beherrscht das Land für die nächsten 42 Jahre.

1938
Niederlage Boliviens im »Chaco-Krieg« gegen Paraguay. Die finanziellen Reparationen führen zum Zusammenbruch der Wirtschaft und zu einer Militärdiktatur.

Europa

1919
Versailler Vertrag. Deutschland wird die alleinige Kriegsschuld zugesprochen.

1924
Tod Lenins. Stalin steigt zum totalitären Herrscher in der Sowjetunion auf.

1933
Machtergreifung Adolf Hitlers. Deutschland wird eine nationalsozialistische Diktatur.

1936
Militärrevolte unter General Francisco Franco. Der spanische Bürgerkrieg beginnt.

1938
»Reichskristallnacht« in Deutschland. Bis Kriegsende werden fast sechs Millionen Juden ermordet.

1939
Sieg Francos in Spanien. Das Land steht für 36 Jahre unter einer Diktatur.

Deutscher Überfall auf Polen. Er führt zum Ausbruch des Zweiten Weltkriegs, der mehr als 50 Millionen Tote fordern wird.

Amerika

1941
Überfall auf Pearl Harbour. Nach dem japanischen Angriff treten die USA in den Zweiten Weltkrieg ein.

1946
Wahl von Juan Domingo Perón zum Präsidenten von Argentinien. Er gewinnt die Massen durch Sozialprogramme und Nationalismus.

1948
Gründung der »Organisation Amerikanischer Staaten« (OAS) in Bogotá. Der Sitz wird Washington.

1954
Putsch von Alfredo Stroessner in Paraguay. Der General wird zum Alleinherrscher, seine Partei »Colorados« zur Staatspartei.

Sturz von Präsident Jacobo Arbenz in Guatemala, mit Unterstützung des US-Geheimdienstes CIA. Arbenz' Bodenreformgesetz hätte die Enteignung der »United Fruit Company« ermöglicht.

Europa

1941
Deutscher Überfall auf die Sowjetunion. In fast ganz Europa herrscht Krieg.

1943
Niederlage der deutschen Truppen bei Stalingrad. Die Wende im Kriegsverlauf hat begonnen.

1944
Invasion der Alliierten in der Normandie. Am 20. Juli scheitert ein Attentat auf Hitler.

1945
Kapitulation der Wehrmacht. Deutschland wird unter den Alliierten aufgeteilt.

1948
»Marshallplan«. Die US-Regierung beschließt massive Hilfe für Europas Wiederaufbau.

1949
Gründung der Bundesrepublik Deutschland und der Deutschen Demokratischen Republik. Der »Kalte Krieg«, bestimmt durch den Ost-West-Gegensatz, hat begonnen.

»Punkt-Vier-Programm«. US-Präsident Harry Truman kündigt Entwicklungshilfe für die Dritte Welt an.

Amerika

1959
Sturz von Diktator Fulgenico Batista auf Kuba. Der siegreiche Guerillaführer Fidel Castro verwandelt das Land in einen kommunistischen Staat.

1962
Kubakrise. Nach einem Ultimatum von US-Präsident John F. Kennedy ziehen die Sowjets ihre Raketen von der Insel ab.

1963
Emordung Kennedys. Das Attentat löst weltweit einen Schock aus.

1964
Beginn der Diktatur von Francois Duvalier (»Papa Doc«) auf Haiti. Er erklärt sich zum Präsidenten auf Lebenszeit.

Militärputsch in Brasilien. Es dauert 15 Jahre, bis das Land sich wieder der Demokratie öffnet.

1965
US-Intervention in der Dominikanischen Republik. Ein zweites Kuba soll verhindert werden.

1967
Tod Ché Guevaras. Er besiegelt das Scheitern der Guerillabewegung in Bolivien.

Europa

1957
Römische Verträge. Frankreich, Italien, die Bundesrepublik und die Beneluxstaaten schließen sich zur Europäischen Wirtschaftsgemeinschaft zusammen.

1961
Mauerbau in Berlin. Die deutsch-deutsche Teilung vertieft sich.

1962
Zweites Vatikanisches Konzil. Papst Johannes XXIII. will die Katholische Kirche reformieren.

Amerika

1968
Blutbad von Tlatelolco. Studentenunruhen und Massendemonstrationen in Mexiko werden von der Regierung niedergeschlagen.

Lateinamerikanische Bischofskonferenz von Medellín. Die »Theologie der Befreiung« erreicht einen Durchbruch in der Amtskirche.

1969
Erste Mondlandung. Der Flug der »Apollo 11« wird zum Prestigeerfolg der USA.

1970
Vierjähriger Ausnahmezustand wegen Anschlägen der »Tupamaros« in Uruguay. Die Stadtguerilla wird zum Vorbild für Linksradikale.

1971
Tod von Diktator Duvalier auf Haiti. Sein Sohn Jean-Claude (»Baby Doc«) wird Nachfolger.

1973
Rückkehr Perons nach Argentinien. Er wird erneut zum Präsidenten gewählt, kann die alte Machtstellung aber nicht mehr erringen.

Sturz von Präsident Salvador Allende in Chile. Die Militärs unter Agusto Pinochet errichten eine Diktatur.

Staatsstreich in Uruguay. Die Militärs übernehmen für elf Jahre die Macht.

1974
Tod von Peron in Argentinien. Seine Frau Isabel wird Nachfolgerin.

Europa

1968
Studentenunruhen. Linke Protestbewegungen erleben in Frankreich und Deutschland ihren Höhepunkt.

Prager Frühling. Der Versuch eines »Sozialismus mit menschlichem Antlitz« in der Tschechoslowakei wird von der Sowjetarmee gewaltsam unterdrückt.

1970
Ostverträge von Moskau und Warschau. Unter Mitwirkung von Bundeskanzler Willy Brandt beginnt eine Phase der Entspannung.

1973
Ölkrise. Der Boykott arabischer Länder gegen westliche Industriestaaten verursacht weltweite Wirtschaftsprobleme.

1975
Tod Francos in Spanien. König Juan Carlos leitet die Demokratisierung ein, die als beispielhaft für Lateinamerika angesehen wird.

Amerika

1976
Militärputsch in Argentinien. In sieben Jahren Diktatur verschwinden 30 000 Oppositionelle.

1977
Neuer Panamakanal-Vertrag. Die USA garantieren die Übergabe der Schiffahrtswege an Panama im Jahr 2000.

1979
Sturz von Diktator Somoza in Nicaragua. Die Sandinisten übernehmen die Macht.

1980
Ermordung des Erzbischofs von San Salvador, Oscar Romero. Das von Rechtsextremisten verübte Attentat führt zum Ausbruch eines Bürgerkrieges mit 70 000 Toten und 600 000 Flüchtlingen.

1981
Guerillakrieg in Peru. Die maoistische Bewegung »Sendero Luminoso« (»Leuchtender Pfad«) agiert zuerst vor allem unter den Hochlandindianern.

1982
Falklandkrieg. Die Niederlage Argentiniens gegen Großbritannien leitet das Ende der Militärherrschaft ein.

Zahlungsunfähigkeitserklärung durch Mexikos Regierung. Die katastrophalen Verschuldungsprobleme der Dritten Welt werden offenbar.

1983
US-Invasion auf Grenada. Sie beendet die Herrschaft eines linksextremen Regimes.

Europa

1977
»Charta 77«. Oppositionelle Bürgerrechtler melden sich in der Tschechoslowakei zu Wort.

1985
Amtsantritt Michail Gorbatschows in der Sowjetunion. Der neue Generalsekretär der Kommunistischen Partei erntet weltweit Anerkennung für seine Reformen - nicht aber im eigenen Land.

Amerika

1986
Flucht von Diktator Duvalier aus Haiti. Die Lage auf der Insel aber bleibt instabil.

1987
Friedensnobelpreis für Oscar Arías Sánchez. Der Präsident von Costa Rica treibt die Befriedung und Demokratisierung Mittelamerikas voran.

1989
US-Intervention in Panama. Staatschef Manuel Antonio Noriega wird verhaftet und in den USA vor ein Gericht gestellt.

Sturz von General Alfredo Stroessner in Paraguay. Das Land erlebt daraufhin die ersten freien Wahlen seit 35 Jahren.

Patricio Alwyn Präsident in Chile. Die Militärs müssen nach einem Volksentscheid die Macht abgeben.

Wahlniederlage der Sandinisten in Nicaragua. Violeta Chamorro wird neue Präsidentin.

1991
Cholera-Epidemie in Peru. Eine für besiegt gehaltene Krankheit fordert Tausende von Menschenleben.

1992
Ende des Guerillakrieges in El Salvador. Das Militär soll drastisch verkleinert werden.

500 jähriges Jubiläum der Columbus-Reise. Viele Indianerorganisationen protestieren gegen die Feierlichkeiten.

Europa

1986
Atomunfall in Tschernobyl. Durch die Explosion in dem sowjetischen Kernkraftwerk werden große Gebiete radioaktiv verseucht.

1989
Ende des Ostblocks. In der DDR und der Tschechoslowakei, in Ungarn, Polen, Bulgarien und Rumänien brechen die kommunistischen Diktaturen zusammen.

1990
Wiedervereinigung Deutschlands. Die Modernisierung der fünf neuen Bundesländer im Osten verschlingt Milliardensummen.

1991
Gescheiterter Putsch in der Sowjetunion. Er beschleunigt die Auflösung des Landes in unabhängige Staaten.

Zerfall Jugoslawiens. Die Umwandlung der Teilrepubliken in unabhängige Staaten wird von blutigen Kämpfen begleitet.

1992
Fall der Zollschranken in der EG. Die Entwicklungsländer fürchten eine weitere Abschottung des europäischen Marktes.

Benutzte und weiterführende Literatur

Azteken

Acosta, José:
Historia Natural y Moral de las Indias.
Fondo de Cultura Económica, México 1940

Carrasco, Pedro / Broda, Johanna:
Economía política e ideológica
en el México prehispánico.
Editorial Nueva Imagen, México 1978

Cortés, Hernán:
Die Eroberung Mexikos.
Horst Erdmann Verlag, Tübingen-Basel 1975

Davies, Nigel:
The Aztecs.
Macmillan, London 1973

Díaz del Castillo, Bernal:
Historia verdadera de la Conquista
de la Nueva España.
Porrua, México 1955

Durán, Diego:
Historia de las Indias de Nueva España.
Ignacio Escalante, México 1880

Glanz und Untergang des Alten Mexiko.
Roemer- und Pelizaeus-Museum, Hildesheim,
und Verlag Philipp von Zabern, Mainz 1986

González Martínez, Alfonso:
Xochimilco - La salvación de las aguas.
In: México Indígena 19/1991

Horcasitas, Fernando:
The Aztecs then and now.
Minutiae Mexicana, S.A. de C.V., México 1979

Lanczkowski, Günter:
Die Religionen der Azteken, Maya und Inka.
Wissenschaftliche Buchgesellschaft,
Darmstadt 1989

León-Portilla, Miguel / Heuer, Renate:
Rückkehr der Götter.
Verlag Klaus Dieter Vervuert, Frankfurt 1986

López Austin, Alfredo:
La educación de los antiguos Nahuas.
Consejo Nacional de Fomento Educativo,
México 1985

Martínez, José Luis:
Moctezuma y Cuauhtémoc -
Los últimos emperadores aztecas.
Biblioteca Iberoamericana, México 1989

Matos Moctezuma, Eduardo:
Templo Mayor (Guia Oficial).
INAH-SALVAT, México 1991

Romerovargas Yturbide, Ignacio:
Motecuhzoma Xocoyotzin o Moctezuma
el Magnífico y la invasión de Anahuac.
Asociación Anahaucayotl de Tlaxcalancingo,
A.C., México 1964

Sahagún, Bernardino de:
Historia general de las cosas de Nueva España.
Porrua, México 1956

Soustelle, Jacques:
La vida cotidiana de los Aztecas en víspera
de la conquista.
Fondo de Cultura Económica, México 1953

Suárez y F., Cristina (Hrsg):
Estudios nahuas.
Instituto Nacional de Antropología e Historia,
México 1988

Tezozomoc, D. Hernando Alvarado:
Crónica Mexicana.
José M. Vigil, México 1878

Tibón, Gutierre:
Historia del nombre y de la fundación de México.
Fondo de Cultura Económica, México 1975

Todorov, Tzvetan:
Die Eroberung Amerikas -
Das Problem der Anderen.
edition suhrkamp, Frankfurt 1985

Wurster, Wolfgang:
Die Alte und die Neue Welt.
In: »Antike Welt«, Heft 4/1991

Maya

Carmack, Robert M.:
The Quiché Mayas of Utatlán.
University of Oklahoma Press, Norman 1981

Carmack, Robert M.:
Historia Social de los Quichés.
Editorial »José de Pineda Ibarra«, Ministerio de Educación, Guatemala 1979

Cojtí Cuxil, Demetrio:
La configuración del pensamiento político del pueblo Maya.
Asociación de Escritores Mayances
de Guatemala, Quetzaltenango 1991

Cordan, Wolfgang:
Popol Vuh - Das Buch des Rates.
Eugen Diederichs Verlag, München 1962

Doreste, Tomás:
El astronauta de Palenque y otros enigmas Mayas.
Editorial Planeta Mexicana, S.A. de C.V.,
México 1990

Edmonson, Munro S.:
The Book of the Year.
University of Utah Press, Salt Lake City 1988

Landa, Diego de:
Relación de cosas de Yucatán.
Porrúa, México 1959

Lanczkowski, Günter:
Die Religionen der Azteken, Maya und Inka.
Wissenschaftliche Buchgesellschaft,
Darmstadt 1989

Memorial de Sololá
(Anales de los Cakchiqueles).
Fondo de Cultura Económica,
México-Buenos Aires 1950

Men, Hunbatz:
Das geheime Wissen der Maya.
AURUM Edition 2000, Freiburg 1989

Meyn, Mathias u.a. (Hrsg):
Der Aufbau der Kolonialreiche.
Verlag C.H. Beck, München 1987

Perera, Victor / Bruce, Robert:
The Last Lords of Palenque.
Little, Brown and Company,
Boston-Toronto 1982

Rätsch, Christian:
Bilder aus der unsichtbaren Welt.
Kindler Verlag GmbH, München 1985

Rätsch, Christian / Ma'ax, K'ayum:
Ein Kosmos im Regenwald.
Eugen Diederichs Verlag GmbH & Co. KG,
Köln 1984

Recinos, Adrián:
Crónicas Indígenas de Guatemala.
Editorial Universitaria, Guatemala 1957

Schele, Linda / Freidel, David:
Die unbekannte Welt der Maya.
Albrecht Knaus Verlag, München 1991

Sejourné, Laurette:
Palenque, una ciudad Maya.
Fondo de Cultura Económica, México 1952

Simon, Jean-Marie:
Guatemala - Eternal Spring, Eternal Tyranny.
W. W. Norton & Company,
New York-London 1988

Sodi M., Demetrio:
The Mayas.
Panorama Editorial, S. A., México 1981

Tedlock, Barbara:
Time and the Highland Maya.
University of New Mexico Press,
Albuquerque 1982

Thompson, J. Eric S.:
Grandeza y Decadencia de los Mayas.
Fondo de Cultura Económica, México 1985

Vos, Jan de:
La Paz de Dios y del Rey -
La Conquista de la Selva
Lacandona 1525 - 1821.
Colección Ceiba, Gobierno del Estado
de Chiapas o. J.

Westphal, Wilfried:
Lacandonia - Ein Volk stirbt im Dschungel.
Flamberg Verlag, Zürich 1972

Wright, Ronald:
Time among the Maya.
Penguin Books Canada Ltd., Viking 1989

Wurster, Wolfgang:
Die Alte und die Neue Welt.
In: »Antike Welt«, Heft 4/1991

Inka

Abecia Baldivieso, Valentín:
Mitayos de Potosí.
Técnicos Editoriales Asociados, S. A.,
Barcelona 1988

Acosta, José de:
Historia Natural y Moral de los Indias (1590).
Fondo de Cultura Económica, México 1940

Acosta, José de:
De Procuranda Indorum Salute (1576).
Colección España Misionera, Madrid 1952

Allen, Catherine J.:
The Hold Life has - Coca and Cultural Identity in an Andean Community.
Smithsonian Institution Press, Washington and London 1988

Almaraz Paz, Sergio:
El Poder y la Caída.
Editorial »Los Amigos del Libro«,
La Paz-Cochabamba 1967

Aparicio Bueno, Fernando:
En busca del misterio de Paititi.
Editorial Andina S.R. Ltda., Cusco 1985

Arriaga, José de:
La extirpación de la idolatría en el Perú (1621).
CLDRHP, Lima 1920

Arzáns de Orsúa y Vela, Bartolomé:
Historia de la Villa Imperial de Potosí.
Brown University Press,
Providence, Rhode Island 1965

Avendaño, Hernando de:
Sermones de los misterios de nuestra santa fé católica, en lengua castellana, y la general del Inca.
Jorge López de Herrera, Lima 1649

Avila, Francisco de:
Religión en Huarochirí (1610).
In: Culto libre entre los Incas,
Los Pequeños y grandes libros de Historia Americana, Lima 1952

Avila, Francisco de:
Prefación al libro de los sermones, o homilias en la lengua Castellana y la india general quechua (1646).
CLDRHP, Tomo XI, Lima 1918

Bakewell, Peter John:
Miners of the Red Mountain.
University of New Mexico Press,
Albuquerque 1984

Ballesteros Gaibrois, Manuel:
Descubrimiento y Fundación del Potosí.
Delegación de Distrito de Educación Nacional,
Zaragoza 1950

Betanzos, Juan de:
Suma y Narración de los Incas.
In: Crónicas Peruanas de Interés Indígena,
Biblioteca de Autores Españoles, Madrid 1968

Blanco Cruz, Enrique:
Von der »Volkskrankheit« zur »Krankheit des Teufels«.
Verlag Klaus Dieter Vervuert, Frankfurt 1985

Bollinger, Armin:
So bauten die Inka.
Rüegger Verlag, Diessenhofen 1979

Bollinger, Armin:
So kleideten sich die Inka.
Rüegger Verlag, Diessenhofen 1983

Brocha Gorda (Julio L. Jaimes):
La Villa Imperial de Potosí.
Talleres Gráficos de L. J. Rosso,
Buenos Aires 1905

Burga, Manuel:
Nacimiento de una utopía:
Muerte y Resurrección de los Incas.
Instituto de Apoyo Agrario, Lima 1988

Cartwright Brundage, Burr:
Lords of Cuzco.
University of Oklahoma Press, Norman 1967

Cieza de León, Pedro de:
La Crónica del Perú.
Consejo Superior de Investigaciones Científicas,
Instituto »Gonzalo Fernández de Oviedo«,
Madrid 1984

Cobb, Gwendolin Ballantine:
Potosí, a South American Mining Frontier.
In: Greater America, Essays in Honor of Herbert
Eugene Bolton,
University of California Press, Berkeley and
Los Angeles 1945

Cobo, Bernabé:
Historia del Nuevo Mundo.
Biblioteca de Autores Españoles, Madrid 1956

Cole, Jeffrey A.:
The Potosí Mita.
Stanford University Press, Stanford,
California 1985

Compañía Minera del Sur S.A. COMSUR:
Potosí - Patrimonio Cultural de la Humanidad,
Santiago de Chile 1988

Crespo R., Alberto:
La Guerra entre Vicuñas y Vascongados.
Librería Editorial »Juventud«, La Paz 1975

Debru, Serge:
Zu Aymará und Machiguenga.
VEB F. A. Brockhaus Verlag, Leipzig 1972

Duviols, Pierre:
La Destrucción de las Religiones Andinas.
Universidad Nacional Autónoma de México,
México 1977

Engl, Lieselotte und Theo:
Glanz und Untergang des Inka-Reiches.
Verlag D.W. Callwey, München 1981

Flores Galindo, Alberto:
Buscando un Inca.
Editorial Horizonte, Lima 1988

Flores Galindo, Alberto (Hrsg):
Tupac Amaru II - 1780.
Retablo de Papel, Lima 1976

Flores Galindo, Alberto:
La Nación como utopía: Tupac Amaru, 1780.
Departamento de Ciencias Sociales, Universidad
Católica, Lima 1974

Galeano, Eduardo:
Erinnerung an das Feuer.
Peter Hammer Verlag, Wuppertal 1983

Garcilaso de la Vega:
Comentarios Reales de los Incas.
Biblioteca de Autores Españoles,
Madrid 1960-1965

Golte, Jürgen:
Repartos y Rebeliones - Tupac Amaru y las
contradicciones de la economía colonial.
Instituto de Estudios Peruanos, Lima 1980

Gutierrez Pareja, Salustio:
Ciudades ocultas del Cusco milenario.
Editorial Andina, Cusco o. J.

Hagen, Victor von:
Capac Ñan - Die Schicksalsstraße der Inka.
Rowohlt Verlag GmbH, Reinbek 1978

Hanke, Lewis:
Potosí - An unwritten chapter in the history
of Spanish America.
Martinus Nijhoff, The Hague 1956

Heredia, Florencio Daniel:
»El Paititi«.
In: Revista del Museo e Instituto Arqueológico,
Nr. 13-14, Cusco 1951

Huamán Poma de Ayala, Felipe:
Nueva Crónica y Buen Gobierno.
historia 16, Madrid 1987

Iwaki Ordoñez, Rubén:
Operación Paititi.
Editorial de Cultura Andina, Cusco 1975

Karsten, Rafael:
Das altperuanische Inkareich.
F. A. Brockhaus, Leipzig 1949

Karsten, Rafael:
A Totalitarian State of the Past.
Societas Scientarum Fennica, Helsingfors 1949

Lewin, Boleslao:
La rebelión de Tupac Amaru y los orígenes de la independencia de Hispanoamérica.
Sociedad Editora Latino Americana,
Buenos Aires 1967

Marzal, Manuel M.:
La Transformación Religiosa Peruana.
Pontificia Universidad Católica del Perú,
Lima 1983

Marzal, Manuel M.:
El sincretismo iberoamericano.
Pontificia Universidad Católica del Perú,
Lima 1985

Mendieta Pacheco, Wilson:
Potosí - Patrimonio de la Humanidad.
Editora »El Siglo« Ltda., Potosí 1988

Miguel Glave, Luis:
La Rebelión de Tupac Amaru 1780.
Centro de Estudios Rurales »Bartolomé de las Casas«, Cusco 1982

Métraux, Alfred:
Los Incas.
Fondo de Cultura Económica, S. A. de C. V.,
México 1989

Molina, Cristóbal de:
Fábulas y ritos de los Incas.
In: Las Crónicas de los Molinas,
Los Pequeños y grandes libros de Historia Americana, Lima 1943

Molins, W. Jaime:
La ciudad única.
Editorial »Potosí«, Potosí 1961

Murúa, Martin de:
Historia General del Perú, orígen y descendencia de los Incas (1605).
Biblioteca Americana Vetus,
Madrid 1962 - 1964

Nuñez del Prado, Juan Victor:
El mundo sobrenatural de los Quechuas del Sur del Perú atraves de la comunidad de Qotobamba.
In: allpanchis, Nr. 2, Instituto Pastoral Andino,
Cusco 1970

Ocaña, Diego de:
Un viaje fascinante por la America Hispana del siglo XVI.
STUDIUM ediciones, Madrid 1969

Ochoa, Jorge A. Flores:
Y estas idolatrías no pudieron ser extirpadas.
In: Revista Sacsayhuaman, Patronato Departamental de Arqueología, Cusco 1972

Omiste, Modesto:
Crónicas Potosinas.
Editora »El Siglo« Ltda., Potosí 1981

Polentini Wester, Juan Carlos:
Por las rutas del Paititi.
Editorial Salesiana, Lima o. J.

Poppe, René:
Narrativa Minera Boliviana.
Ediciones Populares Camarlinghi, La Paz 1983

Prien, Hans-Jürgen:
Die Geschichte des Christentums in Lateinamerika.
Vandenhoeck & Ruprecht, Göttingen 1978

Rösing, Ina:
La fiesta de todos los Santos en una region andina.
In: allpanchis, Nr. 32, Instituto de Pastoral Andina, Sicuani-Cusco 1988

Santacruz Pachacuti, Joan de:
Relación de Antiguedades deste Reyno del Perú.
In: Crónicas Peruanas de Interes Indígena, Biblioteca de Autores Españoles, Madrid 1968

Santillán, Hernando de:
Relación del orígen, descendencia, política y gobierno de los Incas
In: Crónicas Peruanas de Interes Indígena, Biblioteca de Autores Españoles, Madrid 1968

Sarkisyanz, Manuel:
Vom Beben in den Anden.
Dianus-Trikont Buchverlag, München 1985

Schlegelberger, Bruno:
Gespräche über Brauchtum und religiöse Praxis in einer quechuasprachigen Gemeinde der peruanischen Südanden.
In: Neue Zeitschrift für Missionswissenschaft, Heft 46-1990/4, Immensee

Sivirichi Tapia, Atilio:
La Revolución Social de los Tupac Amaru.
Editorial Universo S.A., Lima 1979

Teran Erquicia, Vicente:
Leyendas Keshuas.
Editorial Ferrari, Buenos Aires 1943

Tschudi, Johann Jakob von:
Contribuciones a la Historia, Civilización y Linguística del Perú Antiguo.
CLDRHP, Lima 1918

Urteaga, Horacio:
Informaciones sobre el angituo Perú.
CLDRHP, Tomo III, 2a. Serie, Lima 1952

Valcarcel, Daniel:
Rebeliones Indígenas.
Editorial PTCM, Lima 1946

Villagómez, Pedro de:
Exortaciones e Instrucción acerca de las idolatrías de los indios.
CLDRHP, Tomo XII, Lima 1919

Weatherford, Jack:
Indian Givers - How the Indians of the Americas transformed the World.
Fawcett Columbine, New York 1988

Wurster, Wolfgang:
Die Alte und die Neue Welt.
In: »Antike Welt«, Heft 4/1991

Zorilla Eguren, Javier:
El hombre andino y su relación mágico religiosa con la coca.
Departamento de CC.SS. PUC, 1977

Register

Bildnachweis:

Alle Aufnahmen stammen von Holger Vogt mit Ausnahme folgender Abbildungen:

Seite 13
Wolfgang Rössig, München / Museo Nacional de Antropología e Historia, México.

Seite 16/17
aus: Glanz und Untergang des alten Mexiko, Roemer- und Pelizaeus-Museum, Hildesheim und Verlag Philipp von Zabern, Mainz 1986, Abb. 153.

Seite 19
aus: Atlas de Durán, Ignacio Escalante, México 1880, Trat. 1, Lam. 3, Cap. 5.

Seite 20/21
aus: Codex Borbonicus, Akademische Druck- und Verlagsanstalt, Graz 1974, Blatt 32.

Seite 22/23
The Newberry Library, Chicago.

Seite 24
Wolfgang Rössig, München / Museo Nacional de Antropología e Historia, México.

Seite 27
aus: Glanz und Untergang des alten Mexiko, Roemer- und Pelizaeus-Museum, Hildesheim und Verlag Philipp von Zabern, Mainz 1986, Abb. 68.

Seite 28 links
British Museum, London.

Seite 28 rechts
aus: Codex Magliabecchiano XIII.3, Danesi, Rom 1904, Abb. 70.

Seite 51
E. Thiem, Lotos-Film Kaufbeuren.

Seite 53
aus: Antonio de Herrera: Décadas Imprenta Real, Madrid 1601–1615.

Seite 54
aus: Atlas de Durán, Ignacio Escalante, México 1880, Trat. 1, Lam. 24, Cap. 63.

Seite 79
Bildarchiv Dyckerhoff-Prem, Bonn.

Seite 84/85
Horst von Irmer, Internationales Bildarchiv, München.

Seite 86
British Museum, London.

Seite 91
aus: Jean-Marie Simon: Guatemala, W.W. Norton & Company, New York 1987, Seite 75.

Seite 93
ebenda, Seite 241.

Seite 108/109
Linda Schele, University of Texas, Austin.

Seite 111
aus: Codex Dresdensis, Akademische Druck- und Verlagsanstalt, Graz 1975, Seite 9/10.

Seite 113
nach: Barbara Tedlock: Time and the Highland Maya, University of New México Press, Albuquerque 1982, Abb. 23.

Seite 114–116
Linda Schele, University of Texas, Austin.

Seite 137
aus: Th. Armin: Das alte Mexiko, Verlag Otto Sparmer, Leipzig 1865, Seite 24.

Seite 140
E. Thiem, Lotos-Film, Kaufbeuren.

Seite 141
ebenda.

Seite 142
British Museum, London.

Seite 144/145
aus: Die Welt der Maya, Roemer- und Pelizaeus-Museum, Hildesheim und Verlag Philipp von Zabern, Mainz 1992, Abb. 167 (Foto: Peter Windszus).

Seite 148/149
Museo Nacional de Antropología e Historia, México.

Seite 169
The New York Public Library, New York.

Seite 169
aus: Huamán Poma de Ayala: Nueva Crónica y Buen Gobierno, historia 16, Madrid 1987, Seite 677 und 683.

Seite 172/173
Kupferstich von Theodorus de Bry, 1572, Foto: Dr. Wolfgang Wurster, Bonn.

Seite 174
aus: Huamán Poma de Ayala: Nueva Crónica y Buen Gobierno, historia 16, Madrid 1987.

Seite 175
Patrimonio Nacional, Biblioteca del Palacio Real de Madrid.

Seite 176/177
Maximilien Bruggmann, Yverdon (Schweiz).

Seite 197
Hans Silvester/Photo- und Presseagentur/ FOCUS.

Seite 198
aus: Cecil Howard: Pizarro and the Conquest of Peru, American Heritage Publishing Company, New York 1986, Seite 72.

Seite 199
Musée de l'Homme, Paris.

Seite 201
Hans Silvester/Photo- und Presseagentur/ FOCUS.

Seite 204/205
Maximilien Bruggmann, Yverdon (Schweiz).

Seite 219
Fernando Aparicio Bueno, Cusco

Seite 220/221
Fernando Aparicio Bueno, Cusco.

Seite 232
Maximilien Bruggmann, Yverdon (Schweiz).

Seite 234–235
aus: Huamán Poma de Ayala: Nueva Crónica y Buen Gobierno, historia 16, Madrid 1987, Seite 15, 651, 907, 613, 635, 695.

Seite 257
aus: Peru: Durch die Jahrtausende, Verlag A. Bongers, Recklinghausen 1983, Kat. Nr. 15. 27a.

Seite 259
aus: Dietrich de Bry: America oder India occidentalis, Frankfurt 1590–1634, Buch 9, Teil 1, Tafel 3.

Seite 260
ebenda, Tafel 4.

Seite 265
Hanns-Jörg Anders/Stern.

Seite 266/267
Museo de América, Madrid.

Seite 297
aus: Huamán Poma de Ayala: Nueva Crónica y Buen Gobierno, historia 16, Madrid 1987, Seite 585.

Seite 298
ebenda, Seite 541.

Seite 325
Numitor Hildalgo, Cusco.

Karten:

Alle Karten basieren jeweils auf unterschiedlichen Veröffentlichungen in Fach- und Reiseliteratur. Sie wurden entsprechend den Notwendigkeiten dieses Buches umgearbeitet. Die nachstehend erwähnten Karten lehnen sich besonders eng an folgende Publikationen an:

Seite 15
nach: Geoffrey W. Conrad: Religion and Empire: The dynamics of Aztec and Inca expansionism, University of Cambridge Press 1984, Abb. 2.

Seite 59
nach: Instituto Nacional Indigenista, México/D.F., 1990.

Seite 89
nach: Zentralamerika-Ethno-Linguistische Gliederung. Bearbeitet von Helmut Nuhn und Ortwin Smailus, 1973.

Seite 171
nach: Geoffrey W. Conrad: Religion and Empire: The dynamics of Aztec and Inca expansionism, University of Cambridge Press 1984, Abb. 21.

Seite 227
Nach: Francisco Morales Padron: Atlas histórico-cultural de América, Gobierno de Canarias, Las Palmas de Gran Canaria 1988, Seite 316.

Seite 255
ebenda, Seite 316.

Seite 295
ebenda, Seite 551.

Seite 313
Nach: Neue Zürcher Zeitung, 11. Mai 1989.

Titel:
Wir sind noch nicht gestorben.
Inka · Maya · Azteken. Einst – Jetzt.

Autor:
Hans-Joachim Löwer

Layout:
Prof. Hans Fick
Redaktionelle Leitung:
Lucyna Lodter

Fachredaktion:
Wolfgang Haberland
Lektorat:
Barbara Lösel, Rainer-Michael Rahn
Herstellung:
Michael Nagler
Layout - Realisierung:
Dieter Koch

Karten:
Kartographie Huber, München
Satz:
Typo Tausend, Nürnberg
Litho:
Reprotechnik Staudacher, Nürnberg
Druck:
Ulrich-Druck, Fürth

ISBN: 3-922619-21-5